面向e-SC的闭环选址—库存问题集成优化研究

郭 昊 著

武汉理工大学出版社
·武 汉·

图书在版编目(CIP)数据

面向 e-SC 的闭环选址—库存问题集成优化研究 / 郭昊著 .-- 武汉 ：武汉理工大学出版社，2025. 4.
ISBN 978-7-5629-7355-3

Ⅰ. F713.36；F252.1

中国国家版本馆 CIP 数据核字第 202582HB49 号

面向 e-SC 的闭环选址—库存问题集成优化研究
(MIANXIANG e-SC DE BIHUAN XUANZHI—KUCUN WENTI JICHENG YOUHUA YANJIU)

项目负责人：楼燕芳　　**责任编辑**：楼燕芳
责任校对：夏冬琴　　**排　　版**：天成图文
出版发行：武汉理工大学出版社
社　　址：武汉市洪山区珞狮路 122 号
邮　　编：430070
网　　址：http：//www.wutp.com.cn
经　　销：各地新华书店
印　　刷：武汉邮科印务有限公司
开　　本：710×1000　1/16
印　　张：12.5
字　　数：211 千字
版　　次：2025 年 4 月第 1 版
印　　次：2025 年 4 月第 1 次印刷
定　　价：49.00 元

凡购本书，如有缺页、倒页、脱页等印装质量问题，请向出版社发行部调换。
本社购书热线电话：027-87523148　87391631　87664138

前　言

近年来，随着信息技术的高速发展和电子商务的广泛普及，网络零售逐步成为全球消费的重要形式。作为现代商业模式的典型代表，电子商务平台凭借多样化的商品、便捷的交易方式和高效的服务，深受消费者青睐。然而，伴随市场的繁荣而来的，是供应链管理中愈发凸显的复杂性和挑战性，尤其是退货问题，对物流系统的运行效率和资源配置能力提出了更高要求。高退货率不仅加重了企业逆向物流的负担，还对供应链网络结构的设计及其关键决策的优化造成了直接影响。如何在满足消费者服务需求的同时，降低物流成本、优化资源配置、提升运营效率，已成为企业亟待解决的重要课题。

本书聚焦电子商务环境下闭环供应链的优化问题，对退货商品对供应链网络的影响展开深入研究。针对现有研究多集中于正向物流、缺乏对逆向物流的全面考虑的局限性，本书特别考虑退货商品的多样化特征及其对供应链网络转型的影响，涵盖无缺陷退货、质量问题退货和二手商品回收等多种情境，通过分析退货处理流程与物流系统的联动机制，构建一系列具有实际应用价值的优化模型，并针对其复杂性开发了改进的智能优化算法，为供应链网络设计提供了系统化的解决方案。

本书的研究不仅丰富了闭环供应链的理论体系，也为网络零售企业优化供应链管理提供了有力支持。从理论层面，本书扩展了供应链集成优化的研究领域，为逆向物流与正向物流协同设计提供了创新视角；从实践层面，本书结合电子商务环境的实际需求，为企业在退货处理、物流资源配置及运营效率提升等方面提供了具体建议。希望本书能够为学术界和企业界带来理论启发与实践指导，助力供应链管理领域的持续创新与优化发展。

出版社的楼燕芳编辑为本书的出版提供了巨大的帮助，在此深表感谢。

由于作者水平有限，加之时间紧迫，书中不可避免地存在一些不尽如人意之处，恳请各位读者不吝赐教。

郭　昊

2024 年 6 月

目　　录

第1章 绪 论

1.1 选题背景

近年来，随着信息技术、信息系统以及电子商务的高速发展，电商平台凭借方便快捷、商品品类齐全、价格优惠等诸多优势受到消费者的喜爱。据国家统计局发布的数据显示，2023 年我国网络零售额高达 15.42 万亿元，比上年增长 11.0%，其中，实物商品网上零售额 130174 亿元，比上年增长 8.4%，占社会消费品零售总额的比重为 27.7%，[1]其中 B2C 网络零售额比上年增长 13.0%，占网络零售额的比重为 81.3%。[2]在网络零售用户数量方面，截至 2023 年 12 月，我国网络购物用户规模达9.15 亿人，较 2022 年 12 月增长 6967 万人，占网民整体的 83.8%。[3]为了在激烈的网络零售市场竞争中取得领先优势，供应链物流作为网络零售的重要支撑，已成为各大电商企业的必争之地，阿里巴巴、京东等大型网络零售企业纷纷开始重视物流系统建设，加快供应链网络布局，从而降低激烈的市场竞争所带来的供给不确定，提高企业的市场占有率，降低企业的运营成本，提升客户服务体验。

随着网络零售市场的蓬勃发展，电商环境下配送业务呈现客户多、分布广、种类多以及批量小等特点，导致供应链出现系统复杂、成本高、服务水平低等问题[4]，限制了网络零售企业的进一步发展。此外，由于商品信息不对称、商家宽松的售后政策、法律规范制定的滞后、市场竞争的日益加剧以及商品自身的质量问题等原因导致商品的退货率居高不下，加重了企业逆向物流的负担，成为影响企业经营效益的重要因素。据 Saleh 调查显示，线下实体购物的商品退货率为 8.89%，而线上网购的商品退货率高达 30%。[5]大量商品退货不仅造成极大的社会资源浪费，而且致使网络零售商承受巨大的经济损失。[6]例如作为国内最大网络零售商之一的京东，其商品退货率超过 10%，年退货商品的价值高达数千亿美元。[7]退货商品的回收处理对企业供应链系统的运行和响应、物流资源的配置提出了新的挑战。作为网络零售发展的重要支撑，供应链系统也需要进行适当的调整与改进，将逆向物流引入供应链网络，从而提高市场竞争力，更好地适应激烈的市场竞争环境。因此，企业迫切需要设计稳健高效的闭环供应链系统，及时调整和改进供应链网络，增加逆向供应链渠道，集成供应链过程，以满足退货服务需要。战略层的设施选址决策与战术层的库存控制决策作为供应链管理中的两个关键问题，分别影响供应链系统的运行效率和快速响应能力，对选址—库存问题(Location-Inventory Problem, LIP)[8]进行集成研究，有利于从整体上降低企业物流成本，提高客户服务水平，避免单独研究陷入局部最优，从而满足消费者的退货需求，使整个闭环供应链集成优化决策达到最优。

随着供应链集成优化研究的逐步深入，选址—库存问题逐渐成为学界和业界关注的焦点，有关 LIP 的研究成果也不断增多。现有关于 LIP 的研究主要集中在面向正向物流的选址—库存问题，这种研究在传统商务模式下体现出较强的适应性。但这类研究从整体上忽略了消费者大量退货的回收处理对供应链网络结构的影响。现阶段，有少量文献以制造/再制造系统为研究对象来研究闭环选址—库存问题(Closed-loop Location-Inventory Problem, CLIP)。这类研究从绿色供应链的理念出发，考虑废旧/二手商品回收再利用情形下的闭环供应链网络优化。然而，这类研究仅限于废旧/二手商品的回收再制造，并没有考虑电商环境下退货商品的属性特征对供应链网络的结构产生的影响，致使其模型呈现出一定的局限性。为了适应激烈的市场竞争环境，网络零售企业除了正常地销售商品外，还要负责解决退货售后回收处理问题，面临着巨大的压力，来自企业管理实践的迫切需求和理论滞后的矛盾突出。

在这种背景下，本书主要研究电商供应链下消费者退货对供应链网络结构的影响及所面临的新问题并提出解决方法，充分考虑退货商品的属性特征及其面向最终客户开展配送和退货服务的特点，探究商品配送与回收的物流模式，从全局优化的角度集成优化设施选址与库存控制决策，构建面向电商供应链(e-Supply Chain, e-SC)的考虑消费者退货的 CLIP 集成优化模型，针对所构建模型的内在性质和特点，利用相关优化算法的优点，针对性改进差分进化算法(Differential Evolution Algorithm, DE)，设计求解精度高、收敛速度快、性能稳定的通用智能优化算法。通过探索闭环供应链集成优化的理论、技术及方法，为网络零售企业有效提高供应链系统的运作效率以及快速响应能力提供新的思路。

综上所述，研究面向 e-SC 的考虑消费者退货的 CLIP 集成优化理论与方法具有一定的理论和实际意义，该问题是具有现实意义的前沿性课题，是企业迫切需要解决的具有挑战性的现实问题。

1.2　问题的提出

针对传统商务环境下LIP的研究难以适应复杂现实需求，未能充分考虑由于法律规范限制、商品质量问题、宽松的退货政策以及商品信息不对称等原因导致的出现大量退货的现实情况，致使企业面临物流成本居高不下、缺乏逆向物流支持等问题。因此，本书充分考虑大量退货商品的属性特征及面向最终客户开展配送和退货服务的特点，例如无缺陷退货[9]、商品退货[10]以及二手商品回收等，研究零售商如何返回退货商品、如何对各种退货进行回收处理、在何地处理退货商品、如何管理商品库存等问题，将逆向物流加入供应链网络体系，设计高效、稳健的闭环供应链网络。

从商品退货运营实践中发现，大量的商品退货对设施选址以及库存控制决策有直接影响，在设施选址决策上，退货商品的存在改变了传统供应链网络结构，致使网络结构从传统的正向供应链向闭环供应链转变，配送中心开始兼具回收中心的功能，与此同时，由于商品的初始权属问题，商品配送与回收未必由同一个配送中心完成。因此，如何选择合适的配送与回收中心将直接影响供应链系统的运行效率。在库存控制决策上，考虑退货商品的属性特征，例如无缺陷退货，该类退货并无任何质量或功能缺陷，不需返厂维修，仅需在配送中心进行简单再包装即可再次进入销售市场。因此，在向上游订货时需扣减这部分退货，从而进一步影响库存控制决策。基于此，如何确定最优的库存控制策略，如订货数量及订货次数，将成为提高供应链系统响应能力的关键。通过研究面向电商供应链的考虑消费者退货的闭环选址—库存问题集成优化，可以实现提高供应链系统的运行效率和快速响应能力的目的。在这种背景下提出了如下问题：

(1)在考虑无缺陷退货的情况下，针对该类退货商品并无任何质量或功能缺陷，无需返厂维修，仅需进行简单再包装即可再次进入销售市场这一特征，如何构建考虑无缺陷退货的多商品LIP集成优化模型并设计高效的算法进行求解，是本书研究的问题之一。

(2)在考虑商品退货的情况下，除了部分无缺陷退货外，还存在部分有质量缺陷的商品退货。各种类型退货商品差异化的处理方式直接将原有供应链网络结构转变成闭环供应链，从而影响了设施选址与库存控制决策，如何对考虑商品退货的多商品 CLIP 进行模型构建与算法设计需要进一步深入研究。

(3)在考虑商品退货的情况下，以多个候选 HPRC(Hybrid Production-recovery Center，混合生产—修复中心)、多个候选 HDCC(Hybrid Distribution-collection Center，混合配送—回收中心)以及多个需求点所构成的闭环物流系统为研究对象，研究供应链网络结构的变化，对候选 HPRC 与 HDCC 进行选址，同时考虑退货对库存决策的影响，如何对考虑商品退货的多阶段、多工厂 CLIP 进行模型构建与算法设计需要进一步深入研究。

(4)在考虑产品回收的情况下，以一个 HPRC、多个候选配送中心、多个候选 HDCC、多个候选回收中心以及多个需求点所构成的闭环物流系统为研究对象，探究商品配送与回收相结合的物流运作模式，从全局集成优化设施选址与库存控制决策，如何对考虑产品回收的 CLIP 进行模型构建与算法设计需要进一步深入研究。

(5)在考虑二级市场的情况下，针对网络零售企业实际运营过程中将商品退货进行相关专业处理后作为翻新商品再次进入二级销售市场这一现实情况，考虑翻新商品的配送与回收对设施选址与库存控制决策的影响，如何对考虑二级市场的 CLIP 进行模型构建与算法设计是本书研究的另一个问题。

1.3 研究目的与意义

1.3.1 研究目的

设施选址与库存控制作为供应链网络设计中两个不同层面的关键决策，直接影响供应链系统的运行效率与快速响应能力。如果设施选址、库存控制决策得当，将极大地提高供应链系统的运行效率，从而降低企业的运营成本，反之，供应链环境将恶化，影响企业发展。

本书针对在传统商务环境下选址—库存问题的研究中未能充分考虑大量退货商品的属性特征、二手商品回收及其面向最终客户开展配送和退货服务的特点，使企业面临终端客户的退货缺乏逆向物流支持、总体物流成本居高不下、供应链系统缺乏柔性等问题，通过研究面向 e-SC 的 CLIP 集成优化理论与方法，实现闭环供应链系统设施选址、库存控制等相关决策的最优化，避免单独决策所导致的局部最优，达到提高供应链系统的运行效率和快速响应能力、降低企业的运营成本、合理化配置企业物流资源的目的，为闭环供应链集成优化提供新的思路和方法。

1.3.2　研究意义

本书充分考虑大量退货商品的属性特征及其面向最终客户开展配送和退货服务的特点，研究面向 e-SC 的五种拓展联合选址—库存问题集成优化模型。主要工作如下：① 随着信息技术的快速发展，网上购物以及在线回收成为主流，考虑网络平台存在大量退货以及废旧商品回收这一现实情况，构建面向 e-SC 的 CLIP 集成优化模型；② 通过分析拓展模型的特点，吸收现有智能优化算法的优点，引入 DE 算法，设计高效、稳健、通用性强的求解方法。本研究的理论意义与应用价值主要体现在：

1. **理论意义**

通过研究消费者退货对供应链网络结构的影响，设计包含逆向渠道且具有逆向过程的闭环供应链系统，构建面向 e-SC 的 CLIP 集成优化模型，针对模型的内在性质与特点，以改进的 DE 算法求解该模型，实现设施选址与库存控制决策的最优化。通过探索面向 e-SC 的 CLIP 集成优化理论与方法，为网络零售企业提高供应链系统运作效率以及快速响应能力、降低物流运营成本提供新的思路，补充和完善了供应链集成优化理论以及 DE 算法理论，扩展了供应链集成优化的研究领域。

2. **应用价值**

面向 e-SC 的 CLIP 是企业迫切需要解决但理论研究相对滞后的决策难题，具有很强的实用价值。该研究从供应链集成优化的角度出发，旨在解决供应链系统缺乏柔性、物流成本过高、服务水平低下等日益凸显的问题，通过研究 e-SC 背景下基于消费者退货的 CLIP 集成优化理论与方法，克服现有理论模型难以满足企业实际运营发展需要的缺点，为企业管理者提供有益的决策参考，为企业发展网上购物平台提供可靠的物流保障。

1.4　研究内容及方法

1.4.1　研究内容

本书属于 LIP 与优化算法的交叉研究，通过构建面向 e-SC 的 CLIP 集成优化模型，基于模型的特点和性质，设计了改进的 DE 算法求解模型。具体研究内容如下：

1. **面向 e-SC 的 CLIP 集成优化模型构建**

目前关于选址—库存问题的研究难以适应复杂现实需求的现状，限制了企业进一步发展。因此，本书以满足消费者购物与退货回收活动要求的电商闭环供应链为研究对象，充分考虑消费者退货商品的属性特征及面向最终客户开展配送和退货回收服务的特点，建立面向 e-SC 的 CLIP 集成优化模型，并对构建的模型进行深入研究。

2. **基于 DE 算法的改进算法设计**

目前构建的各种扩展数学模型为 NP-hard（NP 指非确定性多项式，为 non-deterministic polynomial 的简称）问题，以精确算法求解该类难题时难以同时满足求解精度与求解效率的要求。在这种情形下，智能优化算法被广泛用于求解此类问题。基于此，本书借鉴 DE 算法的最新研究成果，充分分析模型的内在特点，详细探讨模型最优解的性质和特点，合理设计编解码方式，从算法控制参数、算法策略等多个角度改进 DE 算法，分别设计了改进的差分进化（Improved Differential Evolution，IDE）算法、混合自适应差分进化（Hybrid Adaptive Differential Evolution，HADE）算法、改进的自适应差分进化（Modified Adaptive Differential Evolution，MADE）算法、改进的混合差分进化（Modified Hybrid Differential Evolution，MHDE）算法以及改进的自适应差分进化（Improved Self-adaptive Differential Evolution，ISaDE）算法分别求解五个拓展的 LIP 集成优化模型，从而扩展了 DE 算法的工程应用价值和应用领域，弥补了已有传统优化算法和商业软件求解该类问题的不足。

3. **算例分析**

为了有效验证所构建模型的可行性以及所设计算法的有效性，分别对算法的控制参数组合以及运算策略进行了敏感度分析，确定最优的控制参数与策略组合，使算法在求解拓展模型时的性能达到最优，通过多组算例验证改进的 DE 算法在求解该类复杂问题时具有更优的运算性能，并采用单变量法讨论相关成本参数浮动对模型总成本的影响，有效帮助企业完善设施选址、库存控制决策，提高配送作业管理水平，为企业运营管理决策提供理论依据和指导。

1.4.2 研究方法

本书主要聚焦于面向 e-SC 的 CLIP 集成优化模型与求解算法。通过阅读与分析相关研究文献，结合企业的现实需要，将实际问题抽象化，构建数学规划模型。通过分析模型的内在性质，设计高效、稳健的改进 DE 算法，并通过合理的数值算例验证所构建模型的可行性与算法的有效性。综合运用文献分析、数学建模、系统分析、算法优化、模拟仿真、敏感度分析等相关理论与方法来展开具体的研究工作，具体研究措施及技术方法如下：

（1）针对面向 e-SC 的 CLIP 集成优化模型构建问题，通过相关文献分析，在已有研究的基础上，结合现实情境，充分考虑电子商务背景下消费者退货与在线废旧商品回收情形的供应链网络结构的特点以及所面临的新问题和解决方法，运用运筹学理论，采用系统分析与数学建模方法，构建 e-SC 背景下的 CLIP 集成优化模型。

（2）针对构建的 CLIP 集成优化模型，运用算法优化方法进行求解。仔细分析模型的内在性质与特点，分别设计 IDE、HADE、MADE、MHDE 以及 ISaDE 算法分别对五种拓展 LIP 集成优化模型进行求解。本研究的实验均在 Java JDK 1.7 的编程环境下进行，所有算例用一台配置为 AMD A10-9600P RADEON R5，10 COMPUTE CORES 4C＋6G 2.40GHz，RAM 为 4.00 GB DDR，OS 为 Windows 10 的联想笔记本电脑完成计算。

（3）在构建模型与设计算法的基础上，采用模拟仿真的方法验证模型的可行性与算法的有效性，为企业管理者提供决策支持。

1.5 本书结构

本书主要研究面向 e-SC 的考虑多种商品退货属性以及二级市场的 CLIP 集成优化模型与算法。通过阅读与分析相关文献，结合实际应用，将现实问题抽象化，探讨更符合现实情况的 CLIP 集成优化模型，分析模型的内在性质，设计高效稳定的改进 DE 算法求解模型。最后，通过模拟仿真实验验证模型的可行性与算法的有效性。本书的组织结构如下：

第 1 章：绪论。首先介绍本书研究的选题背景，提出问题，分析其研究目的与意义，简述研究内容及方法，最后给出本书各章节的组织结构。

第 2 章：国内外研究现状。分别从 LIP、CLIP 以及 DE 算法三个方面对相关研究进行归纳整理，并对其进行总结分析，从而引出本书的研究主题。

第 3 章：CLIP 基础理论及研究框架。详述面向 e-SC 的 CLIP 基础理论，主要包括设施选址问题、库存控制策略、选址—库存问题以及标准 DE 算法，为后续的扩展研究提供理论支撑。在此基础上，提出本书的总体研究框架。

第 4 章：考虑无缺陷退货的多商品 LIP 集成优化。考虑由于宽松的退货政策、冲动消费、商品色差、型号不符等原因导致大部分退货为无缺陷退货这一现实情况，构建考虑无缺陷退货的多商品 LIP 集成优化模型，通过分析模型的性质和特点，设计了 IDE 算法求解该模型。最后，采用多组不同规模的算例验证 IDE 算法具有比商业软件 Lingo 11、DE 算法更优的运算性能。

第 5 章：考虑商品退货的多商品 CLIP 集成优化。深入探究可能存在的商品退货情况，比如无缺陷退货、未拆封新商品退货以及有质量缺陷商品退货等消费者退货情形。构建考虑商品退货的多商品 CLIP 集成优化模型，设计了 HADE 算法对该模型进行求解。并通过多组不同规模的算例结果验证 HADE 算法求解该问题具有的优越性。最后，对模型的相关成本参数进行敏感度分析，为企业管理者提供相应的辅助决策。

第 6 章：考虑退货的多工厂 CLIP 集成优化。以多候选工厂、多候选 HDCC、多客户组成的闭环物流系统为研究对象，深入探究可能存在的商品退货情况，考虑候选工厂和 HDCC 的选址决策，同时考虑退货对库存决策的影响。构建考虑商品退货的多工厂 CLIP 集成优化模型，设计了 MADE 算法对该模型进行求解。并通过多组不同规模的算例结果验证 MADE 算法求解该问题具有的优越性。

第 7 章：考虑产品回收的 CLIP 集成优化。以一个 HPRC、多个候选配送中心、多个候选 HDCC、多个候选回收中心以及多个需求点所构成的闭环物流系统为研究对象，研究供应链网络结构的变化，从全局的角度集成优化设施选址与库存控制决策，构建闭环选址—库存问题集成优化模型，设计了 MHDE 求解该模型，通过设计多组不同规模的算例，对所建立的模型进行了严格的可行性验证，并对其算法的有效性进行了深入测试。

第 8 章：考虑二级市场的 CLIP 集成优化。实践研究发现网络零售企业在处理退货商品时，对拆封的无缺陷退货、外包装破损的商品、返厂维修后的商品等均以翻新商品的形式进入二级市场再次进行销售。基于这一现实情况，构建同时考虑二级市场的 CLIP 集成优化模型，设计 ISaDE 算法求解该模型。通过多组算例验证了 ISaDE 算法在求解该问题上的优越性。此外，对相关参数进行敏感度分析，为企业管理者制定管理决策提供理论支持。

第9章：总结与展望。归纳总结全文，并给出未来可能的研究方向。

第 2 章　国内外研究综述

随着供应链集成优化思想日益受到重视，LIP 逐渐成为国内外学者研究的热点。对 LIP 的研究从设施选址问题（Facility Location Problem，FLP）延伸而来。经过一段时间的发展和深入，LIP 已经取得了丰富的研究成果。下面将分别对相关问题的研究现状进行阐述。

2.1　选址—库存问题综述

LIP 是两个不同层面的供应链决策优化问题的集成。Shen[11] 与 Farahani 等[12] 对 LIP 的相关研究做了非常全面的文献综述。Eppen[13] 研究发现由配送中心集中管理零售商的库存可有效降低库存成本，产生“风险分摊效应”（risk-pooling effects）。该结论对 LIP 的深入研究起到了非常关键的作用。普遍认为，Erlebacher 与 Meller[14]、Teo 等[15]、Daskin 等[8]、Shen 等[16] 以及 Shu 等[17] 属于早期研究集成设施选址及库存控制决策优化的学者，他们为 LIP 后续扩展研究提供了理论支持。Erlebacher 与 Meller[14] 构建了需求服从均匀分布的 LIP 模型，并设计了启发式算法求解该模型。Teo 等[15] 构建了同时考虑设施选址成本与库存成本的模型，并设计了$\sqrt{2}$倍最优解的算法，但该模型并未考虑相关运输成本。Daskin 等[8]、Shen 等[16] 研究在考虑风险分摊效应的情况下构建无容量约束的 LIP 集成优化模型，分别利用 Lagrangian 松弛算法与列生成算法进行求解。Shu 等[17] 进一步改进了文献[16]的算法，使其具有更高的求解效率。在上述研究的基础上，国内外学者对 LIP 从不同方向、不同视角开展了深入的研究。

2.1.1　考虑资源约束的 LIP

资源约束在现实生产运作活动中普遍存在。在现有研究中，存在资源约束的选址—库存问题是一个研究热点，这些资源约束包括库存容量限制、预算限制、生产能力限制等。不少学者将资源约束加入 LIP 模型中进行研究。

Miranda 与 Garrido[18-19] 研究将库存控制决策加入设施选址问题中，

构建了有容量限制的选址—库存集成优化模型，设计了启发式算法进行求解。Ozsen 等[20]在 Daskin 等[8]与 Shen 等[16]研究的基础上进一步考虑配送中心的容量约束，构建考虑容量约束的 LIP 模型，并利用 Lagrangian 松弛算法进行求解。随后，Ozsen 等[21]在文献[20]的基础上考虑了商品来源的多样化，构建了考虑多来源的 LIP 模型。Atamtürk 等[22]设计了新的圆锥整数规划方法求解各种变种 LIP，结果显示，该方法在求解问题通用性及求解效率上均有极大优势。Mousavi 等[23]研究同时考虑存储容量、总购买预算及生产能力等约束，构建多周期、多种季节性商品与短缺的 LIP 模型，并设计了改进的果蝇优化算法求解。随后，Mousavi 等[24]增加考虑价格折扣约束，构建了多季节性商品、多周期的 LIP 集成优化模型，并设计了 MPSO 算法进行求解。Mousavi 等[25]构建了总购买预算、生产能力、存储容量限制条件下需求不确定的 LIP 模型，设计了改进的 GA 与 PSO 进行求解。Liao 等[26]考虑成本、客户服务水平及柔性，构建了供应商管理库存的有容量约束的多目标 LIP 模型，设计了基于 NSGAII 的混合进化方法求解该模型。Dai 等[27]构建了考虑模糊容量以及碳排放限制约束的易逝品的 LIP 模型，设计了 HGA、HHS 算法求解该模型。Yao 等[28]构建了多产品、多来源的 LIP 模型，设计了启发式算法求解，结果表明该算法具有一定的优越性。Jha 等[29]构建了实现运输费用最小化的 LIP 模型，设计了修正的自适应差分进化算法求解该模型。Punyim 等[30]构建了考虑库存容量和实用性约束的 LIP 模型，设计了基于禁忌搜索的启发式算法进行求解。狄卫民与王然[31]考虑中断风险建立了 LIP 模型，设计了混合遗传算法求解该模型。

2.1.2　考虑随机/不确定需求的 LIP

在现实的生产运作过程中，存在着诸多影响因素。在多种因素的影响下，需求往往是不确定的。为了更贴近实际需求，相关学者会研究随机/不确定需求下的 LIP。这种需求往往被设定为符合一定概率分布，比如需求服从泊松分布、正态分布等。由此，基本 LIP 被扩展为随机/不确定需求 LIP。

唐凯等[32]考虑经济规模与风险分摊效应，构建了随机多阶段 LIP 模型，并设计了 Lagrangian 松弛算法进行求解。秦进等[33]构建了多商品 LIP 集成优化模型，提出以组合模拟退火算法求解该模型。Shu 等[34]构建了融入情景规划及需求不确定性的 LIP 模型，设计了列生成算法进行求解，研究发现，随着总成本中库存成本比例的增加，配送中心开放数将减少。Shavandi 与 Bozorgi[35] 构建了考虑模糊需求的 LIP 集成优化模型，并设计了 GA 进行求解。Diabat 等[36] 基于需求与订货期不确定的情形采用排队原理构建了 LIP 模型，设计了基于模拟退火与直接搜索算法的混合求解算法。Vahdani 等[37] 基于相关需求及存在库存短缺的情形采用(R, S)库存策略构建了 LIP 模型，设计了元启发式算法求解该模型。Amiri-Aref 等[38] 基于(s, S)库存策略、不确定需求以及商品多来源的情形构建了利润最大化的 LIP 模型，设计了线性逼近方法进行求解。Rezaei 等[39] 基于随机需求的情形构建了总成本和环境影响最小化的 LIP 模型，并设计了 Grasshopper 优化算法求解模型。Nayeri 等[40] 提出交货期与需求不确定情形下考虑响应性与弹性措施的 LIP 模型，设计了几种启发式算法求解模型。吴江等[41] 针对非平稳需求下考虑碳配额的 LIP，设计了分层级启发式算法求解该模型。Wang 等[42] 基于需求和碳价格不确定的情形下的绿色选址—库存问题，建立了两阶段随机数学模型，设计了三相分层元启发法进行求解。Liu 等[43] 在需求和补货提前期不确定的情形下考虑供应中断的随机选址—库存问题，设计了基于排队理论和优化模型技术的两阶段方法进行求解。Rezaei 等[44] 研究了双渠道供应链下考虑随机需求的选址—库存问题，构建了双目标优化模型，设计了增强 ε 约束法与蚱蜢优化算法进行求解。

2.1.3 考虑库存补货策略的 LIP

在现实生产运作过程中，库存管理一直是供应链管理领域的研究焦点。企业采取何种库存补给策略将直接影响库存相关决策。比如采用(Q, R)(s, S)(R, S)等不同的补给策略，反映企业不同的服务水平、供应链系统的响应速度等。为了贴合现实情况的需要，相关学者研究了差异化库存补货策略下的 LIP。

Berman 等[45] 采用(R, S)库存策略，构建了考虑两种协调方式的 LIP 模型，并设计了 Lagrangian 松弛算法进行求解，研究结果显示充分协调可提高模型的实用性及经济合理性。Diabat 等[46] 构建了同时考虑配送中心与零售商的库存补给的 LIP 模型，并设计了 Lagrangian 松弛算法进行求解，研究显示，随着运输成本的增加，配送中心开放数量呈现上升趋势。随后，Diabat 等[47] 对算法做了进一步改进，结果显示该算法性能更优，求解时间更短。Silva 与 Gao[48] 研究基于联合补货策略的 LIP，设计了贪婪随机自适应搜索过程来求解。Qu 等[49]在文献[48]的基础上研究了随机需求下考虑联合补货与独立补货策略的 LIP 模型,并设计了 HDE 求解该模型。Araya-Sassi 等[50]分别考虑了连续和定期审查库存控制策略以及模块化随机产能约束下的选址—库存问题,构建了混合整数非线性规划模型,设计了一种拉格朗日松弛和子梯度法来求解的方法。郝书池与王国庆[51]考虑存在安全库存部分跨级存储的情况,构建了多级供应链 LIP 模型,并采用 GA 进行求解。王林等[52]考虑资源约束、数量折扣以及允许缺货的情况,构建了基于联合补货策略的 LIP 模型,设计了 ASADE 算法求解该模型。王林等[53]研究在允许存在瑕疵品导致缺货的情况下,构建了基于联合补货策略的 LIP 模型,设计了 AHDFLA 求解该模型。Fathi 等[54]在补货周期随机情形下考虑优先级订单和普通订单的 LIP,设计了基于排队和随机优化的两阶段方法进行求解。李凤月等[55]建立了以多品种联合补货问题为基础的装备维修备件仓库选址—库存控制决策联合优化模型,并设计了混合果蝇优化算法求解该模型。熊浩与鄢慧丽[56]构建了 6 种不同安全库存设置的 LIP 模型,设计了基于个体成本差异分配的 GA 求解该模型。曾宇容等[57]构建了基于联合补货策略的 LIP 集成优化模型,设计了混合果蝇优化算法求解该模型。

2.1.4　其他扩展 LIP

随着 LIP 研究的深入,出现了 LIP 的各种扩展问题。唐凯等[58]从市场选择服务的视角研究 LIP 模型,提出了基于拉格朗日松弛和子梯度的启发式算法求解该模型。随后,唐凯等[59]在文献[8]研究的基础上考虑通货膨胀对相关成本的影响,构建了通货膨胀下的 LIP 模型,并提出遗传算法进行求解。研究发现,随着通货膨胀率的增加,配送中心的数量随之增加。随后,王非等[60-61]分别从可变建设成本和下游配送次数的视角研究 LIP,构建了 LIP 模型,并采用启发式粒子群算法进行求解。Berman 等[62]在直接配送与顾客自取两种模型下考虑时间敏感商品的 LIP。Diabat 与 Al-Salem[63]构建了考虑碳排放限制的 LIP 模型,并设计了 GA 求解该模型。孙姣等[64]构建了多层级、多节点、多主体的三层级问题求解模型,并采用底层先收敛、局部用遗传算法的协调策略进行求解,制定选址决策、库存决策与线上需求分配决策。Candas 与 Kutanoglu[65]研究了基于客户服务水平的服务备件系统选址—库存问题,构建了非线性混合整数优化模型,设计了基于拉格朗日松弛的方法进行求解。Li 等[66-67]

考虑规模不经济的选址—库存问题，并将这一问题表述为一个集合覆盖模型，提出了一种列生成算法来解决其线性松弛问题。Delivand 等[68]在模糊环境下考虑不完全中断信息条件的可靠容纳设施选址—库存问题，设计了红鹿算法求解该问题。Wang 等[69]提出了一种集成 3PL 提供商的选址—库存问题，构建了一种基于多重图的非线性整数规划模型，设计了一种基于广义 Benders 分解(GBD)的方法求解该模型。

在应急管理的视角下研究联合选址—库存问题受到越来越多学者的关注。Farahani 等[70]考虑以可替代商品来缓解供应链中断的风险，并构建了多商品 LIP 模型，设计了混合算法进行求解。Chen 等[71]考虑设施中断的风险并构建了 LIP 模型，设计了拉格朗日松弛算法进行求解。国内，在应急管理的视角下研究联合选址—库存问题受到马祖军、李志及周愉峰团队的广泛关注，并取得了一定的研究成果。李志与周愉峰[72]在有中断风险的情况下，构建了考虑配送中心容量约束的 LIP 模型，设计了 GA 进行求解。周愉峰等[73]以系统总成本最小及客户满意度最大化为目标，构建了考虑失灵风险的随机多目标 LIP 模型，设计了 NSGAII 算法求解该模型。马祖军与周愉峰[74]构建了设施中断和防御的情形下带容量约束的 LIP 集成优化模型，并设计了 GA 进行求解。李志等[75]考虑设施中断、设防、容量限制等因素，构建了应急物资储备库的双目标 LIP 模型，设计了 NSGAII 算法求解该模型。周愉峰等[76]为规避应急条件下的不确定性风险，构建了国家血液战略储备库 LIP 的随机 p-鲁棒优化模型，设计了 GA 求解该模型。马祖军与周愉峰[77]考虑多种因素影响下的血液战略储备库的 LIP，构建了多目标 LIP 模型，设计了基于小生境技术的 NSGAII 进行求解。Saha 等[78]从部分中断风险的角度研究了联合选址—库存模型，构建了一个非线性整数规划模型，设计了一种基于粒子群优化的元启发式算法来求解该模型。Gholami-Zanjani 等[79]研究了涟漪效应干扰下食品供应链的选址—库存问题，通过合理的情景假设，采用三种弹性策略，即准备性策略、灵活性策略和响应性策略来应对不确定性。

2.2 闭环选址—库存问题综述

以上有关 LIP 的研究均集中在正向供应链网络，现阶段有关逆向、闭环供应链的选址—库存问题的研究相对较少，已有成果主要从绿色供应链的理念出发，研究废旧/二手商品回收再利用情形下的逆向/CLSC 网络设计。Abdallah 等[80]假设回收产品经过再制造后作为备件再次进入市场，构建了不确定需求环境下的 CLIP 模型，并对相关参数进行了敏感度分析，回收产品的价值是闭环供应链管理的关键因素，提出利用碳信用额度和交易来提高逆向物流的经济可行性，同时对不进行产品回收的企业进行惩罚。Diabat 等[81]假设再制造中心回收的产品经过再制造后作为备件再次进入市场，构建了 CLIP 集成优化模型，设计了精确两阶段拉格朗日松弛算法求解该模型。Asl-Najafi 等[82]在设施存在中断风险的情况下考虑网络运输时间以及总成本最小化的动态 CLIP，设计了混合元启发式算法进行求解。Zhang 与 Unnikrishnan[83]构建了需求不确定时协调 CLIP 模型，设计了基于外部逼近的求解算法来求解。Kaya 与 Urek[84]研究了新产品配送及二手商品回收的闭环供应链网络，构建了考虑新产品定价及准二手商品回收奖励的 LIP 模型，设计了启发式算法求解该模型。Ross 等[85]研究了在捐赠需求驱动的行业考虑需求与供应不确定、覆盖范围限制、服务级别等多个约束条件下的多产品 LIP，并设计了启发式算法求解。Zhang 与 Zhang[86]研究了新产品与再制造产品之间的竞争对供应链网络设计和运营的影响，构建了考虑定价的 LIP 模型，设计了一种基于外部近似方法求解模型。Guo 等[87]研究了考虑二级市场的 CLIP，设计了 NDADE 算法求解该问题。Guo 等[88]研究了考虑商品退货的多商品 CLIP 集成优化模型，设计了 HADE 算法求解该模型。Guo 等[89]考虑产品回收的闭环选址—库存问题，构建了混合整数非线性规划模型，并设计了 MHDE 求解该问题。Becerra 等[90]针对可持续性的闭环选址—库存问题，构建了多目标混合整数非线性规划（MO-MINLP）模型，采用分层序列优化法求解。

国内已有 CLIP 的文献主要是从制造/再制造系统中的废旧商品回收再利用的角度开展相关研究。张群与卫李蓉[91]对逆向物流网络设计优化的研究做了全面的文献综述。周根贵与曹振宇[92]、何波等[93-94]关注产品回收再利用/再制造情形下的逆向物流网络优化问题。谢家平等[95]、杨玉香与周根贵[96-97]研究了制造/再制造系统的设施选址问题。马祖军等[98-101]对制造/再制造系统中的选址—库存路径问题展开了深入研究，并形成了丰富的研究成果。当前对相关问题的研究主要以制造/再制造系统为研究对象，已有研究成果中针对基于消费者退货的闭环供应链网络设计集成优化的相关研究相对较少。张晓楠等[102]在 B2C“配送-退换同时”物流模式下构建了考虑模糊需求的双目标模糊选址模型，并设计了 IGA 进行求解。李延晖等[103]构建了电子商务环境下考虑无缺陷退货的 LIP 模型，设计了 IHADE 算法求解该模型。张震等[104]构建了考虑退货的多商品多来源 CLIP 模型，设计了 IHDE 算法进行求解。

2.3 差分进化算法综述

DE 算法最早由 Storn 和 Price 提出，可优化求解不可微、非线性和连续空间函数，是一种基于种群的全局搜索算法。[105] DE 算法因其参数较少、鲁棒性强和原理简单等优点而受到了学者和工程师们的广泛关注。根据谷歌学术(Google Scholar)的引文记录，截至 2024 年 6 月，DE 算法的引文总数记录超过 35597 条。灵活性和多功能性促使 DE 算法及其变体被广泛地应用于解决各种复杂的优化问题，例如单目标优化问题、全局优化问题、多目标优化问题等。同时，DE 算法还被应用于许多学科领域，在预测模型[106]、物流与供应链管理[107]、电力系统[108]、机器人[109]等领域取得了非常显著的成果。进一步从理论和应用角度深入研究 DE 算法具有极为重要的学术和工程价值。

该算法的主要优点为：①简单易实现：DE 算法的基本思想相对简单，易于理解和实现，这使它成为一个常用的优化工具；②较少的参数调整：DE 算法相对于其他优化算法来说，只有较少的参数需要调整，通常只需要设置种群大小、交叉率和变异因子等少数几个参数；③高效的全局搜索：DE 算法能够在大多数情况下找到全局最优解或者接近最优解的解决方案，这得益于其有效的全局搜索策略，特别适合解决复杂的非线性、非凸优化问题；④避免只求得局部最优解：DE 算法引入差分变异操作后，能避免只求得局部最优解的问题，这种策略使得 DE 算法具有较强的全局搜索能力。

该算法具有诸多优点，但其自身还存在一定的缺陷，主要包括：①性能依赖于参数的设置：虽然 DE 算法的参数较少，但其性能依赖于这些参数的设置。不同的问题可能需要设置不同的参数，这增加了算法的调试和优化的难度。②收敛速度较慢：DE 算法通常需要较多的迭代次数才能收敛到较优解，尤其是高维度、复杂度较高的问题，收敛速度可能会受到较大影响。③不适用于所有类型的问题：虽然 DE 算法在解决许多类型的优化问题时表现良好，但它并不适用于所有类型的问题。④参数设置敏感：DE 算法对参数的设置非常敏感，不恰当的参数设置可能导致算法陷入求解局部最优解的过程，或者导致算法收敛速度过慢。

虽然 DE 算法有一些缺点，但它仍然是一种强大的全局优化工具，特别适用于解决复杂的非线性、非凸优化问题。通过合适的参数设置和算法调优，可以有效地将 DE 算法应用于许多实际问题中。尤其对于复杂程度高的难题，用标准 DE 算法难以得到有效的可行解，亟待设计高效、稳健的改进 DE 算法。下面将从 DE 算法的改进以及应用两个方面进行综述。

2.3.1 DE 算法的改进

1. 控制参数设置

DE 算法的控制参数主要包括缩放因子（变异因子）F、交叉概率 C_R 以及种群规模 N_p。如果控制参数选择不当，将直接影响算法的寻优性能。因此，合理地控制参数取值在求解问题时显得尤为重要，也成为改进算法最为常见的手段。

现阶段关于 N_p 的改进相对较少，已有相关研究提出了 N_p 的改进方法。Brest 等[110]为了提高 DE 算法的运算效率和鲁棒性，提出了 dynNP-DE 算法。Poláková 等[111]提出了一种基于种群大小自适应机制的 DE 算法，该机制对算法效率的提高是有益的。Zhu 等[112]提出了动态调整种群规模的方法，基于排序技术，采用动态种群策略消除冗余种群个体，通过扰动种群个体来产生优秀的个体。

通过改进控制参数 F 与 C_R 来提高算法性能的研究较丰富。Brest 等[113]通过控制参数 F 与 C_R 的自适应来增加随机扰动，避免算法早熟收敛，从而提升 DE 算法的寻优性能，并命名为 jDE 算法。Qin 等[114]提出了 SaDE 算法，该算法根据种群进化的情况，通过有针对性地调整实验个体及控制参数来提高算法性能。Zhang 等[115]通过设置参数 F 与 C_R 分别服从柯西分布与正态分布来实现加快算法寻优速度，提出 JADE 算法。Tanabe 等[116]在 JADE 算法的基础上提出 SHADE 算法，该算法设计了新的控制参数自适应机制。随后，Tanabe 等[117]引入种群线性减少以及参数修正机制，提出改进了 SHADE 算法性能的 LSHADE 算法。Brest 等[118]为更加有效地解决多模态优化问题，对 LSHADE 算法进行了五个方面的修正，提出 iLSHADE 算法。Yi 等[119]提出 pbest-JADE 算法，该算法在 JADE 算法的基础上通过使用轮盘赌的方式选择最优个体，从而提高算法的求解性能。Meng 等[120]为了改进算法在控制参数以及变异策略上的不足，提出了 PaDE 算法。Yi 等[121]为增强算法的搜索能力，提出了一种具有集合种群功能的自适应差分进化算法。

2. 差分策略的改进

差分策略是DE算法的核心，最常见且运用最广泛的差分策略为DE/rand/1/*，其他还包括DE/rand/2/*、DE/best/*/*、DE/rand-to-best/*/*以及DE/current-rand/*/*等。已有学者针对变异策略进行了改进，Zhang等[115]提出一种新的变异算子DE/current-to-pbest/1，结果表明该算子可有效防止算法过早收敛。Zhang等[122]提出一种定向变异算子。彭虎等[123]采用三角高斯变异策略及三元交叉和交叉概率自适应策略来增加种群扰动。Ali等[124]设计了基于组合变异策略的多种群DE算法。

关于交叉策略与选择策略的改进，Wang等[125]设计了基于正交设计的正交交叉算子。Guo与Yang[126]提出基于特征向量的交叉算子。Cai与Wang[127]提出混合联动交叉的方法，通过采用摄动法提取问题的联系信息，并利用该信息引导交叉过程。Storn[128]提出以迭代次数为函数的选择策略。Tian等[129]提出了一种新的选择策略，该策略基于贪婪选择与加权适应度值。

3. 种群结构的改进

在种群结构改进方面，Rahnamayan等[130]提出了基于反向学习的DE算法。该算法通过对初始化种群及算法迭代过程中产生的试验向量使用反向学习机制来提高运算效率。张斌等[131]采用反向学习机制、混沌分散以及跨种群并行机制，提出了OLCPDE算法。Wu等[132]提出了一种基于多变异策略的MPEDE算法。张大斌等[133]提出了基于精英协同的混洗差分进化算法，该算法通过引入反向学习策略，对两个种群分别采取差异化的差分策略来提升运算性能。蔡万刚等[134]为进一步改进DE算法的性能，采用多种群、精英学习以及生物自适应搜索策略来改进DE算法的性能。Li等[135]为有效缓解DE算法过早收敛的问题，设计了一种基于正交学习和精英局部搜索机制的高效差分进化算法。

4. 混合算法

当仅仅调节算法控制参数与策略无法达到理想的效果时，还可以将DE算法与其他算法进行融合。很多研究将DE算法融入其他算法。Nwankwor等[136]提出了将DE与PSO算法相结合的HPSDE算法。Lin[137]将GA的轮盘融入DE算法中。王林等[138]提出了HDE算法，该算法通过引入截断选择操作来提高寻优性能。Zhang[139]提出了QDE算法，该算法通过将量子计算与DE算法相融合提高算法的寻优能力。

Chiou 等[140]利用蚁群算子改进 DE 算法，提出了 ADHDE 算法。Zheng 等[141]设计了将烟花算法与 DE 算法相结合的混合算法。Jadon 等[142]提出了将 ABC 算法与 DE 算法相结合的混合算法（HABCDE）。曾宇容等[143]通过将 SA 融入 DE 算法中，设计了 SAHDE 算法来增强算法的寻优性能。

2.3.2　DE 算法的应用

提出算法的目的在于更为高效地解决实际问题，自从 1995 年 Storn 和 Price 提出 DE 算法以来，DE 算法受到学者广泛关注，现已在诸多领域得到应用。

1. 物流与供应链管理

Qu 等[49]构建了在联合补货和独立补货策略下的选址—库存问题协同优化模型，设计了 HSDE 算法进行求解。Li 等[107]构建了考虑第三方物流的闭环选址—库存问题集成优化模型，设计了 IHDE 算法求解该模型。王林等[138]考虑客户随机需求、允许缺货的情形构建了多企业多产品联合补货—配送决策模型，并设计了 HDE 算法求解该模型。曾宇容等[143]设计了基于 SA 的 HDE 算法来解决联合补货—配送决策协同优化问题。Guo 等[144]研究了 B2C 模式下的商品退货在经过专业处理后作为翻新商品进入二级市场进行销售的供应链集成优化决策，构建了考虑二级市场的闭环选址—库存问题集成优化模型，并设计了 ISaDE 算法进行求解。

2. 电力系统优化

Basetti 与 Chandel[108]将 TDE 算法应用于电力系统状态估计问题。吴亮红等[145]设计了 FSADE 算法，用于求解复杂电力系统经济负荷的分配问题。Wang 等[146]提出了一种基于均匀分解机制的 MODE/D 算法，以求解 1.5MW 风力机叶片的二至四目标优化问题。该算法将均匀分解机制与差分进化算法相结合，并将基于梯度的方法应用于风力机多目标设计。Jokarzadeh 等[147]将最优控制理论与差分进化算法相结合，实现了对电力系统阻尼的改进。

3. 预测模型

Wang 等[106]提出基于 DE 算法的混合算法，并将其应用于提高神经网络的预测精度。Peng 等[148]采用长短时记忆的差分进化算法对电价进行了预测。Wang 等[149]提出了一种基于支持向量回归和差分进化算法的混合算法来预测锂离子电池剩余的使用寿命。Guo 等[150]提出了一种基于高效极限学习机制和 DE 算法的集成模型来预测混沌时间序列。

4. 机器人方面

Huan 等[109]将改进的 DE 算法应用于动态双足步态发生器的自适应进化神经模型的优化辨识，旨在使人形机器人在平台上更自然、更稳定地行走。Pierezan 等[151]提出以 MSaDE 算法对人形机器人进行静态建模，并对其静态能力进行优化。吴秀丽与袁琦[152]将 DE 算法用于求解带批处理机的混合流水线机器人制造单元调度问题。Martinez-Soltero 与 Hernandez-Barragan[153]提出了一种基于 DE 算法的移动机器人导航方法。

5. 其他应用

Guo 与 Tang[154]设计了一种基于新变异和交叉算子的 DDE 算法来求解钢铁工业订单重调度问题。Khan 等[155]提出以 MADE 算法求解彩色图像分割问题。杜轩与潘志成[156]设计了聚类差分进化算法来求解多目标工艺规划与调度集成问题。Tarkhaneh 与 Shen[157]设计了一种自适应差分进化算法解决核磁共振脑图像分割中的多级阈值问题。Li 等[158]设计了混合差分进化算法，求解柔性作业车间调度问题。

DE 算法作为一种易操作且高效的进化算法，在求解大规模、复杂程度高的优化问题上具有明显优势。随着研究的逐步深入，算法理论将更加完善，实用性也将逐步提高，应用范围将进一步扩大。

2.4 本章小结

目前，对 LIP 扩展问题的研究较为深入，研究文献丰富，现实应用也很广泛。设施选址与库存控制决策为企业提高供应链系统运行效率以及快速响应能力、降低企业物流运营成本、实现物流资源合理配置提供了重要支持。对现有文献进行分析后，笔者认为对 LIP 的研究有待进一步深入：

(1) 根据上述研究发现，联合设施选址与库存控制决策进行集成优化研究非常必要，LIP 研究虽多，但多数都没有考虑到企业需要处理消费者退货这一现实情况，来自企业管理实践的迫切需要和理论滞后的矛盾突出。

(2)选址—库存集成优化问题求解难度大。对基于消费者退货的 CLIP 进行集成优化后，研究的问题越来越贴近现实，模型构建越来越复杂，模型决策变量快速增加，导致求解难度增大，而传统的枚举法以及启发式算法（针对特定问题的启发式规则设计难度大）、常规智能算法（易陷入局部最优，针对大规模算例时算法性能不稳定，求解效率低）、解析算法（难以同时保证算法的求解精度与求解效率）均存在明显缺陷。因此，迫切需要设计高效、稳健的智能优化算法为企业实时决策提供支持。

（3）作为一种新型、高效的基于种群差异的启发式并行搜索算法，DE 算法利用基于种群导向的随机搜索技术，易于实现、受控参数少、全局搜索能力强、鲁棒性强。通过吸收和借鉴相关优化算法的最新研究成果，针对性进行理论完善后改进的 DE 算法（差分策略改进、控制参数自适应等）完全可解决复杂的 LIP，为求解该类问题提供了新的理论依据。

本书基于消费者退货对供应链网络结构的影响，统筹集成优化 CLIP，研究面向 e-SC 的考虑消费者退货与回收的 CLIP，探讨不同情形下的供应链集成优化决策。同时，以 DE 算法为突破口，设计高效、稳健的改进 DE 算法求解模型，得出优化方案，为企业管理者的管理实践提供理论和实践支撑。

第 3 章　选址—库存问题的基础理论及研究框架

3.1　设施选址问题

设施选址决策是供应链网络设计中最基本和关键的决策之一，也是本章研究的联合选址—库存问题的核心。本节对设施选址问题进行简要介绍，并描述相应的模型。

设施选址问题是企业在确定大型设施的位置和数量时面临的重要且复杂的决策问题，属于战略层面的决策。建立大量设施可以提升供应链的服务水平，但也会带来高昂的选址成本和运营成本。因此，合理的策略是尽量减少设施数量，以达到供应链运营的最优效果。设施选址问题的研究历史悠久，可以追溯到 1909 年，当时德国学者 Weber 提出在平面内寻找单个仓库最佳位置的问题，即仓库到多个顾客之间总距离最小化的问题，这一问题被称为“Weber 问题”[159]。

设施选址问题按照决策变量可以分为两大类：连续型选址问题和离散型选址问题。在连续型选址问题中，设施可以选在空间内的任意点上。Weber 问题是一种经典的连续型选址问题，其模型和算法主要考虑几何和优化问题，通过解析方法或数值方法寻找最优解。这类问题常用于需要高度精确定位的应用场景，如无线网络基站选址、应急服务设施布局等。在离散型选址问题中，选址范围仅限于若干预先给定的候选点。离散型选址问题的研究主要集中在以下几类：①p-中位问题：为 p 个设施选址，使得所有需求点到其最近设施的加权距离和最小。该问题广泛应用于物流配送中心选址和城市公共设施布局等领域。②p-中心问题：为 p 个设施选址，使所有需求点到其最近设施的距离最小化，常用于优化应急服务设施的位置，以确保在最短的时间内响应紧急事件。③覆盖问题：为若干设施选址，使得每个需求点在规定的距离内至少被一个设施覆盖，主要用于通信网络设计和公共服务设施布局。大概从 20 世纪 60 年代起，离散型选址问题被广泛研究，之后大部分离散型选址问题的研究都以上述三种问题为基础。

本书研究的选址—库存模型采用的是无容量限制的设施选址模型。无容量限制的设施选址问题(Uncapacitated Facility Location Problem，UFLP)源于经典的 P-中位问题(P-Median Problem)，通过在 P-中位问题中加入设施固定成本并去除设施数量 P 的限制而形成。为了更好地理解无容量限制的设施选址问题，下面详细介绍 P-中位问题和无容量限制的设施选址问题。

3.1.1　P-中值问题

P-中值问题，又称 P-中位问题，是由 Hakimi 于 1964 年提出的一种经典设施选址问题。该问题的核心是选择 P 个设施，使所有需求点都能够得到服务，并使所有需求点与其提供服务的设施之间的加权距离之和最小。P-中值问题可以用以下方式描述：给定一个包含若干需求点和候选设施点的网络，从候选设施点中选择 P 个设施，使得每个需求点都能够由一个设施点提供服务，并且所有需求点与其提供服务的设施点之间的加权距离之和最小。P-中值问题的数学模型可以用如下符号表示：

1. **集合**

I——需求点集合，表示所有需要服务的点；

J——候选设施点集合，表示所有可以选择的设施位置。

2. **参数**

c_{ij}——需求点 i 到候选设施点 j 的距离或成本；

p——需要选取的设施数量；

d_i——需求点 i 的需求量。

3. **决策变量**

x_{ij}——如果需求点 i 由候选设施点 j 服务，则为 1，否则为 0($i \in I$，$j \in J$)；

y_j——如果候选设施点 j 被选中，则为 1，否则为 0($j \in J$)。

目标函数：

$$\min \sum_{j \in J} \sum_{i \in I} c_{ij} d_i x_{ij} \tag{3.1}$$

约束条件：

$$\sum_{j \in J} x_{ij} = 1, \forall i \in I \tag{3.2}$$

$$x_{ij} \leqslant y_j, \forall i \in I, \forall j \in J \tag{3.3}$$

$$\sum_{j\in J} y_j = p \tag{3.4}$$

$$y_j \in \{0,1\}, \forall j \in J \tag{3.5}$$

$$x_{ij} \in \{0,1\}, \forall i \in I, \forall j \in J \tag{3.6}$$

目标函数(3.1)表示所有需求点到其提供服务的设施点的加权距离之和最小,约束条件(3.2)表示确保每个需求点只能由一个设施点提供服务;约束条件(3.3)表示保证只有被选中的设施点才能提供服务;约束条件(3.4)表示选中的设施点数量必须等于 p;约束条件(3.5)(3.6)分别表示 y_j, x_{ij} 为 0～1 间的变量。

P-中值问题是设施选址问题中的重要一类,其研究不仅具有理论意义,还在实际应用中发挥着重要作用。通过科学合理的选址决策,可以显著提升供应链和服务网络的效率,并降低企业的运营成本。在本书后续的章节中,我们将进一步探讨 P-中值问题的扩展及其与库存管理的结合,以提出更为综合的联合选址—库存优化模型。

3.1.2 无容量约束的设施选址问题

无容量约束的设施选址问题(Uncapacitated Facility Location Problem, UFLP)是运筹学领域的经典问题之一。在这个问题中,给定了一个潜在设施选址集合和一组零售商,每个零售商都由唯一的一个设施提供服务,且设施的服务能力足以满足该零售商的所有需求。问题的目标是选择潜在设施,并确定设施和零售商之间的服务分配关系,以使开设设施的固定选址成本和设施到零售商之间的运输成本之和最小化。无容量约束的设施选址问题中的符号定义如下:

1. **集合**

I——零售商集合;

J——设施集合。

2. **参数**

μ_i——零售商 i 的年均需求,$i\in I$;

f_j——开设设施 j 的固定设施选址成本,$j\in J$;

d_{ij}——设施 j 至零售商 i 的单位运输成本,$i\in I,j\in J$。

3. **决策变量**

X_j——如果设施 j 被选择,则为 1,否则为 0,$j\in J$;

Y_{ij}——如果设施 j 为零售商 i 提供服务,则为 1,否则为 0,$i\in$

$I, j \in J$。

无容量约束的设施选址问题经常被构建为以下模型：

$$\min \sum_{j \in J} f_j X_j + \sum_{j \in J} \sum_{i \in I} d_{ij} \mu_i Y_{ij} \tag{3.7}$$

约束条件：

$$\sum_{j \in J} Y_{ij} = 1, \forall i \in I \tag{3.8}$$

$$Y_{ij} \leqslant X_j, \forall i \in I, \forall j \in J \tag{3.9}$$

$$X_j \in \{0,1\}, \forall j \in J \tag{3.10}$$

$$Y_{ij} \in \{0,1\}, \forall i \in I, \forall j \in J \tag{3.11}$$

目标函数(3.7)表示总成本最小化，约束条件(3.8)表示确保每个零售商都有且只有一个服务设施；约束条件(3.9)表示保证零售商只能被已经开设的设施服务；约束条件(3.10)(3.11)分别表示 X_j、Y_{ij} 为 0～1 之间的变量，说明该问题是一个离散型的设施选址问题。同时该问题也是一个 NP-hard 的问题。

无容量约束的设施选址问题是一个重要且实用的问题，在供应链管理、城市规划、生产管理等领域都有广泛的应用。通过合理地选址，可以有效提高资源的利用效率，降低成本，提升服务水平，从而实现企业和社会的双赢。

3.2　库存控制策略

库存是指为未来使用而暂时闲置的资源。设立库存的主要目的是防止短缺，保持生产过程的连续性，分摊订货费用以及快速满足用户的订单需求。库存是出于经济的考虑而设立的，它实际上是由于未来需求的变化难以预测而不得不采取的一种应对措施。因此，库存常被称为“必要的恶魔”，意指其既有优势也有劣势。总体来说，库存有以下五个关键作用：

1. 保障生产和销售的连续性

库存在保障生产和销售的连续性方面发挥着重要作用。它确保企业在面对需求波动或供应链中断时，能够持续运作。没有足够的库存，企业可能会面临生产停滞和断货的风险，直接导致销售损失和客户流失。例如，制造业企业通过保持原材料和零部件的适当库存，可以避免因供应商延迟交货而导致的生产中断，从而确保生产的平稳运行。零售商也需要库存来保证商品在货架上的充足供应，避免因断货而失去潜在的销售机会。

2. 应对供应链的不确定性

库存是应对供应链不确定性的关键工具。在供应链中，可能会遇到各种突发状况，如供应商的交货延迟、运输问题或需求的突然增加。库存作为缓冲，可以在这些不确定性出现时维持企业的正常运营，降低风险。例如，电子产品制造商可能会由于某个关键零部件的短缺而影响整个生产计划，通过保持一定的缓冲库存，可以在供应链中断时继续生产，减少因供应问题造成的生产停滞和销售损失。

3. 平衡供需波动

库存能够平衡季节性需求和市场预测误差，确保企业在需求高峰期能够满足市场需求，并在需求低谷期维持正常运营。对于季节性产品，如节庆商品或季节性服装，企业往往在淡季时增加生产和库存，以在旺季时满足市场需求。这种策略不仅可以平衡生产负荷，避免旺季时生产能力不足，还可以在淡季时通过促销活动消化库存，从而实现销售平衡。此外，库存还可以弥补市场预测的误差，确保在需求超出预期时企业能够及时响应。

4. 支持市场竞争策略

库存在支持企业市场竞争策略中起着至关重要的作用。通过保持适当的库存水平，企业能够快速响应市场变化和客户需求，增强市场竞争力。例如，快时尚品牌需要快速应对时尚潮流的变化，通过灵活的库存管理，在潮流变动时迅速调整库存，满足市场需求。此外，企业可以通过库存策略来控制市场供应，灵活调整产品价格，实现利润最大化。在需求高峰期，通过适时调整库存，企业可以提高产品价格，增加盈利能力。

5. 提升供应链效率

有效的库存管理能够提升供应链效率。通过集中库存管理和供应链协调，企业可以优化库存布局，减少仓储和管理成本，提升整体供应链的效率和响应速度。例如，大型零售商通过集中库存管理系统，实现了规模效应，降低了整体库存成本。此外，通过与供应商和分销商共享库存信息，企业可以实现生产计划和配送计划的无缝对接，减少生产和配送中的浪费和延迟，提高供应链的整体效率。这样，库存管理不仅优化了企业内部运营，还增强了整个供应链的协同能力。

库存管理不仅能满足生产或客户的需求，通过有效的管理库存，可以实现多方面的目标，从而提升企业竞争力。库存管理的目标是在满足一定的生产或消费需求的同时，降低库存水平，降低企业成本，提高效率，并提升对客户的服务质量。库存管理是企业根据自身发展的需要和客户的需求，结合企业的订购特点，进行预测、计划和补充的过程。其重点在于对预测、计划和补充进行控制，包括确定如何订货、订购多少以及何时订货。通过精确的需求预测和库存优化，企业可以有效降低库存水平，避免因库存过多而造成的资金浪费和负担。同时，优化供应链和仓储流程可以降低总体成本，并确保物料和产品的及时供应，提高生产效率和交付速度。最终，这一过程能够有效提升客户服务质量，满足客户需求，增强企业的竞争力。

在商品存储过程中，会产生各种费用，统称为库存费用，主要包括储存费用、缺货费用、订货费用和生产费用四个方面：

(1)储存费用：这是货物在仓库或配送中心存储时产生的费用，包括仓库租金、库存货物采购资金的利息以及库存损坏的费用等。储存费用可分为固定费用和变动费用两种。固定费用如仓库经营费用，而变动费用如库存货物采购资金的利息则随库存量的增减而变化。

(2)缺货费用：为了应对客户需求的不确定性，企业设定了安全库存，若安全库存量过多，会增加储存费用并导致货物积压。缺货会导致延迟交货、损害企业声誉等，因此所有由存储供不应求所产生的费用都属于缺货费用。

(3)订货费用：当企业采用订货方式补充库存时，订货过程中产生的所有费用属于订货费用。这包括固定订货费用(如订货人员工资、通信费)和随订购量变化的变动订货费用(如货物价格、运输费用)。

(4)生产费用：当存储系统通过生产方式补充库存时，生产过程中产生的费用称为生产费用，包括固定生产费用(如器械购置费、维修费用)和随生产数量变化的变动生产费用(如生产所需材料费)。

在供应链网络设计中，存放库存的设施通常在前期已经确定，因此库存策略的核心在于确定库存补充方式和安全库存水平。在库存策略中，需要考虑到两种类型的库存：周期库存(Cycle Inventory)和安全库存(Safety Inventory)。周期库存也称为周转库存，它是为了保证两次订货期间的需求得以满足而持有的平均库存量。周期库存的水平取决于单次订货的批量。而安全库存则是为了防范供应端或需求端的各种不确定因素导致的缺货风险而设立的缓冲库存。常用的库存补货策略有四种：

(1)(Q, r)策略：这是一种连续检查库存的定量补货策略。在(Q, r)策略中，定期进行库存水平的监控，一旦库存水平降至再订货点 r，即触发订货行为。订货量为固定的 Q。这种策略适用于需要稳定订货批量的场景，能够平衡订货成本和存储成本。它具有操作简单、管理容易的优点，但可能导致库存水平波动较大，需要谨慎确定再订货点和订货批量。

(2)(r, S)策略。这也是一种连续检查库存的补货策略，但是订货量不是固定的。当库存量低于再订货点 r 时进行订货，订货量根据当前库存水平和到货后的库存目标值 S 而定。这种策略适用于需求波动较大的情况，能够灵活调整补货量以满足需求。它能够更好地适应市场变化，但需要及时监控库存水平和灵活调整再订货点和最高库存水平。

(3)(Q, t)策略。这是一种周期性检查库存的定量补货策略，其补货周期为 t。在每个补货周期结束时，进行库存检查并触发订货动作，订货量为固定的 Q。这种策略适用于需求具有一定周期性的情况，能够提前规划和调配库存。它有利于统一库存管理和降低成本，但可能导致库存水平在补货周期内出现波动。

(4)(t, S)策略。这也是一种周期性检查库存的补货策略，其补货周期为 t，但订货量不固定。在每个补货周期结束时，进行库存检查并触发订货动作，订货量根据当前的库存水平和到货后的库存目标值 S 而定。这种策略适用于需求变化较为不确定的情况，能够根据实际情况灵活调整补货量。它能够更好地应对市场波动，但需要及时监控库存和灵活调整补货周期和最高库存水平。

在本书研究的问题中，需要同时考虑设施选址决策和库存决策，因此在库存管理方面需要制定相应的策略。本部分介绍与制定库存决策相关的库存控制策略，其中包括经济订货批量模型和风险共担效应的考虑。我们采用经济订货批量模型来管理库存的补货，并考虑风险共担效应，将库存集中存放在配送中心，以提高供应链的效率和管理成本。

在接下来的第 3.2.1、3.2.2 与 3.2.3 节中，我们将分别详细介绍经济订货批量模型和风险共担效应的概念和原理，为本章后续模型的建立提供理论基础。这些理论基础对于制定合理的库存管理策略至关重要，能够帮助我们优化供应链的运作效率，并降低库存成本和缺货风险。

3.2.1 经济订货批量模型

经济订货批量(Economic Order Quantity, EOQ)模型，又称整批间隔订货模型，是一种经典的库存管理工具，它通过数学方法来确定最优订货批量，以最小化库存成本。这个模型由 F. W. Harris 于 1913 年提出，至今仍被广泛使用。EOQ 模型的核心思想是找到一个最优订货批量，使得整个周期内的库存成本（包括订货成本、持有成本和缺货成本）最小化。模型假设单次补货的订货成本是固定的，因此一定时期内的订货成本取决于补货次数。补货次数越少，订货成本越低，但相应的单次补货的订货批量会上升。随着订货批量的上升，平均持有的库存量也会增加，从而导致库存持有成本增加。经济订货批量模型通过公式化订货批量，找到使总订货成本和库存持有成本最小的平衡点。

经济订货批量模型的基本假设如下：

(1)需求完全满足：所有的需求都能得到满足，不允许发生缺货，即缺货成本无穷大。

(2)需求已知且固定：需求是已知且连续均匀的，需求产生的速率在订货周期内保持不变。

(3)即时补充库存：库存补充可以瞬间完成，即不考虑补货提前期。

(4)无中转库存和在途库存：不考虑中转库存和在途库存。

(5)订货批量固定：每次订货的订货批量固定，单次订货的订货费用也固定。

(6)持有成本固定：单位库存持有成本固定。

(7)资金无限制：资金使用没有限制，不会对订货批量或次数产生限制。

经济订货批量模型通过在订货成本和库存持有成本之间权衡，确定最优订货批量。设：

T_C 为年度库存补货成本；

D 为年度需求量；

Q 为单次订货批量；

S 为每次订货的固定订货成本；

H 为单位库存持有成本。

每年的总订货成本是订货次数和单次订货成本的乘积，即年订货成本$=D \cdot S/Q$，由于需求产生的速率是固定的，因此平均持有的库存量是订货批量的一半，所以每年总的库存持有成本为 $QH/2$，总库存补货成本可以表示为：

$$T_C = \frac{DS}{Q} + \frac{QH}{2}$$

该成本可以视作关于订货批量 Q 的函数，对 Q 进行求导，令导数为 0

求极值,就可以得到最优的经济订货批量 $Q^* = \sqrt{\frac{2DS}{H}}$。

EOQ 模型具有如下优点:①简单易懂:EOQ 模型的计算方法简单,易于理解和应用;②成本优化:通过 EOQ,可以找到成本最低的订货批量,有助于企业降低库存成本;③应用广泛:适用于多种行业和场景,具有很好的通用性。EOQ 模型具有如下缺点:①假设限制:EOQ 模型假设需求量和供应量是恒定的,不考虑价格波动、需求变化等因素;②不考虑时间价值:模型没有考虑到资金的时间价值,即资金占用成本随时间变化的影响;③忽略缺货成本:在 EOQ 模型中,缺货成本通常被忽略,但在实际应用中,缺货成本可能对企业影响很大。

显然,经济订货批量模型是一个最基本的简单模型。尽管经济订货批量模型提供了理论上的最优订货批量,但在实际实施过程中,可能会面临各种挑战。数据的准确性、市场需求的波动、供应链的复杂性等都会影响模型的应用效果。企业需要根据实际情况,灵活调整模型参数,并结合经验和市场变化,持续优化库存管理策略。EOQ 模型是一种有效的库存管理工具,它帮助企业通过数学方法找到最优订货批量,从而降低库存成本。然而,由于其假设的限制,企业在使用时应结合实际情况,考虑其他因素,如需求波动、供应稳定性等,以实现最佳的库存管理效果。随着技术的发展,现代库存管理系统可以结合 EOQ 模型和其他高级算法,提供更加精确和灵活的库存管理解决方案。

3.2.2 (Q, r)策略

连续性盘点(Q, r)策略是一种经典的库存管理方法,用于帮助企业决定何时以及订购多少商品。该策略的核心在于两个关键参数:再订货点 r 和订货量 Q。再订货点 r 是指库存水平下降到某个特定点时,触发订货行为的临界库存量。确定再订货点的关键在于考虑需求和供应的不确定性,确保在等待新库存到达期间,现有库存足够满足需求。订货量 Q 是指每次订货的固定数量。确定订货量的主要目的是平衡订货成本和持有成本,找到一个最优的订货数量,使总成本最低。通过这两个参数,企业能够有效地控制库存水平,降低缺货风险,同时减少持有过多库存的成本。库存管理者对库存进行连续盘点,当库存量降到再订货点 r 时,向供应商订购批量为 Q 的商品。(Q, r)模型假设需求是随机的,商品到达前有一段时间间隔 L,在这段时间间隔 L 内缺货可能发生。(Q, r)模型的

目标是使订货成本、库存持有成本和缺货成本之和最小。

再订货点 r 的计算通常基于以下公式：

$$r=dL+S_S$$

其中：

d 是平均每日需求量，表示在正常情况下，每天对某种物品的需求数量。

L 是交货提前期，即从下订单到货物实际到达的时间。这段时间内，库存需要能够支撑日常需求。

S_S 是安全库存，用于应对需求波动或供应链中断等不确定性因素。安全库存的设定通常考虑历史需求波动、供应商的可靠性以及企业对缺货风险的容忍度。

订货量 Q 是指每次订货的固定数量。确定订货量的主要目的是平衡订货成本和持有成本，找到一个最优的订货数量，使总成本最低。常用的确定订货量的方法是经济订货量(EOQ)模型：

$$Q=\sqrt{\frac{2DS}{H}}$$

其中：

D 是年需求量，即一年中对某种物品的总需求数量。

S 是每次订货的固定成本，包括订单处理、运输等相关费用。

H 是每单位库存的年持有成本，包括仓储、保险、资金占用等费用。

在现代库存管理领域，求解(Q, r)模型的精确算法通常涉及非多项式时间复杂度，这一点在 Hopp 和 Spearman 的著作[160]中有详细论述。Axsäter[161]指出，将(Q, r)模型的求解过程分为两个阶段是一种常见的做法。首先，通过经济订货量模型来确定订货批量，该模型使用平均需求量来代表一个随机的需求过程。其次，确定再订货点。Zheng[162]提出，使用 EOQ 模型代替(Q, r)模型来计算最优订货批量时，总成本的最大相对误差可以达到 0.125。Axsäter 进一步研究并证明了这一误差可以被降至 0.118。Zheng 还指出，在大多数实际情况下，通过这种方法得出的解与最优解之间的差距，远远小于最大相对误差。

在实际应用中，由于确定缺货成本存在一定难度，通常采用客户服务水平来间接衡量缺货成本。这里以在提前期内客户订单得到满足的比例来表示。目标是在确保达到平均客户服务水平的前提下，使订货成本和库存持有成本的总和最小。这种模型被称为 I 类服务水平的(Q, r)模型，Nahmias[163]对此有更深入的介绍。对于 I 类服务水平的(Q, r)模型，可以采用上述的两步法进行近似求解。在第一步中，使用 EOQ 模型来确定订货批量。在第二步中，通过相应公式来确定再订货点。这种方法不仅简化了求解过程，而且提供了一种实用的方法来平衡成本和服务水平，使其在实际库存管理中更加可行。

3.2.3 风险共担效应

风险共担(Risk Pooling)效应是库存管理策略中的一个关键概念，最早由 Eppen[13]在 1979 年提出。这一理论基于一个核心观点：通过集中多个需求点的库存，可以显著降低整个供应链的库存成本。在 Eppen 的研究中，他构建了一个模型，其中包含了多个需求点，每个需求点的需求满足正态分布，并且假设这些需求是相互独立的。通过比较集中存放库存与分散存放库存两种模式，Eppen 证明了集中存放库存能够降低库存持有成本和缺货成本。在风险共担效应下，由于需求的集中，整体需求的标准差会小于分散需求标准差的总和。这一点对于计算安全库存至关重要。安全库存的计算公式为 $S_S = z_\alpha \sigma\sqrt{L}$($z_\alpha$ 由服务水平决定，σ 是需求的标准差，L 是补货提前期)，显然，集中需求后所需的安全库存量会减少。

在供应链网络中，地区性配送中心的设置就是风险共担效应的一个实际应用。通过在配送中心集中存放库存，可以满足下游门店的需求，同时应对需求的不确定性。与由各地区门店直接存放库存相比，这种集中化的策略可以显著减少安全库存的库存水平，从而降低库存成本。除了建立单独的配送中心，风险共担效应还可以通过在零售商集合中选择部分零售商作为区域配送中心来实现，从而集中存放库存，节约成本。这种方法不仅优化了库存分布，还提高了供应链的效率和响应能力。

在实施风险共担策略时，企业需要考虑需求预测的准确性、供应链各环节的协调以及信息技术的应用等多个因素。通过综合考虑这些因素，企业可以设计出更有效的库存管理策略，实现成本的节约和供应链的优化。风险共担效应为库存管理提供了一种降低成本的有效思路，但同时也需要企业在实际操作中进行细致的规划和调整。

3.3 选址—库存问题

LIP 最早由 Daskin 等[8]提出，用于研究 Chicago 血库配送网络优化。该问题主要关注 Chicago 血库如何为约 30 家医院提供血小板。血小板具有价格昂贵、保质期短、易腐坏等特殊属性，其保质期仅 5 天，过期必须销毁。而且血小板仅在有限的医疗环境下才需要，因此其需求波动大。同时，医院在血小板未过期前将其退还，不用交纳任何费用，从而导致医院无完善血小板库存管理的动力。部分大型医院订购血小板的数量几乎是其年使用量的两倍，从而导致大量昂贵的血液制品需要被销毁。与此同时，其他医院在急救时需要临时订购血小板，使得血库需要采用运输费用较高的方式将其送至医院，增加了系统的成本。因此，急需对供应链系统进行改进。

Daskin 等通过将所有医院分成几个区域，并在每个区域选择一家医院作为区域配送中心(Distribution Center，DC)储存一定数量的血小板供应附近医院，从而实现了以下三个目标：①利用风险分摊效应，降低安全库存水平，防止出现短缺；②通过设置区域配送中心来满足附近医院的血小板需求，降低因紧急需要而产生的高额运输成本；③库存管理者的培训变得更加简单且有效，因为仅需要对少量作为区域配送中心的医院的库存进行管理即可。通过将血小板生产与供应问题抽象为一个单产品的两层供应链网络优化问题，该网络由一个供应商、多个 DC 以及多个零售商所组成。假设 DC 及零售商的位置已知，每个零售商的需求服从正态分布，均值与方差已知。由于需求的不确定性，每个备选配送中心保持一段时间的安全库存，旨在防止出现缺货。在这种背景下，该问题最终确定了以下项目：①选定 DC 的数量、位置；②DC 至零售商的配送方案；③库存控制策略，包括配送中心的订货频率、订货量以及安全库存。其目标是实现选址、运输、周转库存以及安全库存成本之和最小。为了构建模型，定义了以下符号：

1. **集合**

I——零售商集合；

J——候选配送中心集合。

2. **常量**

μ_i——零售商 i 的日均需求量，$i \in I$；

σ_i^2——商品在需求点 i 的日需求方差，$i \in I$；

f_j——配送中心选在零售商 j 的固定年成本，$j \in J$；

$v_j(x)$——从供应商至配送中心 j 运输批量 x 的成本函数，$j \in J$；

d_{ij}——单位商品从配送中心 j 至零售商 i 的配送成本，$i \in I, j \in J$；

α——市场需求满足率；

β——运输成本权重；

θ——库存成本权重；

z_α——标准正态偏离，$P(z \leqslant z_\alpha) = \alpha$；

h——单位商品的年库存持有成本；

F_j——配送中心 j 的固定订货成本，$j \in J$；

L——订货提前期；

χ——年工作天数。

3. **决策变量**

X_j——如果配送中心 j 被选择，则为 1，否则为 0，$j \in J$；

Y_{ij}——如果配送中心 j 为零售商 i 提供配送服务，则为 1，否则为 0，$i \in I$，$j \in J$。

LIP 的研究目标是使物流系统总成本最小化，其构成主要包括以下三个部分：①设施选址成本，主要是选定候选配送中心的固定成本；②从配送中心至零售商的运输成本；③库存成本，主要包括周转库存成本与安全库存成本。

1. **设施选址成本**

候选配送中心被选定的设施选址成本表示为：$\sum_{j \in J} f_j X_j$ 。

2. **从配送中心至零售商的运输成本**

在商品配送的过程中，配送中心以 1 次/天的固定频率配送商品，商品从配送中心配送至零售商的运输成本表示为：$\beta \sum_{j \in J} \sum_{i \in I} \chi d_{ij} \mu_i Y_{ij}$ 。

3. **库存成本**

在库存控制策略上，采用 EOQ 模型代替一类服务水平下的(Q, r)模型进行库存补给。因此，库存成本主要包括：

(1) 固定订货成本。从配送中心 j 向供应商订购商品的年订货成本为 $F_j n_j$；其中，n_j 表示配送中心 j 向供应商订购商品的订货次数。

(2) 从供应商到配送中心的运输成本。从供应商到配送中心 j 的运输成本可表示为 $\beta v_j(D_j/n_j)n_j$，其中，D_j 表示商品在配送中心 j 的年均需求量，$D_j = \sum_{i \in I} \chi \mu_i Y_{ij}$；$v_j(x)$ 为运输批量 x 的成本线性函数，假设 $v_j(x) = g_j + a_j x$，g_j 表示从供应商至配送中心 j 的固定运输成本，a_j 表示从供应商至配送中心 j 的变动运输成本。

(3) 周转库存成本。配送中心 j 的年平均周转库存量可以表示为

$D_j/(2n_j)$，得到配送中心 j 的年库存持有成本为 $\theta hD_j/(2n_j)$。

综上可得，配送中心 j 的年周转库存成本为

$$F_jn_j + \beta v_j(D_j/n_j)n_j + \theta hD_j/(2n_j) \tag{3.12}$$

对 n_j 求导可得

$$F_j + \beta v_j\left(\frac{D_j}{n_j}\right) - \beta n_jv_j\left(\frac{D_j}{n_j}\right)\frac{D_j}{n_j^2} - \theta\frac{hD_j}{2n_j^2} = 0 \tag{3.13}$$

将 $v_j(x) = g_j + a_jx$ 代入式(3.13)中，得到 $F_j + \beta g_j - \theta\frac{hD_j}{2n_j^2} = 0$，进而求解得出 $n_j = \sqrt{\theta hD_j/[2(F_j + \beta g_j)]}$，将 $v_j(x)$ 与 n_j 代入式(3.12)中，得到周转库存成本为 $\sqrt{2\theta hD_j(F_j + \beta g_j)} + \beta a_jD_j$。

(4) 安全库存成本

考虑风险分摊效应，安全库存需确保缺货发生的概率小于或等于 α，即 $z_\alpha\sqrt{L\sum_{i\in I}\sigma_i^2Y_{ij}}$。因此，商品在配送中心 j 的安全库存成本为 $\theta hz_\alpha\sqrt{L\sum_{i\in I}\sigma_i^2Y_{ij}}$。

基于上述各成本项的分析，选址—库存问题集成优化模型表示如下：

$$\min\sum_{j\in J}f_jX_j + \beta\sum_{j\in J}\sum_{i\in I}\chi d_{ij}\mu_iY_{ij} + \sum_{j\in J}\sqrt{2\theta h(F_j + \beta g_j)\sum_{i\in I}\chi\mu_iY_{ij}}$$
$$+ \beta\sum_{j\in J}a_j\sum_{i\in I}\chi\mu_iY_{ij} + \theta hz_\alpha\sum_{j\in J}\sqrt{L\sum_{i\in I}\sigma_i^2Y_{ij}} \tag{3.14}$$

约束条件：

$$\sum_{j\in J}Y_{ij} = 1, \forall i \in I \tag{3.15}$$

$$Y_{ij} \leqslant X_j, \forall i \in I, \forall j \in J \tag{3.16}$$

$$X_j \in \{0,1\}, \forall j \in J \tag{3.17}$$

$$Y_{ij} \in \{0,1\}, \forall i \in I, \forall j \in J \tag{3.18}$$

目标函数(3.14)表示总成本最小化，约束条件(3.15)表示每个零售商仅由一个配送中心提供配送服务；约束条件(3.16)表示只有在候选配送中心被选后才可提供配送服务；约束条件(3.17)(3.18)分别表示 X_j、Y_{ij} 为 0～1 之间的变量。

3.4 标准差分进化算法

DE 算法是一种基于种群的高效的全局优化算法，它通过模拟自然界中的“优胜劣汰，适者生存”的进化机制来进行优化搜索。该算法以其结构简单、容易实现、收敛快速和鲁棒性强等特点，在数据挖掘、模式识

别、数字滤波器设计、人工神经网络、电磁学等多个领域得到了广泛的应用。

在差分进化(DE)算法的求解过程中,随着迭代次数的增加,群体的多样性往往会降低,导致算法提前收敛到局部极小值,甚至陷入停滞。这对于依赖群体间差异性进行演化的算法来说,是一个重要的问题。为克服基础 DE 算法的这些不足,现有的改进方法主要基于优化演化规律和控制参数,或将 DE 算法与其他智能算法结合。

DE 算法的主要控制参数包括种群规模 N_p、变异因子 F 和交叉因子 C_R。每个参数的设置对算法性能和优化效果都有显著的影响。以下是对这些参数的详细解释及其影响分析:

(1)N_p 表示算法运行过程中所包含的个体数目,即每一代中的候选解的数量。群体规模的选择直接影响算法的计算复杂度和优化性能。当 N_p 较大时,群体所包含的信息更加丰富,有助于保持多样性,提高算法跳出局部最优解的能力。然而,较大的 N_p 也会使算法运行变慢。当 N_p 较小时,算法运行速度加快,但可能导致群体多样性不足,容易陷入局部最优,从而影响整体的优化性能。合理选择 N_p 需要平衡计算成本和优化效果。

(2)F 控制差分向量的缩放,影响新解的生成。F 值决定了新个体与原始个体之间的差异程度,对算法的全局和局部寻优能力均有重要影响。当 F 较小时,差分向量的缩放较小,新个体与原始个体差异较小,增强了局部搜索能力,但可能难以跳出局部最优解。当 F 较大时,差分向量的缩放较大,新个体与原始个体差异较大,有助于跳出局部最优解,提高全局搜索能力,但可能导致收敛速度减慢。在实际应用中,可以通过实验调优找到合适的 F 值,以在全局搜索和局部搜索之间取得平衡。

(3) C_R 决定父代和变异个体之间的信息交换程度。C_R 值反映了两个个体(父代和变异个体)之间基因交换的强度。当 C_R 较大时,信息交换较多,有助于增强群体多样性,提高探索能力。但如果 C_R 过大,可能导致个体适应度波动较大,收敛性变差。C_R 较小时,信息交换较少,增强了个体的稳定性,但可能导致群体多样性不足,影响整体优化效果。在实际应用中,可通过实验调整 C_R 以找到最适合具体问题的值。

DE 算法的性能高度依赖于对控制参数的合理设置。群体规模 N_p、变异因子 F 和交叉概率 C_R 需要在具体问题中通过实验和经验调优,以平衡计算复杂度、全局搜索能力和局部搜索能力,从而实现最佳优化效果。

DE 算法的运算过程包括种群初始化、差分运算(变异、交叉)以及选择操作。具体运算步骤如下:首先,通过种群初始化产生一定规模的初始种群;其次,通过对种群个体执行差分运算(变异、交叉)产生试验向量;再次,执行选择操作,将试验向量与目标向量的适应度值进行一对一对比,保留结果好的向量作为子代种群;最后,通过不断循环迭代上述操作来更新种群个体,直到满足终止条件方才停止运算,得出最优解。表 3-1 给出了对 DE 算法进行描述时所需的符号及意义。

表 3-1　DE 算法所需符号及意义

符号	意义
N_p	种群规模
N	种群个体维度
G	最大迭代次数
$x^{i,g}$	目标向量:第 g 代种群的第 i 个个体
$v^{i,g}$	变异向量:第 g 代种群的第 i 个个体的变异向量
$u^{i,g}$	试验向量:第 g 代种群的第 i 个个体的试验向量
F	变异因子
C_R	交叉因子

DE 算法的具体流程如下:

1. 种群初始化

种群初始化即随机生成 N_p 个 N 维向量构成初始种群,每个种群个体表示为 $x^{i,0}(i=1,2,\cdots,N_p)$。为了确保问题的搜索空间尽可能地被覆盖,初始种群生成方式如式(3.19)所示:

$$x_j^{i,0}=x^L+r_{\text{and}}\cdot(x^U-x^L),i=1,2,\cdots,N_p;j=1,2,\cdots,N \quad (3.19)$$

其中 $x_j^{i,0}$,表示初始种群个体 i 的第 j 个元素,x^L 与 x^U 分别表示搜索空间的最小值与最大值,r_{and}表示[0,1]之间均匀分布的随机数。

2. 变异操作

该操作是 DE 算法的核心,在进行变异运算时,随机选取三个不同的种群个体,将任意两个种群个体向量的差值赋权后加上第三个种群个体向量,从而获取变异向量 $v^{i,g+1}$。变异向量 $v^{i,g+1}$ 的生成方式如式(3.20)所示。

$$v^{i,g+1}=x^{r_1,g}+F\cdot(x^{r_2,g}-x^{r_3,g}),i=1,2,\cdots,N_p \tag{3.20}$$

其中，$i\neq r_1\neq r_2\neq r_3$，$r_1$，$r_2$，$r_3$ 是从集合$\{1, 2, \cdots, N_p\}$中随机选取的互不相同的整数，F 为变异因子，用于控制差分向量的缩放程度。

DE 算法中的变异策略是算法的核心部分，它负责生成新的候选解，从而推动种群的进化。“DE/r_{and}/1”是基本的变异策略之一，该策略的优点在于简单，它不需要依赖于种群中任何个体的特定信息，如最佳个体，因此它在保持种群多样性方面非常有效。然而，由于它不利用任何关于个体质量的信息，因此在某些情况下可能导致收敛速度变慢或陷入局部最优。除此之外，还有几种常用的变异策略，以下是 DE 算法中一些常见的变异策略：

(1)DE/best/1：

$$v^{i,g+1}=x^{\text{best},g}+F\cdot(x^{r_1,g}-x^{r_2,g}),i=1,2,\cdots,N_p \tag{3.21}$$

“DE/best/1”是 DE 算法中的一种经典变异策略，其主要特点是利用种群中的最佳个体来引导搜索过程，以期发现更好的解。该策略结合了最佳个体的信息，有助于算法更快地收敛到解空间中的优质区域。然而，这种策略也可能导致算法过早地集中在已知的最佳解附近，从而影响了搜索的全局性。

(2)DE/best/2：

$$v^{i,g+1}=x^{\text{best},g}+F\cdot(x^{r_1,g}-x^{r_2,g})+F\cdot(x^{r_3,g}-x^{r_4,g}),\quad i=1,2,\cdots,N_p \tag{3.22}$$

“DE/best/2”是 DE 算法中的一种变异策略，其特点是在生成新的候选解时，使用两个不同的差分向量，以此来增强搜索的多样性和有效性。该策略使用两个差分向量，增加了变异操作的多样性，有助于算法跳出局部最优，并在更广阔的解空间中进行探索。这种策略特别适用于那些具有多个峰值的复杂优化问题。

(3)DE/target-to-best/1：

$$v^{i,g+1}=x^{i,g}+F\cdot(x^{\text{best},g}-x^{i,g})+F\cdot(x^{r_1,g}-x^{r_2,g}),\quad i=1,2,\cdots,N_p \tag{3.23}$$

“DE/target-to-best/1”是 DE 算法中的一种变异策略，其核心思想是利用目标个体(即当前正在改进的个体)与种群中最佳个体之间的差异来探索解空间。该策略的优点在于它利用了种群中已知的最佳解信息，有助于引导搜索过程朝着更优解的方向发展。然而，这种策略也可能导致算法过早地集中在当前最佳解附近，从而影响了搜索的全局性。

(4)DE/r_{and}/2：

$$v^{i,g+1}=x^{r_1,g}+F\cdot(x^{r_2,g}-x^{r_3,g})+F\cdot(x^{r_4,g}-x^{r_5,g}),\quad i=1,2,\cdots,N_p \tag{3.24}$$

“DE/r_{and}/2”是 DE 算法中的一种变异策略，其特点是在生成新的候选解时，利用两个随机选择的个体之间的差分，而不是依赖于最佳个体。该策略不依赖于种群中的最佳个体，而是完全基于随机选择的个体之间的差分来进行变异。这种方法可以增强种群的多样性，因为它不偏向于当前搜索中已经发现的最优解。这有助于算法探索解空间中可能未被充分探索的区域，从而避免早熟收敛，并可能找到全局最优解或更好的近似解。

(5)DE/r_{and}-to-best/1：

$$v^{i,g+1}=x^{r_1,g}+F\cdot(x^{\text{best},g}-x^{r_1,g})+F\cdot(x^{r_2,g}-x^{r_3,g}),\quad i=1,2,\cdots,N_p \tag{3.25}$$

“DE/r_{and}-to-best/1”是 DE 算法中的一种变异策略，它结合了随机个体与种群中最佳个体的信息来生成新的候选解。这种策略旨在利用当前找到的最佳解来引导搜索过程，同时保持一定的随机性，以探索更广阔的解空间。该策略结合了随机性与最佳个体的信息，有助于算法在保持种群多样性的同时，向最优解方向进行搜索。这种方法可以有效避免算法陷入局部最优，并且由于其利用了最佳个体的信息，通常可以加快收敛速度。

(6)DE/current-to-best/1：

$$v^{i,g+1}=x^{i,g}+F\cdot(x^{\text{best},g}-x^{i,g})+F\cdot(x^{r_1,g}-x^{r_2,g}),\quad i=1,2,\cdots,N_p \tag{3.26}$$

“DE/current-to-best/1”是 DE 算法中的一种常用的变异策略，它通过结合当前个体(目标个体)与种群中最佳个体的信息来生成新的候选解。该策略的优点在于它利用了目标个体当前位置与最佳个体之间的信息，这有助于算法在保持种群多样性的同时向最优解方向进行搜索。这种方法可以有效避免算法陷入局部最优，并且由于其利用了最佳个体的信息，通常可以加快收敛速度。

3. **交叉操作**

交叉操作的引入进一步提升了 DE 算法的运算性能，常用的交叉方法包括二项式交叉(Binomial Crossover)和指数交叉(Exponential Crossover)。

二项式交叉操作通过将 $x^{i,g}$ 与 $v^{i,g+1}$ 按交叉因子 C_R 执行，从而产生试验向量 $u^{i,g+1}$。通过保留目标个体的部分基因，试验个体可以基于历史信息动态调整搜索方向。而保留变异个体的部分基因则可以产生新的搜索方向，避免算法陷入早熟。具体操作如下：

$$u_j^{i,g+1}=\begin{cases} v_j^{i,g+1}, r_{\text{and}}(j)\leqslant C_R \text{ or } j=j_{\text{rand}} \\ x_j^{i,g}, \text{otherwise} \end{cases} \tag{3.27}$$
$$i=1,2,\cdots,N_p; j=1,2,\cdots,N;$$

在式(3.27)中，$r_{\text{and}}(j)\in[0,1]$，是服从均匀分布的随机数，$j_{\text{rand}}\in[1,2,\cdots,N]$之中随机选取的整数，用于保证至少有一个元素来自于 $v^{i,g+1}$，避免算法陷入停滞。二项式交叉的优点在于简单易实现，并且可以有效地保持种群的多样性。然而，由于它是在每个维度上独立进行选择，可能会导致解的连续性不足，有时可能需要结合其他类型的交叉方法或者使用自适应的交叉率来提高算法的性能。

指数交叉是DE算法中使用的一种交叉方法，它与二项式交叉相比，可以生成连续的后代个体，而不是像二项式交叉那样仅在每一维分量上离散地选择父代或变异个体。指数交叉的具体操作如下：首先在[1, N]上任意选取整数 n 作为交叉的起始位置，再在[1, N]上随机选择另一个整数 L 作为变异个体在目标个体中的个数，最终进行指数交叉，产生试验个体 $u^{i,g+1}$，指数交叉如式(3-28)所示：

$$u_j^{i,g+1}=\begin{cases} v_j^{i,g+1}, j=\langle n\rangle N,\langle n+1\rangle N,\cdots,\langle n+L-1\rangle N \\ x_j^{i,g}, \text{otherwise} \end{cases} \tag{3.28}$$
$$i=1,2,\cdots,N_p; j=1,2,\cdots,N;$$

其中，$\langle\rangle N$ 表示对 N 取模函数。这种交叉方式可以增加种群的多样性，有助于算法跳出局部最优，并且能够更平滑地探索解空间。根据搜索结果，指数交叉产生的个体分量是连续地来自父个体或者变异个体，因此种群个体差异对指数杂交的影响比对二项杂交的影响大。

4. **选择操作**

在DE算法的运算过程中，为保证子代种群规模的稳定性以及保留优良的种群个体，算法在经过差分操作后需要执行选择操作，即选择 $x^{i,g}$ 还是 $u^{i,g+1}$ 存活下来。DE算法采用贪婪选择策略，该策略将 $x^{i,g}$ 与 $u^{i,g+1}$ 进行一对一竞争，通过将 $f(u^{i,g+1})$ 与 $f(x^{i,g})$ 进行比较，保留两者中更优的个体作为下一代种群个体。选择操作按式(3.29)执行：

$$x^{i,g+1}=\begin{cases}u^{i,g+1}, f(u^{i,g+1})<f(x^{i,g})\\ x^{i,g}, \text{otherwise}\end{cases} \tag{3.29}$$

DE 算法采用一对一贪婪选择策略来得到新种群，这样可以确保迭代过程中的种群多样性。遗传算法等进化算法，是通过选择具有较高适应值（一般用目标函数值表示）的个体作为新个体进入下一代。DE 算法则为每个个体提供了相同的概率，决定其是否能进入下一代。一对一贪婪选择策略可以避免因种群多样性迅速下降而带来的算法早熟问题，能够较好地搜索整个解空间。

根据上述执行步骤，标准 DE 算法的流程图如图 3-1 所示。

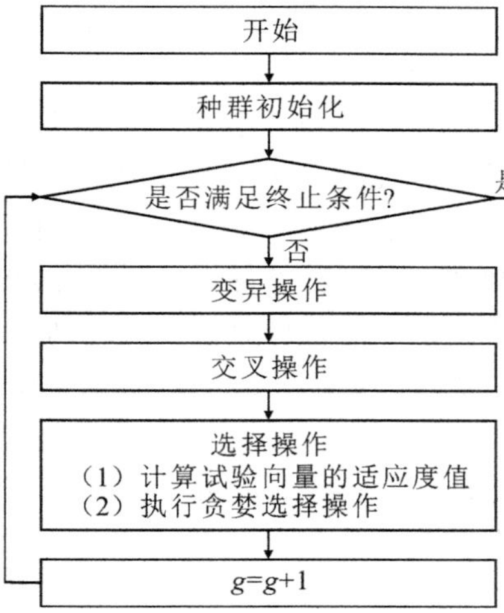

图 3-1　DE 算法流程图

根据上述 DE 算法操作，标准 DE 算法的运算流程如下：

第一步：种群初始化，随机生成 N_p 个种群个体作为初始种群。

第二步：判断操作，若迭代次数 $g<$ 最大迭代次数 G，则 $g=g+1$，执行第三步，否则跳至第六步；

第三步：变异操作，生成 $v^{i,g+1}$。

第四步：交叉操作，生成 $u^{i,g+1}$。

第五步：选择操作，生成子代种群，返回第二步。

第六步：满足终止条件，寻优结束。

3.5　本书的研究框架

电商环境下存在大量的商品退货需要回收处理，致使企业物流运营成本剧增，出现逆向物流缺乏柔性等问题。高效稳健的闭环供应链网络设计成为必然。本书通过深入研究消费者退货商品的属性特征及其面向最终客户开展商品配送和退货回收服务的特点，研究面向 e-SC 的闭环选址—库存集成优化问题。

3.5.1 考虑无缺陷退货的多商品选址—库存问题

现实中，往往有许多消费者由于商品色差、型号不符、冲动消费等原因对已订购的商品实施退货，该类退货商品并无任何质量或功能缺陷。调查发现，美国电子行业这类无缺陷退货的比例高达 95%。[164] 该类无缺陷退货只需要退回配送中心进行简单再包装即可再次进入销售市场。无缺陷退货的回收处理对企业供应链系统的运行效率、资源配置提出了更高的要求。作为网络购物体系的重要支撑，供应链系统也需要进行相应的改进和调整，以此来适应激烈的市场竞争环境。设施选址与库存控制决策是供应链网络设计的两个关键决策，零售商需要及时对回收中心进行选址并快速调整商品库存控制策略，对两者进行集成优化，防止其陷入局部最优，使其从整体上提高供应链系统的运行效率，增强供应链响应能力，降低物流运营成本。因此，非常有必要对无缺陷退货的 LIP 进行深入研究。

基于此，本书通过集成设施选址与库存控制决策，构建了基于无缺陷退货的多商品 LIP 集成优化模型，使物流系统的总成本最小。针对所构建模型的性质和特点，设计了 IDE 算法求解该模型。IDE 算法在标准 DE 的基础上有如下改进：①通过引入反向学习机制[130]来优化初始种群，运用反向学习机制，找出初始种群对应的反向种群，并按其优劣顺序进行排序，选取前 N_p 个最优种群个体作为初代种群个体；②设计了自适应变异因子 F，以增加扰动达到增强种群个体多样化的目的。

3.5.2 考虑商品退货的多商品闭环选址—库存问题

随着投放市场的商品越来越多，消费者的不确定性也随之增加，可替换零售商品的数量决定了某一特定商品是否能满足消费者个人的偏好。[165] 网络购物活动中，商品退货包括以下几种类型：无缺陷退货、有质量缺陷的商品退货以及未拆封的新商品退货。虽然无理由退货政策改善了客户的购物体验，但也增加了企业的风险。大量的商品退货对设施选址和库存控制决策均有较大影响。高效、稳健的闭环供应链网络设计成为企业管理者必须要思考的问题之一。集成优化设施选址与库存控制决策，有利于从整体上降低供应链的运营成本，提高供应链系统的效率和快速响应能力，从而防止其陷入局部最优。因此，非常有必要对考虑商品退货的多商品 CLIP 进行深入研究。

基于此，本书通过构建考虑商品退货的多商品 CLIP 集成优化模型，使物流系统的总成本最低。针对所构建模型的性质和特点，设计了 HADE 算法求解该模型。HADE 算法在标准 DE 的基础上进行如下改进，以提高算法性能：①通过设计自适应机制对控制参数 F 进行赋值，以增加 F 的随机扰动，从而实现增强种群多样性的目的，有效防止算法陷入局部最优。②采取一种新的交叉策略来代替传统的二项式交叉策略，产生试验向量。此策略通过增加定向扰动，降低扰动的随机性来提高获得优化解的概率。③采用截断选择和贪婪选择相结合的选择策略提高算法的性能。

3.5.3　考虑退货的多工厂多阶段闭环选址—库存问题

在电商环境下，商品的种类越来越多，消费者的不确定性也随之增加。消费者对商品进行退货的原因多种多样，主要原因包括尺寸不合适、颜色或款式不符、购买错误、商品功能不符合预期等，这类无缺陷退货成为退货的主要类型。为了增强客户的购物体验，加快退货商品的处理，企业管理者必须思考设计高效、稳健的闭环供应链。以多个候选 HPRC、多个候选 HDCC 以及多个需求点所构成的闭环物流系统为研究对象，研究供应链网络结构的变化，对候选 HPRC 与 HDCC 进行选址，同时考虑退货对库存决策的影响，构建考虑商品退货的多阶段多工厂 CLIP 模型并设计相应的算法很有必要。

基于此，本书通过构建考虑商品退货的多工厂多阶段 CLIP 集成优化模型，使物流系统总成本最低。针对所构建模型的性质和特点，设计了 MADE 算法求解该模型。MADE 算法在标准 DE 的基础上进行了如下改进，以提高算法性能：①通过引入反向学习策略[130]来优化初始种群，运用反向学习策略，找出初始种群对应的反向种群，并按优劣顺序进行排序，选取前 N_p 个最优种群个体作为初代种群；②设计自适应变异因子 F，以增加扰动，达到保持种群个体多样化的目的；③设计自适应交叉因子 C_R 以增加控制参数 C_R 的随机性，避免算法陷入早熟收敛。

3.5.4 考虑产品回收的闭环选址—库存问题

在可持续发展理念日益成为社会共识的今天，产品回收管理已经成为企业实现环境保护和经济效益双重目标的关键环节。通用汽车等知名企业已经开始将反向物流纳入其生产实践，以降低运营成本并减少对环境的影响。本书以由一个HPRC、多个候选配送中心、多个候选HDCC、多个候选回收中心以及多个需求点所构成的闭环物流系统为研究对象，从全局的角度集成优化设施选址与库存控制决策，旨在降低供应链的运营成本，提高系统的效率和快速响应能力，同时避免供应链系统陷入局部最优。在当前可持续发展的大背景下，对考虑产品回收的CLIP进行深入研究，不仅具有重要的理论意义，也为企业提供了实现环境友好和经济效益双重目标的有效途径。

本书从全局的角度集成优化设施选址与库存控制决策，构建了考虑产品回收的闭环选址—库存问题集成优化模型，该模型更贴近实际。针对模型的性质与特点，采用反向学习策略、自适应机制、新的交叉策略、截断选择等策略来改进算法性能，设计了一种改进的混合差分进化算法(Modified hybrid differential evolution algorithm，MHDE)来求解该模型。MHDE算法在标准DE的基础上做了如下改进，以提高算法性能：①引入反向学习机制，以提高初始种群的质量。②设计自适应变异因子F，以增强种群的多样性和全局搜索能力。③采用新的交叉策略，以提高种群的多样性和对解的搜索能力。④采用GA的截断选择以克服DE中贪婪选择机制的局限性。

3.5.5 考虑二级市场的闭环选址—库存问题

现如今，大型网络零售商(如京东、苏宁等)纷纷加入翻新商品销售平台的建设与运营，以获取更大的市场竞争优势和利润。翻新商品的主要来源为平台自营七天无理由退货新品，功能完好、使用次数极低的商品，因外包装破损留存仓库未销售产品以及因质量问题商品退货后由厂商换新或维修的商品。基于此，考虑退货商品经过相关专业处理后作为翻新商品再次进入销售市场这一现实情况，同时考虑翻新商品配送与回收对企业供应链系统的运行效率以及快速响应能力提出了更高的要求。为了在激烈的市场竞争中取得优势，使客户得到更好的物流服务体验，需要及时对供应链系统进行相应的改进和调整。确切地说，企业应在传统正向供应链网络的基础上加入逆向物流，以满足翻新商品配送与回收的需要。高效、稳健的闭环供应链网络设计已成为企业急需面对的难题之一。通过对 LIP 进行集成优化，可提高供应链系统的运行效率与响应能力，降低物流系统的运营成本，提升客户的服务体验，实现资源的合理有效配置。因此，非常有必要对考虑二级市场的 CLIP 进行深入研究。

基于此，本书构建了考虑商品与翻新商品退货的 CLIP 集成优化模型，使物流系统的总成本最低。针对所构建模型的性质和特点，设计了 ISaDE 算法求解该模型。ISaDE 算法在标准 DE 的基础上做了如下改进，以提高算法性能：①采用自适应机制对算法控制参数 F 与 C_R 进行赋值，增强控制参数 F 与 C_R 的随机性，避免算法陷入早熟收敛；②采用与 HADE 算法相同的交叉策略来生成试验向量，通过此策略达到增加种群多样性、增强算法寻优性能的目的。

3.5.6　总体研究框架

根据上述分析，本书的总体研究框架如图 3-2 所示。在 LIP 相关理论的基础上，考虑无缺陷退货、商品退货以及商品与翻新商品退货的 CLIP。通过构建面向 e-SC 的 CLIP 集成优化模型，并针对模型的内在性质和特点，引入 DE 算法，融合其他算法的优点，设计高效、稳健的 DE 算法求解模型。最后，通过数值算例分析来获取对企业运营管理决策有益的管理启示。

3.6　本章小结

在当今快速发展的互联网时代，信息技术、信息系统以及电子商务的迅猛发展，使得市场竞争日趋激烈。在这样的背景下，企业要想在竞争中立于不败之地，合理地设计供应链网络显得尤为关键。供应链网络设计不仅关系到企业的成本控制和效率提升，更是企业战略布局的重要组成部分。本章深入探讨了选址—库存问题，这一问题源于企业在全球化背景下对供应链优化的迫切需求。通过对问题特点的细致分析，本章构建了一个混合整数非线性规划扩展模型，旨在更精确地模拟和解决实际问题。然而，由于这类模型属于 NP-hard 问题，即在多项式时间内难以找到精确解，因此需要采用高效的算法来求解。智能算法，以其在求解复杂组合优化问题上的显著优势，被广泛应用于此类问题。DE 算法作为智能算法的一种，以其简单、鲁棒性强和易于实现的特点，成为解决这类问题的理想选择。本章详细介绍了 DE 算法的标准流程，为后续研究提供了坚实的理论和实践基础。

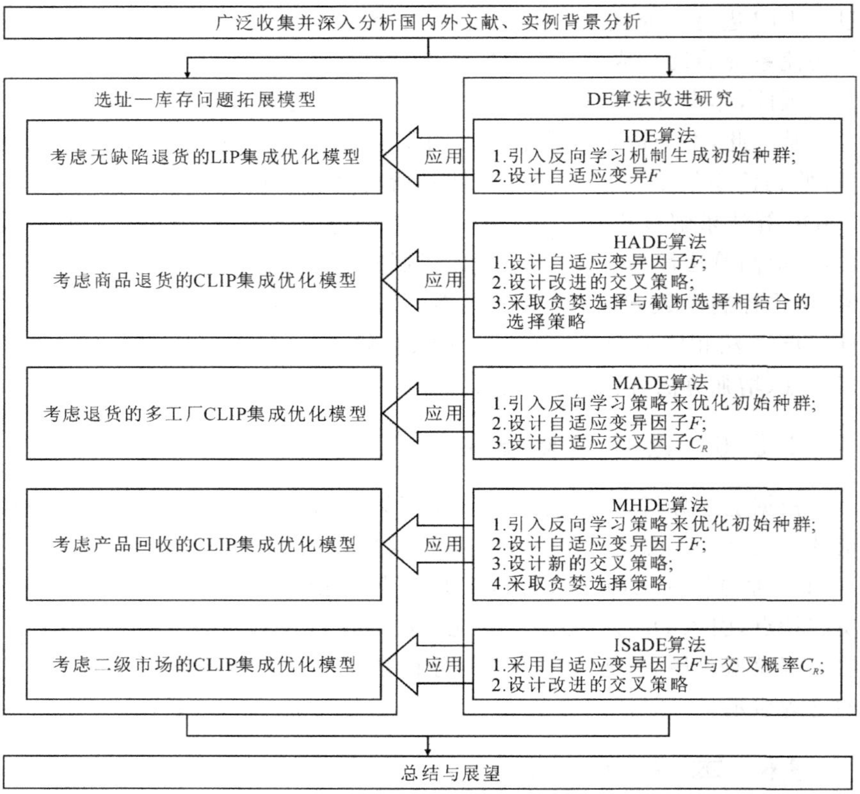

图 3-2　总体研究框架

本章提出了本书的总体研究框架，明确了研究的方向和步骤。后续章节将根据这一框架，深入探讨联合选址—库存问题，运用 DE 算法进行求解，并不断优化模型和算法，以期设计最优的供应链网络。总结来说，本章为理解和解决联合选址—库存问题提供了一个全面的视角，通过构建 LIP 扩展模型和运用 DE 算法，为供应链网络的优化提供了一种新的研究路径和方法。

第4章　考虑无缺陷退货的多商品选址—库存问题集成优化

4.1　引　　言

随着信息技术、信息系统以及电商的迅猛发展，网络购物以其便利性、实惠性等特性深受广大消费者的欢迎，成为现如今最为流行的购物形式之一。为了获取竞争优势，增加市场占有率，降低用户购买顾虑，网络零售商纷纷采取宽松的退货政策（例如京东、亚马逊、天猫等大型网络零售商均采用无理由退货政策），再加上法律法规规定约束等多种原因，导致很多退货并无任何质量或功能缺陷，仅仅因为消费者对商品性能不满意、商品操作困难、冲动消费等而产生退货，该类退货仅需经过简单的再包装即可再次进入销售市场，这类退货被称为无缺陷退货。[9] 例如，HP喷墨打印机高达80%的退货是不存在质量或功能缺陷的[10]。在美国电子行业，无任何缺陷的退货比例甚至高达95%[164]。Philips公司家电商品的无缺陷退货率达到70%，个人计算机的无缺陷退货率超过85%，部分小家电的无缺陷退货率更是大于90%。[166] 无缺陷退货不仅增加了企业的退货处理成本，而且导致大量的社会资源浪费。大量的无缺陷退货的回收处理问题已成为网络零售商需要面对的主要问题之一。

基于此，考虑无缺陷退货无需返厂维修仅需进行简单再包装后即可再次进入销售市场这一现实情况，设计合适的正/逆向供应链网络成为网络零售商必须解决的问题之一。以大型网络零售商亚马逊为例，无缺陷退货无需返厂，仅在配送中心进行简单处理即再次进入销售市场，从而减少了退货商品返回工厂的物流成本。与此同时，由于无缺陷退货的存在，网络零售商在向上游订货时也要进行相应调整，以免商品大量积压。本书通过集成优化选址—库存决策，构建了考虑无缺陷退货的多商品LIP集成优化模型。针对所构建的模型，设计了IDE算法进行求解，各种规模的数值算例验证了IDE算法性能的优越性，并通过对模型相关参数进行敏感度分析，探索其经济价值与管理启示。

本章的结构安排如下：4.2 主要研究问题描述及模型构建；4.3 针对

所构建的模型，设计了 IDE 算法；4.4 通过模拟仿真实验验证模型与算法的有效性与实用性，并通过灵敏度分析讨论了模型中参数的浮动对相关成本的影响；4.5 对本章研究内容进行小结。

4.2 考虑无缺陷退货的 LIP 模型构建

4.2.1 问题描述

本章是 LIP 的拓展研究，增加考虑由于商品色差、型号不符、冲动消费等原因对已订购的商品实施退货这一现实情况。该类商品并无任何质量或功能缺陷，不需返厂维修，仅需进行简单再包装即可再次进入销售市场。[167]基于此，研究假设配送中心同时具备商品回收功能，将该中心称为“混合配送—回收中心”，以 HDCC 表示。通过共享相关设施设备来实现有效节约成本、减少环境污染。[168-169]具体业务流程如图 4-1 所示，消费者通过网络零售平台将无缺陷退货退回 HDCC，由网络零售商做简单处理后再次进入销售市场，从而降低退货商品返厂处理的相关成本。大型 B2C 网络零售平台亚马逊、京东均采用该模式处理无缺陷退货。

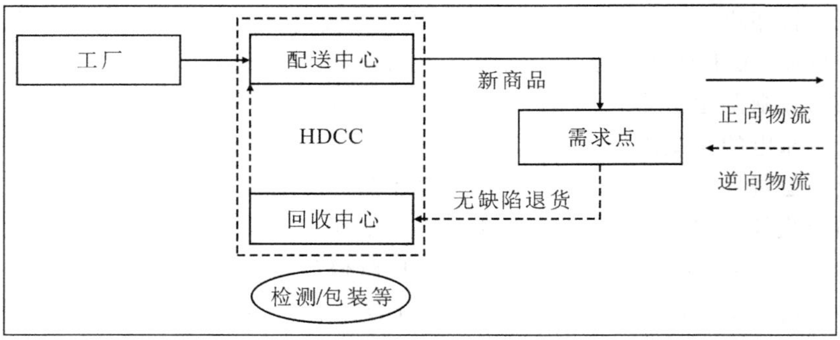

图 4-1　正/逆向供应链的具体业务流程

该研究考虑多种需求的商品，以一个工厂、多个 HDCC 以及多个需求点组成的二级供应链分销网络为研究对象。如图 4-2 所示，商品从工厂通过 DC 送至需求点，从而满足需求点的需求，配送车辆需在完成配送的同时兼顾回收退货的任务[164]，无缺陷退货在回收中心进行简单再包装即可再次进入销售市场，网络零售商在向上游工厂订货时要减去这部分退货。由于商品初始权属不同，商品配送与回收未必来自同一个配送中心。因此，大量的无缺陷退货对设施选址与库存控制决策均有很大影响，通过研究考虑无缺陷退货的多商品 LIP，找到最优的选址—库存方案，可使其总成本最低，为企业管理决策提供有力的帮助。假设条件如下：①该网络各节点的地理位置已知；② HDCC 容量无限制；③ HDCCs 与需求点的距离为欧氏距离；④退货商品均为无缺陷退货；⑤无缺陷退货进行简单再包装后可作为新商品再次进入销售市场。

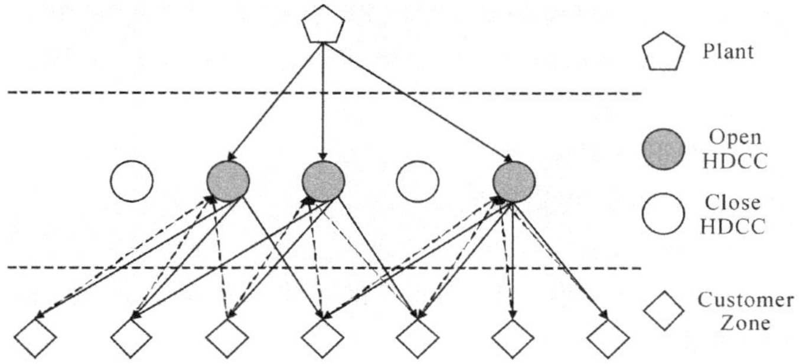

图 4-2　正/逆向供应链网络示意图

该模型将最终确定如下决策：①多种商品 HDCC 的选址方案；②混合配送—回收中心为哪些客户点提供配送及回收服务；③混合配送—回收中心的订货次数及订货量。通过确定上述决策使物流系统总成本最小化，为企业管理者作出管理决策提供支持和帮助。

4.2.2　符号说明

1. 集合

W—— 商品种类集合。

R—— 候选 HDCC 集合。

I—— 需求点集合。

2. 常量

a_r—— 第 r 个 HDCC 的固定建设成本，$r \in R$。

b_{rw}—— 第 r 个 HDCC 向工厂订购商品 w 的管理费用，$r \in R$，$w \in W$。

c_{rw}—— 商品 w 每次从工厂至第 r 个 HDCC 的固定运输成本，$r \in R$，$w \in W$。

e_{rw}—— 从工厂至第 r 个 HDCC 的单位商品 w 的可变运输成本，$r \in R$，$w \in W$。

d_{riw}—— 从第 r 个 HDCC 至需求点 i 的单位商品 w 的运输成本，$r \in R$，$i \in I$，$w \in W$。

f_{rw}—— 单位退货商品 w 在第 r 个 HDCC 重新包装 / 翻新的成本，$r \in R$，$w \in W$。

g_{rw}—— 单位退货商品 w 在第 r 个 HDCC 的检测成本，$r \in R$，$w \in W$。

h_{rw}—— 单位商品 w 在第 r 个 HDCC 的年库存持有成本，$r \in R$，$w \in W$。

q_w—— 商品 w 的退货率，$w \in W$。

μ_{iw}—— 需求点 i 对商品 w 的日均需求量，$i \in I$，$w \in W$。

σ_{iw}^2—— 商品 w 在需求点 i 的日需求方差，$i \in I$，$w \in W$。

α—— 市场需求满足率。

z_α—— 标准正态偏离，$P(z \leqslant z_\alpha) = \alpha$。

L——HDCC 的订货提前期。

λ—— 年工作天数。

D_{rw}—— 商品 w 在第 r 个 HDCC 的年均需求量，$r \in R$，$w \in W$。

3. **决策变量**

Q_{rw}—— 商品 w 在第 r 个 HDCC 的每次订货量，$r \in R$，$w \in W$。

X_r—— 如果在 r 处建 HDCC，则为 1，否则为 0，$r \in R$。

Y_{riw}—— 如果第 r 个 HDCC 对需求点 i 的需求商品 w 进行正向配送，则为 1，否则为 0，$r \in R$，$i \in I$，$w \in W$。

Z_{riw}—— 如果第 r 个 HDCC 对需求点 i 的退货商品 w 进行逆向回收，则为 1，否则为 0，$r \in R$，$i \in I$，$w \in W$。

4.2.3 模型建立

本部分构建了考虑无缺陷退货的多商品 LIP 集成优化模型，目标是使物流系统的总成本最小化，其总成本主要包括以下四个组成部分：①设施选址成本，主要是选定的候选 HDCC 的固定成本；②从 HDCC 至需求点的运输成本；③库存成本，主要包括周转库存成本与安全库存成本；④无缺陷退货成本，退货成本主要包括测试成本、包装成本以及退货从需求点至 HDCC 的运输成本。

1. **设施选址成本**

对设施选址成本主要受候选 HDCC 的固定选址成本影响，即 HDCC 的设施选址成本（C_L）用公式可表示为：

$$C_L = \sum_{r \in R} a_r X_r$$

2. **从 HDCC 至需求点的运输成本**

在商品正向配送的过程中，HDCC 以 1 次/天的固定频率配送商品[11]，商品从 HDCC 配送至需求点的运输成本(C_T)可表示为：

$$C_T=\lambda\sum_{r\in R}\sum_{w\in W}\sum_{i\in I}\mu_{iw}d_{riw}Y_{riw}$$

3. **库存成本**

库存控制决策在供应链管理中占有极其重要的地位，优化库存补给决策可使供应链系统的快速响应能力得到提升。采用 EOQ 模型代替一类服务水平下的(Q，r)模型进行库存补给[16]，其最大相对误差为 0.118。[161]而在大多数情况下，总成本的相对增长远小于最大相对误差。[16]因此，本章采用 EOQ 模型进行库存补给，该策略在供应链集成优化中被广泛应用。HDCC 的订货频率和订货量通过由该 HDCC 服务的需求点的总需求来计算。库存成本由周转库存成本和安全库存成本组成。

(1)周转库存成本。周转库存成本主要包括：

① 固定订货成本。从第 r 个 HDCC 向工厂订购商品 w 的年订货成本为 $b_{rw}\dfrac{D_{rw}}{Q_{rw}}$。

② 从工厂到 HDCC 的运输成本。由于退货商品并无质量缺陷，仅需在 HDCC 进行简单再包装后即可再次进入销售市场。因此，HDCC 向工厂订购商品 w 时需减去该退货商品的数量，从而形成向 HDCC 工厂订购商品 w 的净需求。基于此，从工厂将商品 w 运送至第 r 个 HDCC 的运输成本可表示为：$c_{rw}\dfrac{D_{rw}}{Q_{rw}}+\lambda e_{rw}\left(\sum_{i\in I}\mu_{iw}Y_{riw}-\sum_{i\in I}q_w\mu_{iw}Z_{riw}\right)$。

③ 库存持有成本。在本章的研究中，周转库存来自于从工厂的订货以及从需求点回收的无缺陷退货两部分。因此，正向/逆向物流的商品均集中在 HDCC，在周期 T 内商品 w 在第 r 个 HDCC 的平均库存成本可以表示为：

$$\frac{1}{T}\int_0^T\left(S_{rw}-\frac{S_{rw}-q_wS_{rw}}{T}\right)\mathrm{d}t=\frac{Q_{rw}}{1-q_w}-\frac{1-q_w}{2}S_{rw}=\frac{(1+q_w)}{2(1-q_w)}Q_{rw}$$

其中，S_{rw}表示商品 w 在第 r 个 HDCC 的日均需求，因此，商品 w 在第 r 个 HDCC 的周转库存持有成本为 $\dfrac{(1+q_w)h_{rw}}{2(1-q_w)}Q_{rw}$ 。

(2) 安全库存成本。考虑风险分摊效应[13]，安全库存需确保缺货发生的概率小于或等于 α，即 $z_\alpha\sqrt{L\sum_{i\in I}\sigma_{iw}^2Y_{riw}}$。因此，商品 w 在第 r 个 HDCC

的安全库存成本表示为 $h_{rw} z_\alpha \sqrt{L \sum_{i \in I} \sigma_{iw}^2 Y_{riw}}$。

综上所述，商品 w 在第 r 个 HDCC 的库存成本(C_I)表示为：

$$C_I = \sum_{r \in R} \sum_{w \in W} \left[b_{rw} \frac{D_{rw}}{Q_{rw}} + c_{rw} \frac{D_{rw}}{Q_{rw}} + \lambda e_{rw} \left(\sum_{i \in I} \mu_{iw} Y_{riw} - \sum_{i \in I} q_w \mu_{iw} Z_{riw} \right) + \frac{(1+q_w) h_{rw}}{2(1-q_w)} Q_{rw} + h_{rw} z_\alpha \sqrt{L \sum_{i \in I} \sigma_{iw}^2 Y_{riw}} \right]$$

4. **无缺陷退货成本**

众所周知，网购模式下的商品退货现象非常普遍，而退货成本是指由客户退货产生的相关处理费用。本章仅考虑无缺陷退货，其退货成本主要包括检测成本、再包装成本以及从需求点至 HDCC 的运输成本。

(1)检测成本。为确定商品外观、部件、包装等是否完整无缺，退回的商品均需要在 HDCC 进行检测，检测成本为 $\lambda \sum_{r \in R} \sum_{w \in W} \sum_{i \in I} q_w \mu_{iw} g_{rw} Z_{riw}$。

(2)再包装成本。无缺陷退货商品在检测后，需要在 HDCC 进行简单再包装方可再次进入市场销售，其再包装成本为 $\lambda \sum_{r \in R} \sum_{w \in W} \sum_{i \in I} q_w \mu_{iw} f_{rw} Z_{riw}$。

(3) 从需求点至 HDCC 的运输成本。无缺陷退货从需求点退回至 HDCC 会产生运输费用，其运输成本表示为 $\lambda \sum_{r \in R} \sum_{w \in W} \sum_{i \in I} q_w \mu_{iw} d_{riw} Z_{riw}$。

综上所述，总的退货成本为：

$$C_R = \lambda \sum_{r \in R} \sum_{w \in W} \sum_{i \in I} q_w \mu_{iw} (g_{rw} + f_{rw} + d_{riw}) Z_{riw}$$

基于上述各成本项的分析，考虑无缺陷退货的多商品选址—库存问题集成优化模型表示如下：

$$\begin{aligned} \min Z &= C_L + C_T + C_I + C_R \\ &= \sum_{r \in R} a_r X_r + \lambda \sum_{r \in R} \sum_{w \in W} \sum_{i \in I} \mu_{iw} d_{riw} Y_{riw} + \\ &\quad \sum_{r \in R} \sum_{w \in W} \left[b_{rw} \frac{D_{rw}}{Q_{rw}} + c_{rw} \frac{D_{rw}}{Q_{rw}} + \lambda e_{rw} \left(\sum_{i \in I} \mu_{iw} Y_{riw} - \sum_{i \in I} q_w \mu_{iw} Z_{riw} \right) + \right. \\ &\quad \left. \frac{(1+q_w) h_{rw}}{2(1-q_w)} Q_{rw} + h_{rw} z_\alpha \sqrt{L \sum_{i \in I} \sigma_{iw}^2 Y_{riw}} \right] + \\ &\quad \lambda \sum_{r \in R} \sum_{w \in W} \sum_{i \in I} q_w \mu_{iw} (g_{rw} + f_{rw} + d_{riw}) Z_{riw} \end{aligned} \tag{4.1}$$

约束条件为：

$$\sum_{r \in R} X_r \geq 1 \tag{4.2}$$

$$\sum_{r\in R} Y_{riw} = 1, \forall i \in I, \forall w \in W \tag{4.3}$$

$$\sum_{r\in R} Z_{riw} = 1, \forall i \in I, \forall w \in W \tag{4.4}$$

$$\sum_{r\in R}\sum_{w\in W} Y_{riw} = |W|, \forall i \in I \tag{4.5}$$

$$\sum_{r\in R}\sum_{w\in W} Z_{riw} = |W|, \forall i \in I \tag{4.6}$$

$$Y_{riw} \leqslant X_r, \forall i \in I, \forall r \in R, \forall w \in W \tag{4.7}$$

$$Z_{riw} \leqslant X_r, \forall i \in I, \forall r \in R, \forall w \in W \tag{4.8}$$

$$\sum_{w\in W}\sum_{i\in I} Y_{riw} \geqslant X_r, \forall r \in R \tag{4.9}$$

$$\sum_{i\in I} Z_{riw} \leqslant M \sum_{i\in I} Y_{riw}, \forall r \in R, \forall w \in W \tag{4.10}$$

$$X_r = \{0,1\}, \forall r \in R \tag{4.11}$$

$$Y_{riw} = \{0,1\}, \forall i \in I, \forall r \in R, \forall w \in W \tag{4.12}$$

$$Z_{riw} = \{0,1\}, \forall i \in I, \forall r \in R, \forall w \in W \tag{4.13}$$

在该模型中，目标函数(4.1)表示最小化物流系统总成本；约束条件(4.2)表示至少建设一个 HDCC；约束条件(4.3)和约束条件(4.4)表示任何一个需求点的每一种需求商品/退货商品仅能由一个被建设的 HDCC 进行正向配送/逆向回收服务；约束条件(4.5)和约束条件(4.6)表示任意一个需求点的所有需求商品/退货商品可由多个被建 HDCC 提供配送/回收服务；约束条件(4.7)与约束条件(4.8)分别表示仅当 HDCC 被建后方可为各个需求点提供配送/回收服务；约束条件(4.9)表示当且仅当进行配送服务的 HDCC 方可被建设；约束条件(4.10)表示提供退货服务的 HDCC 必须提供该种商品的配送服务，其中 M 为辅助变量，假设为无穷大的值；约束条件(4.11)至(4.13)分别表示 X_r、Y_{riw} 与 Z_{riw} 为 0～1 之间的变量。

在该模型中，由于 Q_{rw} 仅存在于目标函数(4.1)中，且该目标函数是 Q_{rw} 的凸函数。因此，对 Q_{rw} 求偏导，令 $\frac{\partial_z}{\partial Q_{rw}}=0$，得到 Q_{rw}^* 为：

$$Q_{rw}^* = \sqrt{\sum_{i\in I} \frac{2(1-q_w)(b_{rw}+c_{rw})D_{rw}}{(1+q_w)h_{rw}}} \tag{4.14}$$

将 Q_{rw}^* 代入目标函数(4.1)中，得到

$$\min Z = \lambda \sum_{r\in R}\sum_{w\in W}\sum_{i\in I} \mu_{iw} d_{riw} Y_{riw} +$$

$$\sum_{r\in R}\sum_{w\in W}\sqrt{\sum_{i\in I}\frac{2\lambda h_{rw}(1+q_w)(b_{rw}+c_{rw})\mu_{iw}Y_{riw}}{(1-q_w)}}+$$
$$\lambda\sum_{r\in R}\sum_{w\in W}\sum_{i\in I}e_{rw}(\mu_{iw}Y_{riw}-q_w\mu_{iw}Z_{riw})+$$
$$\sum_{r\in R}\sum_{w\in W}h_{rw}z_{\alpha}\sqrt{L\sum_{i\in I}\sigma_{iw}^2Y_{riw}}+\sum_{r\in R}a_rX_r+$$
$$\lambda\sum_{r\in R}\sum_{w\in W}\sum_{i\in I}q_w\mu_{iw}(g_{rw}+f_{rw}+d_{riw})Z_{riw} \tag{4.15}$$

4.3 IDE 算法设计

本章研究的考虑无缺陷退货的多商品 LIP 比较复杂。在求解该类复杂的优化问题时，智能优化算法因具有显著优势而被广泛应用。因此，本节设计了 IDE 算法对该模型进行求解，为求解此类问题提供一种新的方法。表 4-1 给出了对 IDE 算法进行描述时所需的符号及意义。

表 4-1　IDE 所需符号及意义

符号	意义
N_p	种群规模
N	种群个体维度（特指需求点个数）
G	最大迭代次数
K	计数器（特指无更优解的连续迭代次数）
$Z^{i,g}$	目标向量：第 g 代的种群个体 i（$i=1,2,\cdots,N_p$）
$V_Z^{i,g}$	变异向量：第 g 代的种群个体 i 的变异向量（$i=1,2,\cdots,N_p$）
$U_Z^{i,g}$	试验向量：第 g 代的种群个体 i 的试验向量（$i=1,2,\cdots,N_p$）
$F^{i,g}$	变异因子：第 g 代的种群个体 i 的变异因子（$i=1,2,\cdots,N_p$）
C_R	交叉因子

4.3.1 种群表示

以智能算法求解复杂的优化问题，可行解的编解码方式设计非常重要，高效、合理、可行的编—解码映射机制是求解模型的关键所在。通过分析模型的特点和内在性质，发现该问题的可行解应该包括几部分信息：选址决策、配送决策、回收决策。基于此，本章设计可行解的编码结构如式(4.16)所示：

$$Z^{i,g}=\begin{pmatrix} x_{1,1}^{i,g},x_{1,2}^{i,g},\cdots,x_{1,N}^{i,g},y_{1,N+1}^{i,g},y_{1,N+2}^{i,g},\cdots,y_{1,2N}^{i,g} \\ \vdots \qquad\qquad \cdots \\ x_{w,1}^{i,g},x_{w,2}^{i,g},\cdots,x_{w,N}^{i,g},y_{w,N+1}^{i,g},y_{w,N+2}^{i,g},\cdots,y_{w,2N}^{i,g} \end{pmatrix}, \tag{4.16}$$
$$i=1,2,\cdots,N_p;g=1,2,\cdots,G$$

其中，W 表示商品种类数；N 表示需求点个数；该矩阵前 N 列代表所有需求点的所有需求商品的配送信息，后 N 列代表所有需求点的所有退货商品的逆向回收信息。例如，假设 $x_{w,j}^{i,g}=r$ 表示在正向配送过程中，需求点 j 对商品 w 的需求将由第 r 个 HDCC 来满足。同理，假设 $y_{w,j}^{i,g}$ 表示在逆向回收过程中，需求点 j 的退货商品 w 将由第 r 个 HDCC 负责回收。

下面以表 4-2 为例来解释说明，假设该种群个体为 2×20 的矩阵，存在 2 种需求商品、5 个候选 HDCC 以及 10 个需求点。第 1 行表示第 1 种需求商品的配送与回收信息，第 2 行以此类推。该可行解表示商品 1 由 HDCC 1、2、3、5 进行配送与回收；商品 2 由 HDCC 2、3、5 进行配送与回收。具体来说，对于商品 1 而言，HDCC 1 满足需求点 1、6、10 的需求（第 1 行第 1、6、10 列数字的标识为“1”，下同），回收需求点 1、7、9 的退货（第 1 行第 11、17、19 列数字的标识为“1”，下同）；HDCC 2 满足需求点 4、7 的需求，回收需求点 2、6 的退货；HDCC 3 满足需求点 2、3、5、8 的需求，回收需求点 4、5、8 的退货；HDCC 5 满足需求点 9 的需求，回收需求点 3、10 的退货；同理可得第 2 种需求商品的配送与回收信息。

表 4-2 种群个体编码示例

	正向信息										逆向信息									
需求点 / 商品	1	2	3	4	5	6	7	8	9	10	1	2	3	4	5	6	7	8	9	10
商品 1	1	3	3	2	3	1	2	3	5	1	1	2	5	3	3	2	1	3	1	5
商品 2	2	2	3	5	3	2	3	5	2	5	3	2	2	3	2	5	5	2	5	3

编码的目的是将初始种群个体转化为所求解模型的可行解，由于本章研究考虑无缺陷退货的多商品选址—库存集成优化问题，该问题同时考虑各需求点的各个需求商品的配送与回收，通过对该问题可行解的结构进行分析，得到如下具体解码方式：

$$\begin{aligned}&x_{w,j}^{i,0}=r_{\text{ound}}[x^L+r_{\text{and}}\cdot(x^U-x^L)];\\&i=1,2,\cdots,N_p;j=1,2,\cdots,N;w=1,2,\cdots,W\end{aligned}\tag{4.17}$$

$$\begin{aligned}&y_{w,j}^{i,0}=U(r_{\text{ound}}\{y^L+r_{\text{and}}\cdot[l_{\text{ength}}(U)-1]\});\\&i=1,2,\cdots,N_p;j=N+1,N+2,\cdots,2N;w=1,2,\cdots,W\end{aligned}\tag{4.18}$$

在式(4.17)与式(4.18)中，$U=U_{\text{nique}}(x_{w,1}^{i,g},x_{w,2}^{i,g},\cdots,x_{w,N}^{i,g})$，表示为商品 w 提供正向配送的 HDCC；r_{and}用于产生[0,1]之间的均匀分布随机

数；x^L 与 x^U 分别表示 $x_{j,w}^{i,0}$ 的下界与上界；$r_{\text{ound}}(\ )$表示取整函数。由于该研究问题的固有特点，至少有一个候选 HDCC 被建设用于商品配送与回收，因此，$x^L=y^L=1$。同时，最多所有的候选 HDCC 均对该商品进行配送与回收，故而上界 x^U 与 y^U 为候选 HDCC 的总数，即 $x^U=y^U=|R|$。考虑到约束条件(4.10)的约束，提供退货服务的 HDCC 当且仅当提供该种商品的配送服务，因此，对于 $y_{w,j}^{i,0}$ 的解码提出更高的要求，解码方式详见式(4.18)，具体的解码思路如下：

第一步：针对每种需求商品，找出对该商品进行配送服务的 HDCC。

第二步：针对该商品退货的逆向回收 HDCC 的选取问题，从对该商品进行配送的 HDCC 中随机选取，以保证满足约束条件(4.10)的要求。

智能优化算法一般通过随机生成的方式产生初始种群，通过不断迭代改进初始种群，最终得到最优解。然而初始种群的好坏一定程度上会影响算法的寻优速度。IDE 算法通过引入反向学习机制来增加产生更优初始种群的可能性，运用反向学习机制，使每个初始种群个体产生与之对应的反向种群个体，按种群个体的优劣顺序对这两个种群进行排序，选取最优的前 N_p 个种群个体作为初始种群。基于反向学习机制的种群初始化的具体方法如下：

第一步：随机生成 N_p 个初始种群个体 $Z^{i,0}$：

$$Z^{i,0}=\begin{pmatrix} x_{1,1}^{i,0},x_{1,2}^{i,0},\cdots,x_{1,N}^{i,0},y_{1,N+1}^{i,0},y_{1,N+2}^{i,0},\cdots,y_{1,2N}^{i,0} \\ \cdots \\ x_{w,1}^{i,0},x_{w,2}^{i,0},\cdots,x_{w,N}^{i,0},y_{w,N+1}^{i,0},y_{w,N+2}^{i,0},\cdots,y_{w,2N}^{i,0} \end{pmatrix},i=1,2,\cdots,N_p \tag{4.19}$$

第二步：通过$Z^{i,0}$计算其反向种群个体$\overline{Z^{i,0}}$：

$$\overline{Z^{i,0}}=\begin{pmatrix} \overline{x_{1,1}^{i,0}},\overline{x_{1,2}^{i,0}},\cdots,\overline{x_{1,N}^{i,0}},\overline{y_{1,N+1}^{i,0}},\overline{y_{1,N+2}^{i,0}}\cdots,\overline{y_{1,2N}^{i,0}} \\ \cdots \\ \overline{x_{w,1}^{i,0}},\overline{x_{w,2}^{i,0}},\cdots,\overline{x_{w,N}^{i,0}},\overline{y_{w,N+1}^{i,0}},\overline{y_{w,N+2}^{i,0}},\cdots,\overline{y_{w,2N}^{i,0}} \end{pmatrix}, \tag{4.20}$$

$$\overline{x_{w,i}^{i,0}}=x^L+x^U-x_{w,j}^{i,0};\quad i=1,2,\cdots,N_p;$$

$$j=1,2,\cdots,N;w=1,2,\cdots,W$$

其中$\overline{x_{w,j}^{i,0}}$表示$\overline{Z^{i,0}}$的第 w 行第 j 列分量，为了使生成的反向种群个体合法，$\overline{y_{w,j}^{i,0}}$也需满足约束条件(4.10)的限制。基于此，$\overline{y_{w,j}^{i,0}}$($i=1,2,\cdots,N_p$；$j=N+1,N+2,\cdots,2N$；$w=1,2,\cdots,W$)运用式(4.18)产生。

第三步：将{$Z^{i,0}\cup\overline{Z^{i,0}}$}($i=1,2,\cdots,N_p$)按其优劣顺序选取前 N_p 个

最优个体作为初始种群。

4.3.2　差分运算

1. 变异操作

在 DE 算法中，变异操作是必不可少的一部分，通过对全部种群个体执行该操作来保持种群的多样性，从而避免算法早熟收敛，提高算法的寻优性能。一般而言，DE 算法通常采用 DE/r_{and}/1 作为变异操作，即随机选取三个不同的种群个体，将任意两个个体向量的差值赋权后加上第三个个体向量，从而获取变异向量 $V_Z^{i,g+1}$。为了进一步增加种群多样性，提高算法寻优能力，IDE 算法采用自适应变异因子，变异向量 $V_Z^{i,g+1}$ 的具体产生方式如下：

$$v_{x_{w,j}}^{i,g+1} = r_{\text{ound}}\left[x_{w,j}^{r_1,g} + F^{i,g}\cdot(x_{w,j}^{r_2,g} - x_{w,j}^{r_3,g})\right]; \quad i = 1,2,\cdots,N_p; j = 1,2,\cdots N; w = 1,2,\cdots,W \tag{4.21}$$

$$v_{y_{w,j}}^{i,g+1} = r_{\text{ound}}\left[y_{w,j}^{r_1,g} + F^{i,g}\cdot(y_{w,j}^{r_2,g} - y_{w,j}^{r_3,g})\right]; \quad i = 1,2,\cdots,N_p; j = N+1,N+2,\cdots,2N; w = 1,2,\cdots,W \tag{4.22}$$

在式(4.21)与式(4.22)中，$i\neq r_1\neq r_2\neq r_3$，$r_1$，$r_2$，$r_3$ 为分别从{1，2，…，N_p}中随机选取的互不相同的整数，$F^{i,g}= F\cdot\xi^{i,g}$，$\xi^{i,g}\sim N(0,1)$，为标准正态分布随机数，F 为初始变异因子，$F^{i,g}$ 为用于控制差分向量的扰动幅度。$v_{x_{w,j}}^{i,g+1}$ 与 $v_{y_{w,j}}^{i,g+1}$ 分别表示变异向量 $V_Z^{i,g+1}$ 的各维分量。在变异操作过程中，如果 $v_{x_{w,j}}^{i,g+1}$ 与 $v_{y_{w,j}}^{i,g+1}$ 的值超出其取值范围，运用式(4.17)与式(4.18)对其进行重新赋值。

2. 交叉操作

交叉操作的目的是使种群个体更加丰富，通过按交叉概率 C_R 重组变异向量 $V_Z^{i,g+1}$ 与目标向量 $Z^{i,g}$ 的各维分量来产生试验向量 $U_Z^{i,g+1}$。IDE 算法采用二项式交叉来产生试验向量 $U_Z^{i,g+1}$，具体交叉运算见式(4.23)和式(4.24)：

$$u_{x_{w,j}}^{i,g+1} = \begin{cases} v_{x_{w,j}}^{i,g+1} & r_{\text{and}}(i) < C_R \\ v_{x_{w,j}}^{i,g} & \text{otherwise} \end{cases} \quad i = 1,2,\cdots,N_p; j = 1,2,\cdots,N; w = 1,2,\cdots,W \tag{4.23}$$

$$u_{y_{w,j}}^{i,g+1} = \begin{cases} v_{y_{w,j}}^{i,g+1} & r_{\text{and}}(i) < C_R \\ v_{y_{w,j}}^{i,g} & \text{otherwise} \end{cases} \quad i=1,2,\cdots,N_p; j=N+1,N+2,\cdots,2N; w=1,2,\cdots,W \tag{4.24}$$

其中，C_R 表示交叉概率，$r_{\text{and}}(i)\in[0,1]$之间的均匀分布随机数，$u_{x_{w,j}}^{i,g+1}$ 与 $u_{y_{w,j}}^{i,g+1}$ 分别表示试验向量 $U_Z^{i,g+1}$ 的各维分量。

通过变异、交叉操作后产生的试验向量 $U_Z^{i,g+1}$，由于存在无法满足约束条件(4.10)的可能，即对于每种商品而言，可能存在某个被选的 HDCC 仅对该商品的退货进行回收而并未对该商品提供配送服务，因此，需要对该部分试验向量进行可行解修正。具体的修正步骤如下：

第一步：遍历并记录试验向量 $U_Z^{i,g+1}(i=1,2,\cdots,N_p)$中为商品 w 提供配送服务的 HDCC。

第二步：判断该试验向量 $U_Z^{i,g+1}$ 是否满足约束条件(4.10)的限制，若不满足，则通过式(4.18)对该分量重新赋值。

第三步：形成新的试验向量 $U_Z^{i,g+1}$。

3. **选择操作**

通过对现有种群个体(目标向量)进行变异、交叉操作后形成中间种群个体(试验向量)，为了保持后代种群规模的稳定性以及保留优良的种群个体，算法需要执行选择操作，即保留目标向量或是试验向量存活下来。IDE 算法采用标准 DE 算法的贪婪选择策略。该策略采取目标向量与试验向量"一对一"竞争选择机制，比较试验向量的 $f(U_Z^{i,g+1})$与对应的目标向量的 $f(Z^{i,g})$，选取两者较优的个体作为子代种群个体。选择操作按式(4.23)执行：

$$Z^{i,g+1}=\begin{cases}U_Z^{i,g+1} & f(U_Z^{i,g+1})<f(Z^{i,g})\\ Z^{i,g} & \text{otherwise}\end{cases}\tag{4.25}$$

4.3.3 终止条件

算法的终止条件设置非常重要，算法通过不停迭代产生更优解，直到满足设定的终止条件方才停止运算。在本研究中，IDE 算法运算将终止，直到满足以下任意终止条件之一：

(1) 设置计数器 K，将当前最优解与父代最优解进行对比，若算法连续 K 次迭代运算均未能产生更优解，算法终止。

(2)当前迭代次数 g 达到 G 时，算法终止。

4.3.4 算法流程

IDE 算法的流程如图 4-3 所示。

IDE 算法的步骤如下：

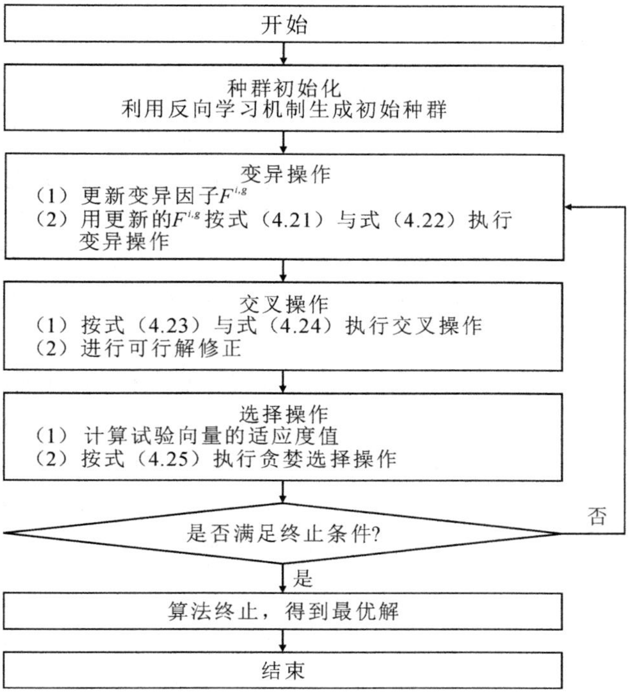

图 4-3　IDE 算法流程图

第一步:种群初始化。利用反向学习机制生成 N_p 个初始种群个体。

第二步:变异操作。首先求出变异因子 F 的值,然后根据式(4.21)和式(4.22)进行差分进化,生成变异向量。

第三步:交叉操作。采用二项式交叉策略生成实验种群,具体见式(4.23)和式(4.24),对不符合约束条件(4.10)的实验种群个体,运用式(4.18)进行修正。

第四步:选择操作。采用贪婪选择策略生成子代种群,具体见式(4.23)。

第五步:比较父代与子代种群个体的最优解,若连续 K 次相等,算法终止,跳转至第七步,否则转入第六步。

第六步:判断 g 是否达到 G,若 $g<G$,则 $g=g+1$,返回第二步,否则跳至第七步。

第七步:满足终止条件,寻优结束。

4.4 演算与分析

本章研究考虑无缺陷退货的多商品 LIP，通过数值分析来验证模型与算法的有效性并提出相关管理启示。首先，对 IDE 算法的控制参数 F 和 C_R 进行灵敏度分析，找出使 IDE 算法性能达到最优的 F 与 C_R 组合；其次，以实例给出该问题的解决方案，验证模型的可行性；再次，通过对该模型的相关参数进行敏感度分析，为企业管理者提供帮助；最后，通过将 IDE 算法与 DE 算法、Lingo 11 进行比较，验证 IDE 算法具有更好的寻优能力与更高的运算效率。

截至目前，对该问题的研究尚未有标准的数据库来进行验证。本章选取 3 种商品、8 个候选 HDCC 与 80 个需求点作为测试算例进行相关的演算分析，所有候选 HDCC 与需求点的位置随机分布在平面[0, 50]×[0, 50]上，d_{riw} 为第 r 个 HDCC 与需求点 i 之间的欧氏距离，算例其他相关参数见表 4-3。

表 4-3 算例相关参数

参数	值	参数	值	参数	值
a_r	$U[1000,1500]$	b_{rw}	$U[5,10]$	c_{rw}	10
e_{rw}	5	f_{rw}	$U[1,3]$	g_{rw}	$U[1,3]$
h_{rw}	$U[1,3]$	q_w	$U[0.3,0.6]$	μ_{iw}	$U[20,30]$
σ_{iw}^2	μ_{iw}	z_α	1.96	L	1

4.4.1 IDE 算法的参数分析

在算法运算过程中，控制参数的选择对算法寻优性能的优劣具有显著影响，针对不同的问题，算法最优控制参数组合不尽相同。因此，对算法的控制参数进行敏感度分析，找出最优控制参数组合尤为重要。针对本章研究的考虑无缺陷退货的多商品选址—库存集成优化问题，调整控制参数 F 与 C_R 是增强 IDE 算法寻优能力和运算效率的有效手段，F 与 C_R 最优控制参数组合将是继续进行后续研究的前提。

下面通过对 IDE 算法的控制参数 F 与 C_R 进行敏感度分析来确定使算法性能最优的参数组合。设置 IDE 算法的种群规模为 $N_p=4S$ ($S=N*W$)，计数器 $K=N$，$G=1000$。F 与 C_R 取值均设为 0.1～0.9，在不同的参数组合下算法分别独立运行 30 次得到求解质量和运算效率，具体求解结果见表 4-4。其中，最优解(Optimal solution, OS)已通过 Lingo 11 进行验证，“OS Ratio”表示通过 IDE 算法找到最优解的百分比。

表 4-4　IDE 算法参数测试结果

		C_R								
	F	0.1	0.2	0.3	0.4	0.5	0.6	0.7	0.8	0.9
OS Ratio	0.1	96.67%	56.67%	36.67%	3.33%	0.00%	0.00%	0.00%	0.00%	0.00%
CPU Time		28.42	22.74	20.13	18.90	17.79	17.16	17.15	16.78	17.33
OS Ratio	0.2	96.67%	83.33%	23.33%	10.00%	3.33%	0.00%	0.00%	0.00%	0.00%
CPU Time		42.01	35.09	31.17	29.26	27.49	26.76	26.41	26.22	27.18
OS Ratio	0.3	0.00%	56.67%	50.00%	20.00%	3.33%	0.00%	0.00%	0.00%	0.00%
CPU Time		47.40	46.46	43.12	40.61	38.78	37.51	36.65	36.72	37.19
OS Ratio	0.4	0.00%	0.00%	0.00%	3.33%	6.67%	0.00%	0.00%	0.00%	0.00%
CPU Time		46.89	47.66	46.78	46.04	45.43	44.88	44.63	44.37	44.32
OS Ratio	0.5	0.00%	0.00%	0.00%	0.00%	0.00%	0.00%	0.00%	0.00%	0.00%
CPU Time		47.01	47.00	45.49	46.61	46.18	46.28	46.08	44.13	45.53
OS Ratio	0.6	0.00%	0.00%	0.00%	0.00%	0.00%	0.00%	0.00%	0.00%	0.00%
CPU Time		45.89	47.56	47.17	46.26	44.70	46.78	47.01	45.96	44.89
OS Ratio	0.7	0.00%	0.00%	0.00%	0.00%	0.00%	0.00%	0.00%	0.00%	0.00%
CPU Time		47.45	47.03	46.94	47.53	44.71	45.39	46.70	45.14	45.11
OS Ratio	0.8	0.00%	0.00%	0.00%	0.00%	0.00%	0.00%	0.00%	0.00%	0.00%
CPU Time		47.23	47.82	46.28	45.75	45.43	45.27	43.85	46.25	46.59
OS Ratio	0.9	0.00%	0.00%	0.00%	0.00%	0.00%	0.00%	0.00%	0.00%	0.00%
CPU Time		48.08	44.82	44.95	46.98	46.45	47.66	45.06	45.77	43.33

由表 4-4 可知，IDE 算法的控制参数 F 和 C_R 对算法寻优能力及运算效率具有显著影响。在 $F>0.4$ 后，无论 C_R 取何值，均无法再求出最优解，而算法运算时间消耗较大。当 $C_R=0.1$，$F=0.1$ 或者 0.2 时，算法的求解精度最优，然而 $F=0.2$ 时，算法的运算时间快速增加。仅当 $F=0.1$，$C_R=0.1$ 时，可同时保证算法求解精度和运算效率，使 IDE 算法的性能达到最优。因此，IDE 算法控制参数的最优组合为：$F=0.1$，$C_R=0.1$，本章后续所有实验均采用该组合。

4.4.2 实例演算

本部分通过将 IDE 算法应用于求解上述实例，从 IDE 算法运行 30 次中选取一次最好解作为实例来进行阐述，具体如表 4-5 和表 4-6 所示。

表 4-5 最优选址配送方案

HDCC 选址	商品	需求点（正向配送）	需求点（逆向回收）
1	1	48,64,75	48,64,75
	2	48,64,75	48,64,75
	3	48,64,75	48,64,75
2	1	4,9,10,11,26,29,30,39,44,45,47,57,68,72	4,9,10,11,26,29,30,39,44,45,47,57,68,72
	2	4,9,10,11,26,29,30,39,44,45,47,57,68,72	4,9,10,11,26,29,30,39,44,45,47,57,68,72
	3	4,9,10,11,26,29,30,39,44,45,47,57,68,72	4,9,10,11,12,26,29,30,39,44,45,47,57,68,71,72
3	1	12,14,18,22,32,34,43,60,70,71	12,14,18,22,32,34,43,60,70,71
	2	12,14,18,22,32,34,43,60,70,71	12,14,18,22,32,34,38,43,60,70,71,79
	3	12,14,18,22,32,34,43,60,70,71	14,18,22,32,34,43,60,70
4	1	2,7,13,35,52,56,58,63,76,80	2,7,35,52,56,58,80
	2	2,7,13,35,52,56,58,63,76,80	2,7,13,35,52,56,58,63,76,80
	3	2,7,13,35,52,56,58,63,76,80	2,7,8,13,21,35,51,52,56,58,61,63,76,80

续表 4-5

HDCC选址	商品	需求点（正向配送）	需求点（逆向回收）
5	1	5,15,16,19,31,37,38,42,49,62,77,79	5,15,16,19,31,37,38,42,49,62,77,79
	2	5,15,16,19,31,37,38,42,49,62,77,79	5,15,16,19,31,37,42,49,62,77
	3	5,15,16,19,31,37,38,42,49,62,77,79	5,15,16,19,31,37,38,42,49,62,77,79
6	1	3,6,17,20,23,24,36,67,69	3,17,20,23,24,36,67,69
	2	3,6,17,20,23,24,36,67,69	3,6,17,20,23,24,36,67,69
	3	3,6,17,20,23,24,36,67,69	3,6,17,20,23,24,36,67,69
7	1	8,21,25,28,46,51,53,54,61,65,73,74	6,8,13,21,25,27,28,46,51,53,54,61,63,65,73,74,76
	2	8,21,25,28,46,51,53,54,61,65,73,74	8,21,25,28,46,51,53,54,61,65,73,74
	3	8,21,25,28,46,51,53,54,61,65,73,74	25,28,46,53,54,65,73,74
8	1	1,27,33,40,41,50,55,59,66,78	1,33,40,41,50,55,59,66,78
	2	1,27,33,40,41,50,55,59,66,78	1,27,33,40,41,50,55,59,66,78
	3	1,27,33,40,41,50,55,59,66,78	1,27,33,40,50,55,59,66,78

表 4-6 最优解成本分项

C_L	C_T	C_I	C_R	T_{otal}
10262	16651085.12	4665316.68	11617106.42	32943770.22

根据表 4-5，通过 IDE 算法求得的最优解可以看出，第 1～8 号备选 HDCC 将被建设以及为需求点的各种商品提供配送及回收服务。

从表 4-6 可得，物流系统总成本为 32943770.22，其中各成本项分别为：HDCC 选址建设固定成本 10262，HDCC 运输成本 16651085.12，库存成本 4665316.68，退货成本 11617106.42。

IDE 算法求解结果以满足多种商品在正向配送和逆向回收过程中的总成本最小化为原则，根据这一原则合理地进行 HDCC 选址、各种商品正向配送与逆向回收规划，使供应链系统更加高效，物流资源配置更加合理，表明本章研究的模型和提出的算法具有可行性和实用性，可为企业管理者管理实践提供指导与帮助。

4.4.3 敏感度分析

本部分分析沿用上述所设计的算例。在现实中，需求点的退货率、订货成本、库存成本等相关成本参数往往是不确定的，故须对此类参数进行灵敏度分析，下面采用单变量法进一步深入探讨考虑无缺陷退货的多商品选址—库存问题模型的相关参数与总成本以及成本分项的相关关系和影响程度，相关成本参数（q_w，d_{riw}，b_{rw}，c_{rw}，e_{rw}，h_{rw}，g_{rw}，f_{rw}）的变动率分别是±30%、±20%以及±10%，相关成本参数敏感度分析结果见表 4-7 至表 4-10，可为企业管理者有效降低物流系统总成本提供方向和借鉴意义。其中，"G_{ap}"表示参数变化对成本影响的百分比。

表 4-7　参数 q_w 敏感度分析

Δ		−30.00%	−20.00%	−10.00%	0.00%	10.00%	20.00%	30.00%
q_w	C_I	5967659.67	5532973.87	5098809.85	4665316.678	4232715.54	3801356.65	3371846.74
	G_{ap}	27.92%	18.60%	9.29%	0.00%	−9.27%	−18.52%	−27.73%
	C_R	8131974.50	9293685.14	10455395.78	11617106.42	12778817.06	13940527.71	15102238.35
	G_{ap}	−30.00%	−20.00%	−10.00%	0.00%	10.00%	20.00%	30.00%
	O_S	30760981.29	31488006.13	32215552.76	32943770.22	33672879.73	34403231.48	35135432.21
	G_{ap}	−6.63%	−4.42%	−2.21%	0.00%	2.21%	4.43%	6.65%

从表 4-7 可知，退货率 q_w 的浮动对库存成本 C_I、退货成本 C_R 以及总成本 O_S 有较大影响，对其他成本分项无影响。当退货率 q_w 的变动率从−30%增加至+30%时，库存成本 C_I 的变化率从 27.92%降低至−27.73%，退货成本 C_R 的变化率从−30%增加至+30%，O_S 的变化率从−6.63%增加至 6.65%。企业在进行联合决策时，需要采取一定的措施降低无缺陷退货率，例如调整退货策略、提高产品质量与性能、满足客户个性化定制需求等，以提高客户满意度，降低无缺陷退货率，从而有效降低各成本分项及总成本。

表 4-8　参数 d_{riw} 敏感度分析

Δ		−30.00%	−20.00%	−10.00%	0.00%	10.00%	20.00%	30.00%
d_{riw}	C_T	11655759.59	13320868.10	14985976.61	16651085.12	18316193.63	19981302.15	21646410.66
	Gap	−30.00%	−20.00%	−10.00%	0.00%	10.00%	20.00%	30.00%
	C_R	9141586.34	9969691.59	10793951.68	11617106.42	12437398.32	13255554.35	14073565.94
	Gap	−21.31%	−14.18%	−7.09%	0.00%	7.06%	14.10%	21.15%
	O_S	25472924.60	27966138.37	30455506.97	32943770.22	35429170.64	37912435.18	40395555.28
	Gap	−22.68%	−15.11%	−7.55%	0.00%	7.54%	15.08%	22.62%

从表 4-8 可以看出，d_{riw} 变化率的上升对运输成本 C_T、退货成本 C_R 及总成本 O_S 均有显著影响，对其他成本分项无影响。当 d_{riw} 的变化率从 −30%到 30%时，运输成本 C_T 的变化率与 d_{riw} 保持一致，而退货成本 C_R 的变化率从−21.31%增加至 21.15%，总成本 O_S 的变化率从−22.68%增加至 22.62%。运输成本是影响物流系统总成本的关键因素，通过优化供应链网络，合理安排物流配送路线，可以抑制由于运输路线规划不当而导致运输成本的增加，达到快速降低供应链系统总成本及分项成本的目的。

表 4-9　参数 b_{rw}，c_{rw}，e_{rw} 与 h_{rw} 敏感度分析

Δ		−30.00%	−20.00%	−10.00%	0.00%	10.00%	20.00%	30.00%
b_{rw}	C_I	4659545.89	4661513.59	4663436.18	4665316.678	4667157.74	4668961.77	4670730.94
	Gap	−0.12%	−0.08%	−0.04%	0.00%	0.04%	0.08%	0.12%
	O_S	32937999.43	32939967.13	32941889.73	32943770.22	32945611.28	32947415.32	32949184.48
	Gap	−0.02%	−0.01%	−0.01%	0.00%	0.01%	0.01%	0.02%
c_{rw}	C_I	4657224.85	4660009.99	4662704.48	4665316.678	4667853.73	4670321.79	4672726.23
	Gap	−0.17%	−0.11%	−0.06%	0.00%	0.05%	0.11%	0.16%
	O_S	32935678.39	32938463.54	32941158.03	32943770.22	32946307.27	32948775.33	32951179.77
	Gap	−0.02%	−0.02%	−0.01%	0.00%	0.01%	0.02%	0.02%
e_{rw}	C_I	3292753.68	3750274.68	4207795.68	4665316.678	5122837.68	5580358.68	6037879.68
	Gap	−29.42%	−19.61%	−9.81%	0.00%	9.81%	19.61%	29.42%
	O_S	31571207.22	32028728.22	32486249.22	32943770.22	33401291.22	33858812.22	34316333.22
	Gap	−4.17%	−2.78%	−1.39%	0.00%	1.39%	2.78%	4.17%
h_{rw}	C_I	4650403.35	4655668.91	4660623.12	4665316.678	4669787.84	4674066.35	4678175.84
	Gap	−0.32%	−0.21%	−0.10%	0.00%	0.10%	0.19%	0.28%
	O_S	32928856.89	32934122.46	32939076.67	32943770.22	32948241.39	32952519.89	32956629.38
	Gap	−0.05%	−0.03%	−0.01%	0.00%	0.01%	0.03%	0.04%

由表 4-9 可以看出，参数 b_{rw}，c_{rw}，e_{rw} 与 h_{rw} 的变化均对成本分项 C_I

与总成本 O_S 有影响。参数 b_{rw}，c_{rw}，e_{rw}，h_{rw} 与 C_I 和 O_S 的单调性保持一致，对其他成本分项并无影响。与此同时，参数 b_{rw}，c_{rw} 与 h_{rw} 对 C_I 与 O_S 的影响微弱，企业管理者在控制成本时，不用将 b_{rw}，c_{rw}，h_{rw} 作为重点考虑；参数 e_{rw} 的变化对 C_I 的影响显著，对总成本也有一定影响，企业管理者可从库存优化角度降低物流系统总成本，优先考虑通过调控参数 e_{rw} 以降低库存成本及物流系统成本。

表 4-10　参数 g_{rw} 与 f_{rw} 敏感度分析

Δ		−30.00%	−20.00%	−10.00%	0.00%	10.00%	20.00%	30.00%
g_{rw}	C_R	11058612.56	11245420.25	11431721.41	11617106.42	11802239.42	11987372.42	12172505.42
	G_{ap}	−4.81%	−3.20%	−1.60%	0.00%	1.59%	3.19%	4.78%
	O_S	32385276.36	32572084.05	32758385.21	32943770.22	33128903.22	33314036.22	33499169.22
	G_{ap}	−1.70%	−1.13%	−0.56%	0.00%	0.56%	1.12%	1.69%
f_{rw}	C_R	11146187.90	11303872.70	11461479.65	11617106.42	11770266.78	11922189.48	12073560.78
	G_{ap}	−4.05%	−2.70%	−1.34%	0.00%	1.32%	2.63%	3.93%
	O_S	32472851.69	32630536.49	32788143.45	32943770.22	33096930.58	33248853.28	33400224.58
	G_{ap}	−1.43%	−0.95%	−0.47%	0.00%	0.46%	0.93%	1.39%

从表 4-10 可以看出，参数 g_{rw}，f_{rw} 的变化仅对成本分项 C_R 与总成本 O_S 有影响，并与成本分项 C_R、总成本 O_S 保持一致的单调性。企业管理者对由于退货产生的成本进行决策时，除了考虑退货率 q_w 及退货的运输成本 d_{riw} 的影响外，也应适当考虑退货处理相关参数的影响。

综上所述，从相关参数对总成本的影响程度来看，在对参数 b_{rw}，c_{rw}，h_{rw}，g_{rw}，f_{rw} 进行敏感度分析时，可以明显发现参数变化对物流系统总成本的影响较小，企业管理者在实际运营实践过程中可以不把这些参数作为重点考虑因素。而参数 q_w，d_{riw} 和 e_{rw} 对总成本 O_S 的影响较大，模型也更为敏感，其变化对成本分项 C_R 对 O_S 影响优先级为 $d_{riw}>q_w>e_{rw}$，企业管理者可根据相关参数对成本影响的优先级进行决策。由此可见，相关参数的取值是非常重要的，企业决策者应该根据实际情况赋予相关参数合适的值，使得到的方案结果更有效可行。

4.4.4　算法比较

算法良好的运算性能是工程管理应用的基础，如果算法性能不够稳定，那将很难持续保持一致的优化结果。为进一步测试 IDE 算法的性能，随机生成小、中、大规模算例各 6 组，各种规模算例分别是 20×5×2/3/4 与 40×6×2/3/4，50×5/6/7×3 与 70×6/7/8×3，80×8×2/3/4 与

100×8/9/10×3，分别用IDE算法、DE算法[105]以及常用商业软件Lingo 11求解这18组不同规模的算例。然而DE算法作为基于种群规模的进化算法，在做算法对比分析之前需先确定种群规模N_p值，种群规模N_p值的选取对可行解的搜索空间具有一定影响，进而影响算法的寻优性能和求解速度。在其他算法控制参数不变的情况下，N_p值越大，算法寻优性能越强，然而算法运算时间也将越长；N_p值越小，算法寻优能力越低，往往容易陷入局部收敛。因此，设置合理的N_p值极其重要。基于此，针对各种不同规模算例，分别各选取一组算例（40×6×4、70×8×3、100×10×3）进行测试，结果如图4-4、图4-5以及图4-6所示，其中“虚线”表示找到的最优解的准确率，“实线”表示算法平均运算时间。

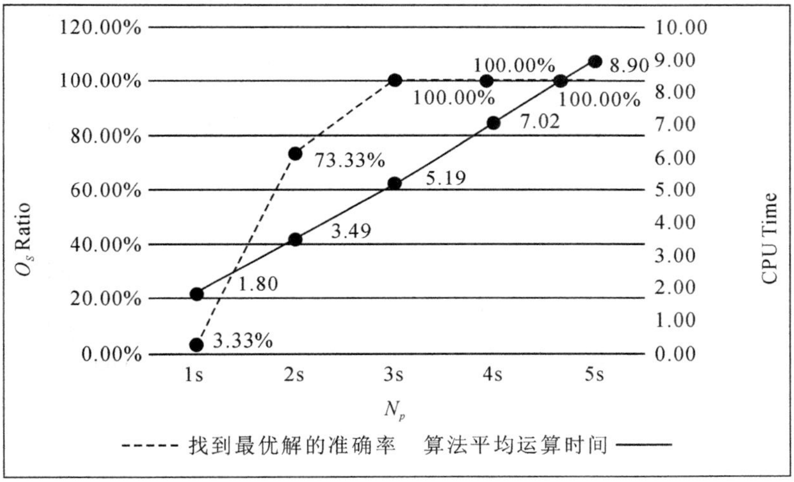

图4-4 小规模算例N_p分析

从图4-4、图4-5以及图4-6可以看出，随着种群规模N_p的增加，小、中等以及大规模算例的求解精度及运算时间均呈现单调上升的趋势。N_p值越大，算法越稳定，消耗的时间也越多。因此，既要保证算法求解精度的稳定性，又要使算法运算时间越少，综合考虑这两个因素对N_p进行取值。基于此，针对小、中等以及大规模算例，在保证算法求解精度的前提下，选取使算法运行时间最少的种群规模，当N_p=3s、4s、5s时，IDE算法求解小、中等以及大规模算例的性能可达到最优。

在确定小、中等以及大规模算例下算法所需的种群规模后，可验证本章提出的IDE算法在求解精度与求解效率两个方面的优越性，算法验证各种规模的算例沿用表4-2的相关参数。本部分将从寻优能力和运算效

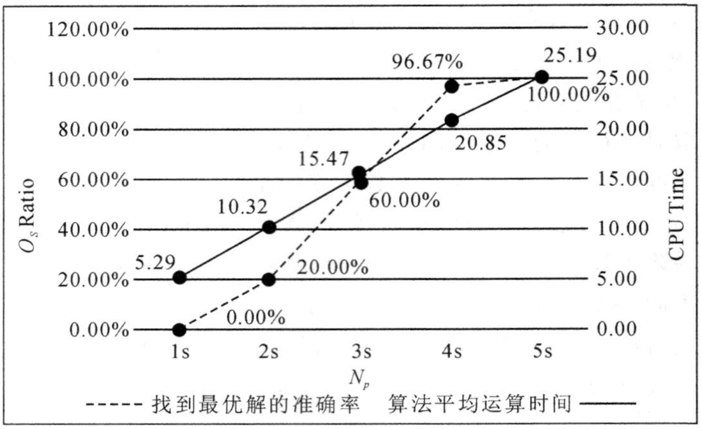

图 4-5　中等规模算例 N_p 分析

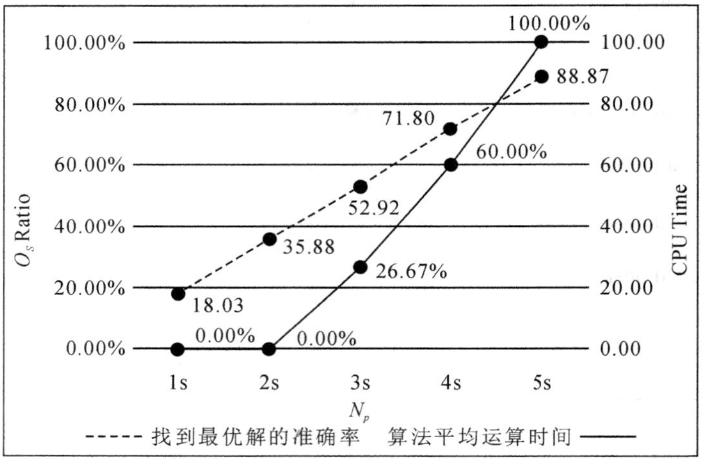

图 4-6　大规模算例 N_p 分析

率两个维度对 IDE 算法、DE 算法以及常用商业软件 Lingo 11 进行对比分析。由于 IDE 算法与 DE 算法为智能算法，无法确保每次的运算结果均保持一致。为了减少算法运算过程的误差，针对小、中等以及大规模算例，IDE 算法与 DE 算法均独立运行 30 次，而商业软件 Lingo 11 求解稳定，每次的运行结果基本一致，故而仅需运行一次即可。IDE 算法、DE 算法以及 Lingo 11 对比的结果见表 4-11。“O. V. (Best)”和“O. V. (Mean)”分别表示 30 次运行的最优值与均值；“O_S Ratio”表示找到最优解的百分比；“S. D.”表示 30 次运行中运算时间的标准差。

根据表 4-11，由实例 20×5×(2/3/4)，40×6×(2/3/4)以及 80×8×(2/3/4)的求解结果可以看出，当保持需求点和备选 HDCC 的数量和位置不变时，随着客户需求品类的增加，总成本呈现快速上升趋势，同时算法的运算时间快速增加；对实例 50×(5/6/7)×3，70×(6/7/8)×3 以及 100×(8/9/10)×3 而言，当保持需求点以及需求商品品类不变时，候选 HDCC 数量的增加会使总成本呈现下降趋势，算法的运算时间有所增加；对于实例(70/80/100)×8×3 来说，当保持备选 HDCC 的数量及位置以及需求商品品类不变时，需求点数量的不断扩张会导致总成本快速增加，算法运算时间也快速增加。

与此同时，从表 4-11 还可以看出，相较于 DE 算法与 Lingo 11，IDE 算法在运算性能上具有更大优势，证明 IDE 算法的高效性。IDE 算法、DE 算法以及 Lingo 11 的对比分析具体如下：

(1) 相较于 Lingo 11，在求解精度方面，IDE 算法得到的最优解与 Lingo 11 运算所得结果一致，证明本章构建的模型是可行的；在求解效率方面，IDE 算法的运算效率远远高于 Lingo 11。因此，IDE 算法的性能明显优于 Lingo 11。

(2) 相较于 DE 算法，从求解精度讲，对于小、中等规模算例及小部分大规模算例，DE 算法的求解精度虽然与 Lingo 11、IDE 算法一致，但求解问题的稳定性远远不如 IDE 算法。同时，对于 100×9×3 以上大规模算例，DE 算法已经无法求出最优解，说明 IDE 算法具有优于 DE 算法的寻优能力和稳定性；从求解效率讲，除个别算例外，IDE 算法的运算效率均高于 DE 算法，以 IDE 算法求解该问题所需的运算时间更短，随着算例规模的不断增加，IDE 算法在运算效率上比 DE 算法具有更加显著的优势。因此，相较于 DE 算法，IDE 算法具有更好的寻优能力、运算效率以及稳定性。

综上所述，IDE 算法比 Lingo 11 及 DE 算法具有更加明显的优势，IDE 算法的寻优能力、稳定性以及运算效率更好。

表 4-11　Lingo 11 vs. DE vs. IDE

Instance			Lingo 11				DE			IDE					(T1−T2)/T1
|I|	|R|	|W|	O. V.	CPU Time	O. V. (Best)	O. V. (Mean)	O_S Ratio	CPU Time − T1	S. D.	O. V. (Best)	O. V. (Mean)	O_S Ratio	CPU Time − T2	S. D.	
20	5	2	6987580	6	6987580.30	6997722.08	21/30	0.14	0.01	6987580.30	6987580.30	30/30	0.14	0.01	−3.95%
		3	10355510	15	10355509.01	10358913.98	26/30	0.34	0.05	10355509.01	10355509.01	30/30	0.35	0.03	−2.63%
		4	13487440	27	13487441.55	13488007.01	29/30	0.65	0.05	13487441.55	13487441.55	30/30	0.67	0.05	−3.08%
40	6	2	12598710	53	12598709.04	12608013.39	16/30	1.01	0.06	12598709.04	12598750.74	29/30	0.89	0.04	11.68%
		3	18642000	135	18642000.91	18643688.34	26/30	2.71	0.08	18642000.91	18642000.91	30/30	2.50	0.08	7.71%
		4	24367940	263	24367942.66	24368298.67	26/30	5.71	0.14	24367942.66	24367942.66	30/30	5.19	0.10	9.02%
50	5	3	23313920	123	23313920.93	23316057.84	26/30	4.85	0.32	23313920.93	23313920.93	30/30	5.03	0.21	−3.68%
	6		23017930	229	23017934.37	23018947.56	27/30	6.78	0.16	23017934.37	23017934.37	30/30	6.05	0.12	10.76%
	7		19471180	326	19471179.29	19471323.45	28/30	9.57	0.17	19471179.29	19471179.29	30/30	7.45	0.16	22.14%
70	6	3	31652380	472	31652384.45	31652401.08	29/30	16.17	0.50	31652384.45	31652384.45	30/30	16.26	0.60	−0.56%
	7		30150360	1394	30150355.84	30150535.41	27/30	21.51	0.47	30150355.84	30150355.84	30/30	18.28	0.42	14.99%
	8		28295930	1993	28295927.33	28296407.75	25/30	22.89	0.43	28295927.33	28295939.60	29/30	20.85	0.53	8.92%
80	8	2	21939770	721	21939767.66	21939991.65	28/30	13.28	0.24	21939767.66	21939767.66	30/30	12.05	0.31	9.31%
		3	32943770	2974	32943770.22	32943973.24	29/30	41.51	1.15	32943770.22	32943770.22	30/30	35.76	0.72	13.83%
		4	43234620	>3600	43234618.55	43234779.15	29/30	91.60	1.84	43234618.55	43234618.55	30/30	74.05	1.35	19.15%
100	8	3	39081930	>3600	39081579.93	39081760.66	28/30	115.95	2.07	39081579.93	39081579.93	30/30	69.93	1.45	39.69%
	9		38614670	>3600	39767341.71	40015199.70	0/30	102.18	0.90	38614396.07	38614592.75	29/30	83.84	1.72	17.95%
	10		36450520	>3600	37621661.96	37827792.61	0/30	124.76	0.74	36450173.57	36450173.57	30/30	88.87	2.74	28.76%

注：Lingo 显示结果的精度到 7 位数，8 位及以上的结果尾数显示为 0。

4.5 本章小结

现如今，网络购物已成为人们日常生活中不可或缺的一种购物形式，在网络购物快速兴起的同时往往伴随着更高的商品退货率，而且这些退货中大部分并无质量缺陷，仅仅需要进行简单再包装即可再次进入销售市场，这对供应链系统提出了更高要求，需考虑商品配送与无缺陷退货商品回收。设施选址与库存控制决策作为供应链网络设计的两个不同层面的决策，两者存在相互联系、相互依赖的关系。因此，研究考虑无缺陷退货的 LIP，更加符合企业实际的运营需要。本章的具体工作与贡献如下：

(1)由于商品色差、型号不符、安装困难、冲动消费等原因导致的大量商品退货，并无任何质量缺陷，无需返厂维修，只需进行简单再包装后即可再次进入销售市场。考虑这一现实情况，从物流系统集成优化的角度出发，合理规划候选 HDCC 的选址以及库存控制策略，以此保障供应链系统的运营效率以及快速响应能力，降低物流成本，提高服务水平。该模型以物流系统总成本最小化为目标，考虑选址、库存以及退货等成本，构建考虑无缺陷退货的多商品 LIP 集成优化模型。

(2)FLP 是 NP-hard 问题，LIP 亦是，而本章考虑无缺陷退货的多商品 LIP，更加贴合实际，更加复杂，更难求解。基于此，针对模型的内在性质和特点，提出了 IDE 算法求解该模型，实验结果证明了该模型与 IDE 算法的有效性和实用性。同时，多组算例对比验证了 IDE 算法的寻优能力和求解效率都要优于 Lingo 11 以及 DE 算法，是求解该问题的一种有效算法。

(3) 通过对考虑无缺陷退货的多商品 LIP 模型中的相关参数进行敏感度分析，采用单变量法分析相关参数的变动对总成本以及分项成本的影响，可为企业管理者制定运营决策提供指导，为企业降低物流成本、高效配置物流资源、提高供应链系统的运行效率和快速响应能力提供方向。

本章研究的 LIP 更加符合实际需要，该研究不仅丰富了选址—库存问题决策理论，也拓展了 DE 算法的应用范围，为新时期的企业集成供应链网络规划提供了更贴近实际的方法。

第5章　考虑商品退货的多商品闭环选址—库存问题集成优化

5.1 引　言

随着电子商务、信息系统、互联网技术的迅猛发展，网络购物因其具有价格实惠、方便快捷、送货上门等优势而受到广大用户的喜爱。不同于实体店购物，网购模式下消费者在购买商品之前并没有机会触摸或接触商品，仅仅只能通过照片、文字描述以及评价来了解该商品的质量。网络零售商通过采用宽松的退货政策来提高客户的购买意愿[170]，增加企业的销售额，使企业获得市场竞争优势，但这也导致商品退货量快速增加，企业的退货成本大幅增长[171]。国家市场监督管理总局先后发布与实施了《网络购买商品七日无理由退货暂行办法》与《网络交易监督管理办法》，对七日无理由退货进行系统且详细的规定，督促商家履行其退货相关责任，法律的保障进一步加剧了网络购物的退货行为。据研究显示，网购商品的平均退货率高达22%，而且退货率呈现上升趋势。[172]大量的商品退货不仅导致企业承受巨大的经济损失，而且造成了极大的社会资源浪费。[6]例如京东，作为国内最大的网络零售商之一，其商品退货率超过10%，年退货商品的价值高达数千亿美元。[7]因此，商品退货的回收处理问题已成为网络零售商需要面对的主要问题之一。

基于此，本章以服装行业为例研究服装商品的退货。服装商品的退货主要有无缺陷退货、有质量缺陷退货以及未拆封新商品退货这三种类型。不同类型的退货具有不同的处理方式，无缺陷退货无需返厂，仅退回至配送中心进行简单处理后即可再次进入销售市场。未拆封的新商品退货退回至配送中心后可直接再次进入销售市场，不会产生返厂处理的相关成本。有质量缺陷的退货在退回配送中心进行质量检测后做返厂处理，其物流成本以及相关的处理成本快速增加，促使供应链网络结构向闭环供应链转变。与此同时，由于无缺陷退货以及未拆封新商品退货的存在，网络零售商在向上游订货时也要进行相应调整，以免仓库积压过多商品。考虑这一现实情况，规划多种商品配送与回收路线，设计高效的闭环供应链网络成为网络零售商急需解决的问题之一。大量的商品退货直接影响了供应链网络设计的设施选址与库存控制决策，可通过从全局的角度集成优化选址与库存决策，构建考虑商品退货的多商品 CLIP 集成优化模型，使其模型更贴近实际。针对模型的性质与特点，可设计 HADE 算法求解该模型，并通过多组不同规模的算例验证模型与算法的有效性与实用性。由于模型的相关参数具有不确定性，可对其进行敏感度分析，为新形势下零售企业的运营管理提供理论帮助和决策指导。

本章的结构安排如下：5.2 主要进行问题描述及模型构建；5.3 针对构建的模型，设计了 HADE 算法进行求解；5.4 通过模拟仿真验证算法的有效性，并对退货的相关参数进行敏感度分析；5.5 对本章的研究内容进行回顾与总结。

5.2　考虑商品退货的 CLIP 模型构建

5.2.1　问题描述

本部分研究的是考虑多种商品退货的 CLIP，针对商品退货需要经过回收、检测、再包装、修复等专业处理后方可再次进入销售市场这一现实情况，考虑 B2C 自营零售平台的运营实践，本章研究假设将生产中心与修复中心进行合并，将配送中心与回收中心进行合并，分别称为混合生产—修复中心（Hybrid production-recovery center，HPRC）与 HDCC，合并后共享相关设施设备，以降低运营成本，减少环境污染，实现企业可持续发展。[168-169]

实践研究发现，在 B2C 自营配送体系中，以服装销售行业为例，退货商品大致可分为三类：第一类是外包装未拆封的退货；第二类是无质量和外观缺陷的无缺陷退货；第三类是存在质量缺陷的退货。对于 HDCC 回收的未拆封的退货，不需要进行产品质量检测即可直接再次进入销售市场；其他两种退货均需在 HDCC 检测。对于有质量缺陷的退货，通过 HDCC 返回至 HPRC 进行修复，供应链结构会向闭环供应链转变。而无缺陷退货无需返厂，仅需在 HDCC 进行简单再包装即可作为新产品再次进入销售渠道。对于新商品退货以及无缺陷退货，直接在 HDCC 进行处理，可避免产生返回生产中心再由生产中心运输至配送中心的物流成本，同时也相应地减少网络零售企业向上游生产中心订购该商品的数量。具体的业务流程如图 5-1 所示。

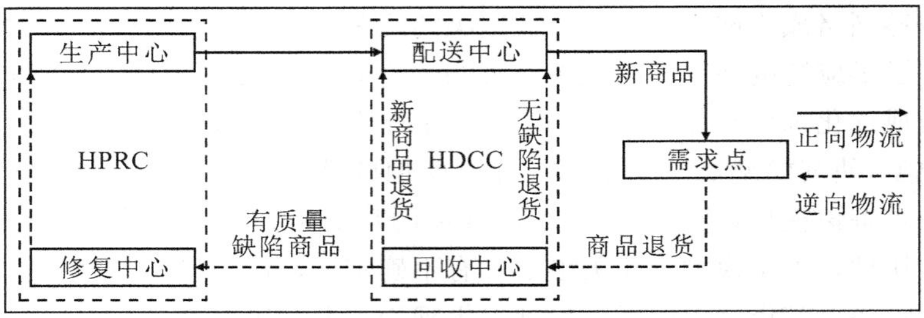

图 5-1　闭环供应链的具体业务流程

本章以一个 HPRC、多个候选 HDCC 以及多个需求点所构成的闭环供应链网络为研究对象。如图 5-2 所示，HPRC 在生产商品后，通过 HDCC 运送至需求点，与此同时，所有配送车辆顺带将退货运回至 HDCC，从而降低物流运营成本。由于商品初始权属不同，所有商品配送与回收未必来自于同一个配送中心。研究假设该闭环供应链网络中的 HDCC 以及需求点的位置分布已知，HDCC 无容量限制，HDCC 与需求点的距离为欧氏距离。

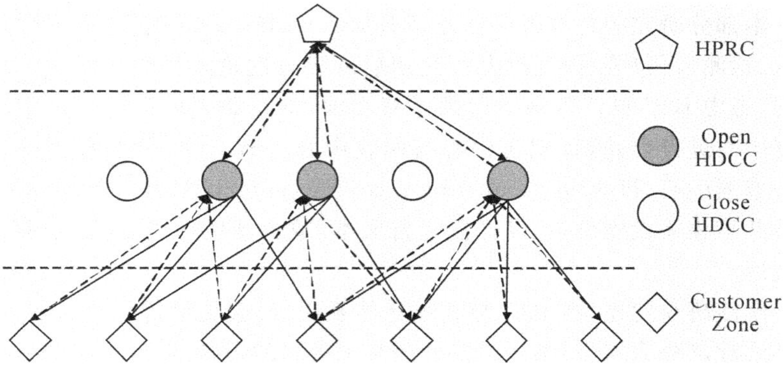

图 5-2　闭环供应链网络示意图

通过研究考虑退货的多商品 CLIP，确定候选 HDCC 的选址方案，HDCC 的库存补给策略，以及每种商品的正向配送与逆向回收方案，使物流系统总成本最小，为管理者运营实践提供理论依据。

该模型的参数标识如下：

1. **集合**

R——候选 HDCC 集合；

I——需求点集合；

W——商品种类集合。

2. 常量

a_r——第 r 个 HDCC 的年固定建设与运营成本，$r\in R$；

b_{rw}——第 r 个 HDCC 向 HPRC 订购商品 w 的固定处理成本，$r\in R$，$w\in W$；

c_{rw}——商品 w 每次从 HPRC 运输至第 r 个 HDCC 的固定运输成本，$r\in R$，$w\in W$；

d_{riw}——单位商品 w 从第 r 个 HDCC 至需求点 i 的运输成本，$r\in R$，$i\in I$，$w\in W$；

e_{rw}——单位商品 w 从 HPRC 至第 r 个 HDCC 的可变运输成本，$r\in R$，$w\in W$；

f_{rw}——单位退货商品 w 在第 r 个 HDCC 的再包装成本，$r\in R$，$w\in W$；

g_{rw}——第 r 个 HDCC 检测外包装被拆的单位退货商品 w 的成本，$r\in R$，$w\in W$；

h_{rw}——单位商品 w 在第 r 个 HDCC 的年库存持有成本，$r\in R$，$w\in W$；

m_w——单位有质量缺陷退货商品 w 在 HPRC 的修复成本，$w\in W$；

p_{rw}——单位有质量缺陷退货商品 w 从第 r 个 HDCC 至 HPRC 的运输成本，$r\in R$，$w\in W$；

q_w——商品 w 的退货率，$w\in W$；

μ_{iw}——需求点 i 对商品 w 的日需求量，$i\in I$，$w\in W$；

σ_{iw}^2——商品 w 在需求点 i 的日需求方差，$i\in I$，$w\in W$；

α——市场需求满足率；

z_α——标准正态偏离，$P(z\leqslant z_\alpha)=\alpha$；

L——HDCC 的订货提前期；

λ——年工作天数；

θ——新商品退货比例；

β——无缺陷退货比例；

γ——有质量缺陷退货比例；

（注：$\theta+\beta+\gamma=1$）。

3. 决策变量

Q_{rw}——商品 w 在第 r 个 HDCC 的订货量，$r\in R$，$w\in W$；

X_r——如果第 r 个 HDCC 被选中建设，则为 1，否则为 0，$r\in R$；

Y_{riw}——如果第 r 个 HDCC 对需求点 i 的需求商品 w 进行正向配送服务，则为 1，否则为 0，$r\in R$，$i\in I$，$w\in W$；

Z_{riw}——如果第 r 个 HDCC 对需求点 i 的退货商品 w 进行逆向回收服务，则为 1，否则为 0，$r \in R$，$i \in I$，$w \in W$。

5.2.2 数学模型

考虑大量的商品退货在经过一系列的专业处理后再次进入销售市场这一现实情况，集成优化设施选址与库存控制决策，构建考虑商品退货的多商品 CLIP 集成优化模型，实现物流系统总成本最小化。其总成本主要包括：①设施选址成本，主要是指 HDCC 选址建设运营成本；②从 HDCC 至需求点的配送成本；③周转库存成本；④安全库存成本；⑤退货成本，主要包括退货的检测成本、修复成本、再包装成本、商品退回至 HDCC/HPRC 的运输成本。

1. 设施选址成本

设施选址决策直接影响供应链网络结构，对供应链系统效率起着至关重要的作用。候选 HDCC 的设施选址与运营成本（C_L）为：

$$C_L = \sum_{r \in R} a_r X_r$$

2. 从 HDCC 至需求点的配送成本

考虑多种商品的正向配送问题，研究假设被选中的候选 HDCC 以 1 次/天的频率对相关需求点提供正向配送服务[11]，商品从 HDCC 配送至需求点的运输成本（C_T）表示为：

$$C_T = \lambda \sum_{r \in R} \sum_{i \in I} \sum_{w \in W} \mu_{iw} d_{riw} Y_{riw}$$

3. 周转库存成本

企业采取何种库存控制策略直接影响供应链系统的响应能力。研究显示，在考虑风险分摊效应的情况下，采用 EOQ 模型可以替代第一类服务水平下的 (Q, r) 策略进行库存补给[16]，其最大相对误差仅为0.118[166]。因此，本章研究采用 EOQ 决策模型补给库存，以满足需求点的需求。很显然，每个备选 HDCC 对每种需求商品的订货频率与订货量由相关需求点的需求与退货量所决定。令 $D_{rw} = \lambda \sum_{i \in I} \mu_{iw} Y_{riw} - \lambda(\theta + \beta) \sum_{i \in I} q_w \mu_{iw} Z_{riw}$，$D_{rw}$ 为商品 w 在第 r 个 HDCC 的年需求量。由于未拆封商品与无缺陷退货商品在 HDCC 进行处理后即可再次进入销售市场，满足需求点的需求，因此，第 r 个 HDCC 向 HPRC 订购商品 w 的订货量需减去此部分退货。$\frac{D_{rw}}{Q_{rw}}$ 表示第 r 个 HDCC 向 HPRC 订购商品 w 的订货次数。周转库存成本具体如下：

(1) 订货成本。第 r 个 HDCC 向 HPRC 订购商品 w 的年固定订货成本可表示为 $b_{rw}\dfrac{D_{rw}}{Q_{rw}}$。

(2) HPRC 至 HDCC 的运输成本。由于部分退货商品在 HDCC 处理后可再次进行销售，故而 HDCC 向 HPRC 的订货量需要减去这部分退货的数量。因此，从 HPRC 运输至 HDCC 的商品数量也需要随之减少 $\lambda(\theta+\beta)\sum\limits_{i\in I}q_{w}\mu_{iw}Z_{riw}$。基于此，商品 w 从 HPRC 运输至第 r 个 HDCC 的年运输成本为：$c_{rw}\dfrac{D_{rw}}{Q_{rw}}+e_{rw}\left[\lambda\sum\limits_{i\in I}\mu_{iw}Y_{riw}-\lambda(\theta+\beta)\sum\limits_{i\in I}q_{w}\mu_{iw}Z_{riw}\right]$。

(3) 年库存持有成本。商品 w 在第 r 个 HDCC 的年库存持有成本包含正向销售商品的库存成本以及逆向回收的部分退货商品库存成本，由于有质量缺陷退货将直接返回 HPRC 进行修复，故而假设并不产生库存成本。因此，退货的库存持有成本主要包括新产品退货以及无缺陷产品退货的库存持有成本。具体而言，第 r 个 HDCC 配送商品 w 的年库存持有成本为 $\sum\limits_{i\in I}\dfrac{\lambda h_{rw}\mu_{iw}Y_{riw}Q_{rw}}{2D_{rw}}$。第 r 个 HDCC 逆向回收的退货商品 w 的年库存持有成本为 $\sum\limits_{i\in I}\dfrac{\lambda h_{rw}(\theta+\beta)q_{w}\mu_{iw}Z_{riw}Q_{rw}}{2D_{rw}}$。

基于此，年总周转库存成本(C_{WI})为：

$$C_{WI}=\sum_{r\in R}\sum_{w\in W}\left\{b_{rw}\frac{D_{rw}}{Q_{rw}}+c_{rw}\frac{D_{rw}}{Q_{rw}}+e_{rw}\left[\lambda\sum_{i\in I}\mu_{iw}Y_{riw}-\lambda(\theta+\beta)\sum_{i\in I}q_{w}\mu_{iw}Z_{riw}\right]+\sum_{i\in I}\frac{\lambda h_{rw}\mu_{iw}Y_{riw}Q_{rw}}{2D_{rw}}+\sum_{i\in I}\frac{\lambda h_{rw}(\theta+\beta)q_{w}\mu_{iw}Z_{riw}Q_{rw}}{2D_{rw}}\right\}$$

4. **安全库存成本**

考虑风险分摊效应[13]，安全库存需确保缺货发生的概率小于或等于 α，即 $z_{\alpha}\sqrt{L\sum\limits_{i\in I}\sigma_{iw}^{2}Y_{riw}}$。因此，安全库存成本($C_{SS}$)表示为：

$$C_{SS}=\sum_{r\in R}\sum_{w\in W}h_{rw}z_{\alpha}\sqrt{L\sum_{i\in I}\sigma_{iw}^{2}Y_{riw}}$$

5. **退货成本**

网购模式下商品退货普遍存在，退货成本是由于商品退货而产生的一系列成本。由于本书考虑的商品退货仅包括无缺陷退货、未拆封商品退货以及有质量缺陷退货三类，因此，商品退货所产生的成本主要是检测成本、再包装成本、修复成本、退货从需求点至 HDCC 的运输成本以及有质量缺陷商品从 HDCC 至 HPRC 的运输成本。退货成本具体如下：

(1)检测成本。除了外包装未拆开的未拆封商品退货不用进行检测即可再次进入市场进行销售外，其他退货均需退回 HDCC 进行专业检测，以确定该退货是否存在质量缺陷以及退货商品外观、部件等是否满足销售要求，因此退货商品在 HDCC 的总检测成本为：$\lambda(\beta+\gamma)\sum_{r\in R}\sum_{w\in W}\sum_{i\in I}q_{w}\mu_{iw}g_{rw}Z_{riw}$。

(2)再包装成本。在 HDCC 检测后的退货商品，若无质量缺陷，即在简单再包装后再次进入流通市场进行销售，而有质量缺陷的退货商品返回 HPRC 进行修复。基于此，在 HDCC 进行再包装处理的无缺陷退货商品的再包装成本为：$\lambda\beta\sum_{r\in R}\sum_{w\in W}\sum_{i\in I}q_{w}\mu_{iw}f_{rw}Z_{riw}$。

(3)修复成本。有质量缺陷的退货商品需返回 HPRC 进行修复，在修复完成后作为新商品再次进入销售市场。因此，在 HPRC 的总修复成本为：$\lambda\gamma\sum_{r\in R}\sum_{w\in W}\sum_{i\in I}q_{w}\mu_{iw}m_{w}Z_{riw}$。

(4)退货从需求点至 HDCC 的运输成本。无论何种退货，均需退回至 HDCC 方可进行下一步处理。因此，所有的退货商品从需求点运输至 HDCC 的运输成本为：$\lambda\sum_{r\in R}\sum_{w\in W}\sum_{i\in I}q_{w}\mu_{iw}d_{riw}Z_{riw}$。

(5) 有质量缺陷商品从 HDCC 至 HPRC 的运输成本。退货在 HDCC 进行检测后，有质量缺陷的退货将退回至 HPRC 进行修复后方可再次进入市场销售。因此，有质量缺陷的退货从 HDCC 退回至 HPRC 的总运输成本为：$\lambda\gamma\sum_{r\in R}\sum_{w\in W}\sum_{i\in I}q_{w}\mu_{iw}p_{rw}Z_{riw}$。

综上所述，总的退货成本(C_{RET})的表达式为：

$$C_{RET}=\lambda\sum_{r\in R}\sum_{w\in W}\sum_{i\in I}[(\beta+\gamma)g_{rw}+\beta f_{rw}+\gamma m_{w}+d_{riw}+\gamma p_{rw}]q_{w}\mu_{iw}Z_{riw}$$

基于上述各成本项分析，考虑商品退货的多商品闭环 LIP 集成优化模型表示如下：

$$
\begin{aligned}
\min C_{TOT} &= C_L + C_T + C_{WI} + C_{SS} + C_{RET} \\
&= \sum_{r\in R} a_r X_r + \lambda \sum_{r\in R}\sum_{i\in I}\sum_{w\in W} \mu_{iw} d_{riw} Y_{riw} + \\
&\sum_{r\in R}\sum_{w\in W}\Big\{ b_{rw}\frac{D_{rw}}{Q_{rw}} + c_{rw}\frac{D_{rw}}{Q_{rw}} + e_{rw}\big[\lambda\sum_{i\in I}\mu_{iw}Y_{riw} - \\
&\lambda(\theta+\beta)\sum_{i\in I} q_w \mu_{iw} Z_{riw}\big] + \sum_{i\in I}\frac{\lambda h_{rw}\mu_{iw}Y_{riw}Q_{rw}}{2D_{rw}} + \\
&\sum_{i\in I}\frac{\lambda h_{rw}(\theta+\beta)q_w\mu_{iw}Z_{riw}Q_{rw}}{2D_{rw}}\Big\} + \\
&\sum_{r\in R}\sum_{w\in W} h_{rw} z_\alpha \sqrt{L\sum_{i\in I}\sigma_{iw}^2 Y_{riw}} + \lambda\sum_{r\in R}\sum_{w\in W}\sum_{i\in I} \\
&\big[(\beta+\gamma)g_{rw} + \beta f_{rw} + \gamma m_w + d_{riw} + \gamma p_{rw}\big] q_w \mu_{iw} Z_{riw}
\end{aligned} \tag{5.1}
$$

约束条件为：

$$\sum_{r\in R} X_r \geqslant 1 \tag{5.2}$$

$$\sum_{r\in R} Y_{riw} = 1, \forall i \in I, \forall w \in W \tag{5.3}$$

$$\sum_{r\in R} Z_{riw} = 1, \forall i \in I, \forall w \in W \tag{5.4}$$

$$\sum_{r\in R}\sum_{w\in W} Y_{riw} = |W|, \forall i \in I \tag{5.5}$$

$$\sum_{r\in R}\sum_{w\in W} Z_{riw} = |W|, \forall i \in I \tag{5.6}$$

$$Y_{riw} \leqslant X_r, \forall i \in I, \forall r \in R, \forall w \in W \tag{5.7}$$

$$Z_{riw} \leqslant X_r, \forall i \in I, \forall r \in R, \forall w \in W \tag{5.8}$$

$$\sum_{w\in W}\sum_{i\in I} Y_{riw} \geqslant X_r, \forall r \in R \tag{5.9}$$

$$\sum_{i\in I} Z_{riw} \leqslant M\sum_{i\in I} Y_{riw}, \forall r \in R, \forall w \in W \tag{5.10}$$

$$X_r = \{0,1\}, \forall r \in R \tag{5.11}$$

$$Y_{riw} = \{0,1\}, \forall i \in I, \forall r \in R, \forall w \in W \tag{5.12}$$

$$Z_{riw} = \{0,1\}, \forall i \in I, \forall r \in R, \forall w \in W \tag{5.13}$$

目标函数(5.1)使物流系统成本最小化；约束条件(5.2)保证不少于一个备选 HDCC 被建设；约束条件(5.3)表示任何一个需求点的每种需求商品仅能由一个被建设的 HDCC 进行正向配送服务；约束条件(5.4)表示任何一个需求点的每种退货商品仅能由一个被建设的 HDCC 进行逆向回收服务；约束条件(5.5)表示任何一个需求点的所有需求商品可由

多个被建 HDCC 进行配送；约束条件(5.6)表示任何一个需求点的所有退货可由多个被建 HDCC 进行回收；约束条件(5.7)和(5.8)分别表示仅当 HDCC 被建后方可为各个需求点提供配送/回收服务；约束条件(5.9)表示当且仅当 HDCC 提供配送服务才可被选择；约束条件(5.10)确保提供商品退货服务的 HDCC 提供该种商品的配送服务，其中的 M 为辅助变量，假设为无穷大的值；约束条件(5.11)至约束条件(5.13)定义 0～1 的变量。

在上述模型中，可对 Q_{rw} 求偏导，令 $\frac{\partial C_{TOT}}{\partial Q_{rw}}=0$，得到的最优值 $Q_{rw}{}^{*}$ 为：

$$Q_{rw}^{*}=\sqrt{\sum_{i\in I}\frac{2(b_{rw}+c_{rw})}{\lambda h_{rw}[\mu_{iw}Y_{riw}+(\theta+\beta)q_{w}\mu_{iw}Z_{riw}]}D_{rw}} \tag{5.14}$$

将 $Q_{rw}{}^{*}$ 代入目标函数(5.1)中，得到

$$\begin{aligned}\min C_{TOT}=&\sum_{r\in R}a_{r}X_{r}+\lambda\sum_{r\in R}\sum_{w\in W}\sum_{i\in I}\mu_{iw}d_{riw}Y_{riw}+\\&\sum_{r\in R}\sum_{w\in W}h_{rw}z_{\alpha}\sqrt{L\sum_{i\in I}\sigma_{iw}^{2}Y_{riw}}+\\&\sum_{r\in R}\sum_{w\in W}\Big\{\sqrt{\sum_{i\in I}2\lambda h_{rw}(b_{rw}+c_{rw})(\mu_{iw}Y_{riw}+(\theta+\beta)q_{w}\mu_{iw}Z_{riw})}+\\&\lambda e_{rw}\Big[\sum_{i\in I}\mu_{iw}Y_{riw}-(\theta+\beta)\sum_{i\in I}q_{w}\mu_{iw}Z_{riw}\Big]\Big\}+\\&\lambda\sum_{r\in R}\sum_{w\in W}\sum_{i\in I}[(\beta+\gamma)g_{rw}+\beta f_{rw}+\gamma m_{w}+d_{riw}+\\&\gamma p_{rw}]q_{w}\mu_{iw}Z_{riw}\end{aligned} \tag{5.15}$$

5.3 HADE 算法设计

设施选址问题为 NP 难题[11]，本章研究包含多种需求商品正向配送和逆向回收的 CLIP 则更加复杂，亦属 NP 难题。精确算法很难保证在有效时间范围内求解出大规模 NP 难题，而智能算法因其高效稳定的求解性能、通用的算法框架以及易于实现等优势在求解此类问题时得到了广泛应用。为此，本章设计了 HADE 算法来求解上述模型。表 5-1 中给出了对 HADE 算法进行描述时所需的符号及其意义。

表 5-1　HADE 算法所需符号及其意义

符号	意义
N_p	种群规模
G	最大迭代次数
I	商品种类数
J	需求点数量
S	商品种类数与需求点数量的乘积：$I\times J$
$X^{p,g}$	目标向量：第 g 代的种群个体 p
$X_V^{p,g}$	变异向量：第 g 代的种群个体 p 的变异向量
$X_U^{p,g}$	试验向量：第 g 代的种群个体 p 的试验向量
F	变异因子
C_R	交叉因子

5.3.1　种群初始化

DE 算法是基于种群的全局搜索算法，种群规模 N_p 代表研究问题的可行解集，而每个种群个体代表一个该问题的可行解。可行解的编码机制设计是算法优化求解的基础。通过分析本章构建的多商品闭环选址—库存集成优化模型的可行解结构，可知每个可行解应包含几个方面的信息：配送中心与回收中心选址、每种商品的配送指派以及回收规划。基于此，本章可行解的编码结构如式(5.16)至式(5.18)所示：

$$X^{p,g}=(Y^{p,g},Z^{p,g}),p=1,2,\cdots,N_p;g=1,2,\cdots,G \qquad (5.16)$$

$$Y^{p,g}=\begin{pmatrix} y_{1,1}^{p,g},y_{1,2}^{p,g},\cdots,y_{1,J}^{p,g} \\ \cdots \\ y_{I,1}^{p,g},y_{I,2}^{p,g},\cdots,y_{I,J}^{p,g} \end{pmatrix},p=1,2\cdots,N_p;g=1,2,\cdots,G \qquad (5.17)$$

$$Z^{p,g}=\begin{pmatrix} z_{1,1}^{p,g},z_{1,2}^{p,g},\cdots,z_{1,J}^{p,g} \\ \cdots \\ z_{I,1}^{p,g},z_{I,2}^{p,g},\cdots,z_{I,J}^{p,g} \end{pmatrix},p=1,2\cdots,N_p;g=1,2,\cdots,G \qquad (5.18)$$

其中，I 表示商品种类，J 表示需求点数量，$X^{p,g}$ 表示第 g 次迭代产生的第 p 个可行解(即第 g 次迭代第 p 个种群个体)。$Y^{p,g}$ 与 $Z^{p,g}$ 分别表示第 g 次迭代第 p 个正向物流与逆向物流的解；假设 $y_{i,j}^{p,g}=k(1\leqslant i\leqslant I,1\leqslant j\leqslant J)$，表示在商品配送过程中，需求点 j 对商品 i 的需求将由 HDCC_k 来

满足。同理，假设 $z_{i,j}^{p,g}=k(1\leqslant i\leqslant I,1\leqslant j\leqslant J)$，表示在退货回收过程中，需求点 j 的退货商品 i 将由 $HDCC_k$ 负责回收。

以图 5-3 为例进行解释说明，该种群个体为 3 行 16 列的矩阵，表示有 3 种需求商品、8 个需求点，第 1 行表示第 1 种商品的配送及回收信息（第 2、3 行同理），每行前 8 位数分别表示 1～8 号需求点的配送信息，后 8 位数则表示这 8 个需求点的回收信息。假设有 5 个备选 HDCC，分别用数字 1～5 表示。该种群个体对应的可行解为：第 1 种需求的商品将由 1、2、4 号 HDCC 提供相关服务；其中 1 号 HDCC 配送需求点 1、6（第 1、6 号数位标识为“1”，下同），2 号 HDCC 配送需求点 4、8；4 号 HDCC 配送需求点 2、3、5、7；同时，1 号 HDCC 回收需求点 3、7 的退货（对应第 3、7 号数位，下同），2 号 HDCC 回收需求点 1、2、6 的退货，4 号 HDCC 回收需求点 4、5、8 的退货。第 2、3 种需求商品的配送及回收信息同理可知。

	配送信息								回收信息							
需求点	1	2	3	4	5	6	7	8	1	2	3	4	5	6	7	8
商品 1	1	4	4	2	4	1	4	2	2	2	1	4	4	2	1	4
商品 2	3	3	2	1	2	5	2	2	2	3	2	1	1	2	2	3
商品 3	3	3	2	1	3	2	1	2	3	2	1	1	2	2	3	1

图 5-3　种群个体编码示例

合理的编—解码设计是优化问题得到高效解的前提，本章研究考虑多商品退货的 CLIP，除了需要确定各种需求商品的配送信息外，还需要明确所有退货商品的回收信息。为某种需求商品提供回收服务的前提是该 HDCC 同时提供该商品的配送服务。因此，对 $Z^{p,g}$ 的编码提出更加严格的要求，编解码具有一定的特殊性。要探究该模型可行解的结构特征，首先需对 $Y^{p,g}$ 进行解码，具体的解码方式如式(5.19)所示：

$$\begin{aligned}&y_{i,j}^{p,g}=r_{\text{ound}}[y^L+r\cdot(y^U-y^L)],\\&i=1,2,\cdots,I;j=1,2,\cdots,J;p=1,2,\cdots,N_p;g=1,2,\cdots,G\end{aligned}\tag{5.19}$$

其中，y^U 与 y^L 分别表示上界与下界。根据研究问题的固有特性，候选 HDCC 至少有一个被选择才可提供配送服务，故 $y^L=1$；同理，当所有的候选 HDCC 均被选择建设时，$y_{i,j}^{p,g}$ 的值达到上界，因此，y^U 为所有备选 HDCC 的个数，即 $y^U=|R|$。r 用于产生[0,1]之间的均匀分布随机数；$r_{\text{ound}}(\ )$表示取整函数。

考虑到约束条件(5.10)的约束，为某种需求商品提供回收服务的前提是该 HDCC 同时提供该种商品的配送服务。在这种情况下，对 $Z_{i,j}^{p,g}$ 的解码提出更加复杂的条件，即对于任何一种商品，$Z_{i,j}^{p,g}$ 的取值均从为该商品提供配送服务的 HDCC 中随机产生，具体的解码方式如式(5.20)所示：

$$z_{i,j}^{p,g} = A\{r_{\text{ound}}[z^L + r \cdot (l_{\text{ength}}A - 1)]\},\\ i = 1,2,\cdots,I; j = 1,2,\cdots,J; p = 1,2,\cdots,N_p; g = 1,2,\cdots,G \tag{5.20}$$

其中，z^L 表示下界，候选 HDCC 至少有一个被选择为商品提供回收服务，因此 $z^L = 1$；$A = u_{\text{nique}}(y_{i,1}^{p,g}, y_{i,2}^{p,g}, \cdots, y_{i,J}^{p,g})$ 表示为商品 i 提供正向配送的 HDCC；r 用于产生[0,1]之间的均匀分布随机数；$r_{\text{ound}}(\ )$表示取整函数。

初始种群的好坏对最终解的质量并无较大影响，本章选取随机方式产生规模为 N_p 的初始种群。

5.3.2　差分操作

1. 变异操作

DE 算法运算过程中，变异操作是 DE 算法的核心，直接影响算法的性能。该操作通过增加种群多样性来增强算法的全局寻优能力。HADE 算法选取中最常采用 DE/r_{and}/1 策略作为变异操作，即随机选取三个不同的种群个体，将任意两个向量的差值在被缩放因子 F 缩放后加到第三个向量上，得到变异向量 $X_V^{i,g+1}$。其目的是增加种群的多样性以及增强全局寻优性能，变异向量 $X_V^{i,g+1}$ 的具体产生方式如式(5.21)和式(5.22)所示：

$$y_{v(i,j)}^{p,g+1} = r_{\text{ound}}[y_{i,j}^{p_1,g} + F \cdot (y_{i,j}^{p_2,g} - y_{i,j}^{p_3,g})],\\ p = 1,2,\cdots,N_p; i = 1,2,\cdots,I; j = 1,2,\cdots,J;\\ p_1, p_2, p_3 \in \{1,2,\cdots,N_p\} \text{ 且 } p_1 \neq p_2 \neq p_3 \tag{5.21}$$

$$z_{v(i,j)}^{p,g+1} = r_{\text{ound}}[z_{i,j}^{p_1,g} + F \cdot (z_{i,j}^{p_2,g} - z_{i,j}^{p_3,g})],\\ p = 1,2,\cdots,N_p; i = 1,2,\cdots,I; j = 1,2,\cdots,J;\\ p_1, p_2, p_3 \in \{1,2,\cdots,N_p\} \text{ 且 } p_1 \neq p_2 \neq p_3 \tag{5.22}$$

其中 $y_{v(i,j)}^{p,g+1}$、$z_{v(i,j)}^{p,g+1}$ 分别表示变异向量 $X_V^{i,g+1}$ 的各维分量；$r_{\text{ound}}(\ )$表示取整函数；F 为缩放因子。为防止算法早熟，增加控制参数 F 的随机性，HADE 算法设计了自适应机制对 F 进行随机赋值。随着算法不断地迭代运算，F 值不断更新，具体更新方式如式(5.23)所示：

$$F=\begin{cases} r_{\text{and1}}, r_{\text{and2}}<\eta \\ F_0, \text{otherwise} \end{cases} \tag{5.23}$$

其中 $\eta\ (0<\eta<1)$ 与 $F_0(0\leqslant F_0\leqslant 1)$ 为常数，r_{and1} 与 r_{and2} 为[0,1]之间的均匀分布随机数。

2. **交叉操作**

在产生 $X_V^{p,g+1}$ 后，按交叉概率 C_R 重组 $X_V^{p,g+1}$ 与 $X^{p,g}$ 的各维分量来产生试验向量 $X_U^{i,g+1}$。交叉操作的目的在于使种群个体更加丰富。为进一步增加种群个体的多样性，本章采取一种新的交叉策略来代替传统的二项式交叉策略产生试验向量 $X_U^{i,g+1}$，此策略可通过增加定向扰动，降低扰动的随机性，提高寻找到优化解的概率，具体的交叉操作如式(5.24)与(5.25)所示：

$$y_{u(i,j)}^{p,g+1}=\begin{cases} y_{v(i,j)}^{p,g+1}, r_{\text{and}}<C_R \\ y_{i,j}^{k,g}, \text{otherwise} \end{cases} \tag{5.24}$$

$$p=1,2,\cdots,N_p; i=1,2,\cdots I; j=1,2,\cdots,J$$

$$z_{u(i,j)}^{p,g+1}=\begin{cases} z_{v(i,j)}^{p,g+1}, r_{\text{and}}<C_R \\ z_{i,j}^{k,g}, \text{otherwise} \end{cases} \tag{5.25}$$

$$p=1,2,\cdots,N_p; i=1,2,\cdots I; j=1,2,\cdots,J$$

其中 C_R 为交叉概率；$y_{u(i,j)}^{p,g+1}$、$z_{u(i,j)}^{p,g+1}$ 分别表示变异向量 $X_U^{i,g+1}$ 的各维分量；k 为[1, N_p]中的随机数。

鉴于研究问题的特殊性，算法经过差分操作产生的试验向量 $X_U^{i,g+1}$ 可能无法满足约束条件(5.10)，无法保证种群规模的稳定性。因此，需要对该部分向量进行修正，具体操作步骤如下：

第一步：遍历并记录试验向量 $X_U^{p,g+1}(p=1,2,\cdots,N_p)$ 中为每种商品提供配送服务的 HDCC。

第二步：判断所有的分量 $z_{u(i,j)}^{p,g+1}$ 是否满足约束条件(5.10)的限制，若不满足，则通过式(5.20)对该分量进行重新赋值。

第三步：形成新的试验向量 $X_U^{i,g+1}$。

具体的伪代码如图 5-4 所示。

Input: $W_X^{p,g} \in \{V_X^{p,g}, U_X^{p,g}\}$

Output: $W_{X,\text{feasible}}^{p,g} \in \{V_{X,\text{feasible}}^{p,g}, U_{X,\text{feasible}}^{p,g}\}$

for $i=1$ to I do

  Let $A = u_{\text{nique}}(y_{i,1}^{p,g}, y_{i,2}^{p,g}, \cdots, y_{i,J}^{p,g})$, where $Y_{i,1}^{p,g} \in W_Y^{p,g}$

  for $j=1$ to J do

    if $z_{i,j}^{p,g} \notin A$ (where $z_{i,j}^{p,g} \in W_Z^{p,g}$) then

      $z_{i,j}^{p,g} = r_{\text{andom\_select}}(y_{i,1}^{p,g}, y_{i,2}^{p,g}, \cdots, y_{i,J}^{p,g})$;

    end if

    $j++$;

  end for

  $i++$;

end for

图 5-4　算法修正操作伪代码

3. **选择操作**

DE 算法采取贪婪选择策略，经过上述相关操作后产生的试验向量 $X_U^{i,g+1}$ 与 $X^{i,g}$ 进行一对一竞争，当 $X_U^{i,g+1}$ 的适应度值优于 $X^{i,g}$ 时才被选作子代种群个体，否则，直接将 $X^{i,g}$ 作为子代种群个体。为了更加快速有效地保留更优的种群个体，防止算法早熟，HADE 算法引入 GA 的截断选择操作[170]，截断选择是将父代种群 $\{X^{1,g}, X^{2,g}, \cdots, X^{N_p,g}\}$ 与试验向量 $\{X_U^{1,g+1}, X_U^{2,g+1}, \cdots, X_U^{N_p,g+1}\}$ 进行合并，选取前 N_p 个较优个体作为子代种群个体 $\{X^{1,g+1}, X^{2,g+1}, \cdots, X^{N_p,g+1}\}$。

随着研究问题规模的不断增大，采用单一的截断选择策略，易导致算法早熟而陷入局部最优。采用贪婪选择策略可有效增加种群个体间的差异，从而增加种群多样性。本章采用截断选择和贪婪选择相结合的选择策略，具体步骤如下：

(1) 比较父代种群个体与筛选操作后形成的种群个体的最优适应度值。

(2) 若二者相等，采用截断选择策略。

(3) 否则，采取贪婪选择策略。

5.3.3　算法终止条件

HADE 算法通过不断迭代执行差分操作，直到达到某些特定的终止条件。本研究中，HADE 算法在满足以下任意终止条件之一时终止：

(1) 设置计数器 K,将当前最优解与父代最优解进行对比,若算法连续 K 次迭代运算均未能产生更优解,算法终止。

(2) 当前迭代次数 g 达到 G 时,算法结束。

5.3.4 算法流程

HADE 算法的流程如图 5-5 所示。

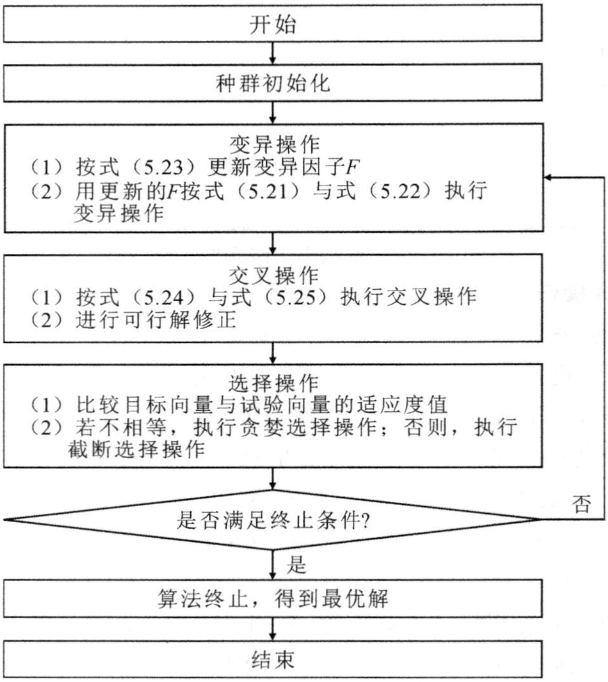

图 5-5 HADE 算法流程图

HADE 算法的流程如下:

第一步:种群初始化。随机生成种群规模为 N_p 的初始种群。

第二步:变异操作。根据式(5.23)计算变异因子 F 的值,然后根据式(5.21)和式(5.22)执行变异操作,生成变异向量 $X_V^{i,g+1}$。

第三步:交叉操作。按式(5.24)和式(5.25)执行交叉操作,对不符合约束条件(5.10)的试验向量 $X_U^{i,g+1}$,运用式(5.20)进行修正,生成新的试验向量 $X_U^{i,g+1}$。

第四步:选择操作。采用截断选择与贪婪选择相结合的选择策略生成子代种群。

第五步：比较父代种群与子代种群最优解，若连续 K 次相等，算法终止，跳至第七步，否则转入第六步。

第六步：判断 g 是否达到 G，若 $g<G$，则 $g=g+1$，返回第二步，否则跳至第七步。

第七步：满足终止条件，寻优结束。

5.4　算例及结果分析

本章构建了考虑商品退货的 CLIP 集成优化模型，该退货包括未拆封商品退货、无缺陷退货以及有质量缺陷退货，并设计了 HADE 算法求解该模型。通过多组不同规模的算例来验证模型的有效性与实用性，提出相关管理启示为企业管理者的管理实践提供指导与帮助。本节算例分析的具体内容包括：①HADE 算法性能分析。首先，对 HADE 算法的相关控制参数（F_0，C_R 和 η）进行敏感度分析，找出使 HADE 算法性能最优的参数组合；其次，HADE 算法策略比较分析，将算法改进的差分策略与传统的差分策略进行对比分析，验证本章算法设计策略的高效性；最后，将 HADE 算法与 NDADE[87]、DE[105] 算法以及 Lingo 进行对比分析，验证 HADE 算法具有更优的寻优性能与运算效率。②管理意义。探讨退货相关参数的变化对总成本及成本分项的影响，为企业管理者的运营实践提供决策参考。

由于本章研究的问题尚无标准数据库，为了验证模型的可行性与算法的有效性，假设所有候选 HDCC 与需求点的地理位置均随机分布在平面(0,50)×(0,50)上，d_{riw} 为 $HDCC_r$ 与需求点 i 之间的欧氏距离，算例相关参数的设置见表 5-2。

表 5-2　模型相关参数

参数	值	参数	值	参数	值
a_r	$U(1000,1500)$	b_{rw}	$U(5,10)$	c_{rw}	10
e_{rw}	5	f_{rw}	$U(1,3)$	g_{rw}	$U(1,3)$
h_{rw}	$U(1,3)$	m_w	$U(5,10)$	p_{rw}	$U(1,3)$
q_w	$U(0.3,0.6)$	μ_{iw}	$U(20,30)$	σ_{iw}	$\sigma_{iw}^2=\mu_{iw}$
z_α	1.96	θ	0.3	β	0.4
γ	0.3	L	1	λ	240

5.4.1 HADE 算法的性能分析

本部分主要包括三个方面的研究内容：①参数分析；②策略分析；③性能对比。为有效分析 HADE 算法的参数及策略对各种规模算例的影响，分别选取大（150-20-5）、中（100-10-4）、小（30-5-3）三种规模算例对 HADE 算法的控制参数及策略进行测试分析，每组参数及策略均独立运行 10 次，得到求解质量和运算时间，以保证该算法在求解该问题时的稳定性、高效性。设置 HADE 算法计数器 $K=I, G=20I$，小规模算例的种群规模 $N_p=200$，中等及大规模算例的种群规模 $N_p=500$。

DE 算法作为进化计算领域的研究热点之一，其控制参数的取值以及差分策略操作的选择直接影响算法的性能优劣，对研究问题的结果具有很大影响，如若参数设置与差分策略选择不当，将导致算法早熟，影响种群多样性，从而陷入局部最优。因此，算法控制参数的取值和差分策略的选取变得至关重要，针对该类组合优化问题，最优的算法控制参数组合和差分策略是增加种群多样性、提高算法性能的有效手段。

1. 参数分析

DE 算法是一种求解组合优化问题常用的智能优化方法，其控制参数对算法寻优能力具有很大影响。为了使 HADE 算法的性能最优，更为准确地选取 HADE 算法在求解本问题时的控制参数组合，本部分对 HADE 算法的控制参数（F_0，C_R 和 η）按小、中等、大规模算例进行测试，确定最优控制参数组合。每个控制参数取值后独立运行 10 次得到最大值（Max）、最小值（Min）、均值（Mean）以及平均运算时间（CPU Time），其统计结果如图 5-6 至图 5-8 所示。具体来说，这些控制参数的确定步骤如下：

(1) 变异参数（F_0 和 η）的设置。首先，找出最优变异参数 F_0 和 η，假设参数 $F_0=0.4$，$C_R=0.04$，η 的取值为{0, 0.2, 0.4, 0.6, 0.8, 1}，进行测试。η 的取值对算法求解精度及运算效率的影响如图 5-6 所示。对于各种规模的算例，当 $\eta^*=0.8$ 时，HADE 算法的性能达到最优。其次，对影响算法性能的另外一个变异参数 F_0 进行测试，设置参数 $\eta^*=0.8$，$C_R=0.04$，F_0 取值为{0, 0.2, 0.4, 0.6, 0.8, 1}，F_0 的取值对求解精度及运算效率的影响如图 5-7 所示。对于各种规模的算例，当 ${F_0}^*=1$ 时，HADE 算法的性能达到最优。

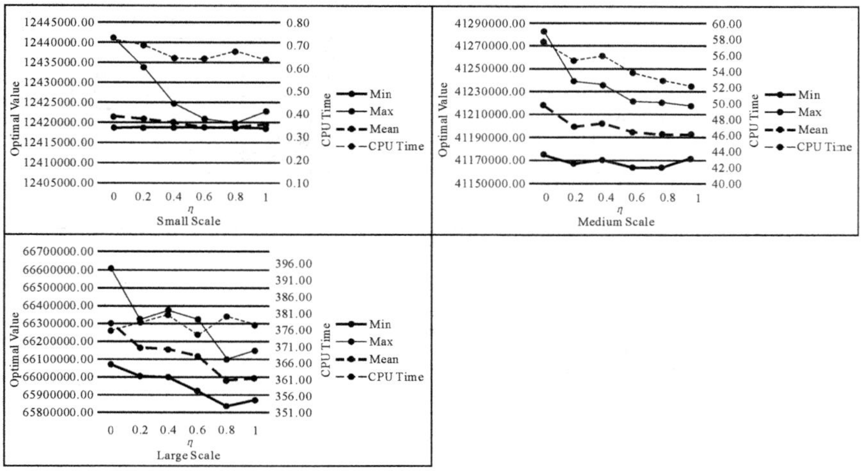

图 5-6　最优 η 取值分析(小、中、大规模算例)

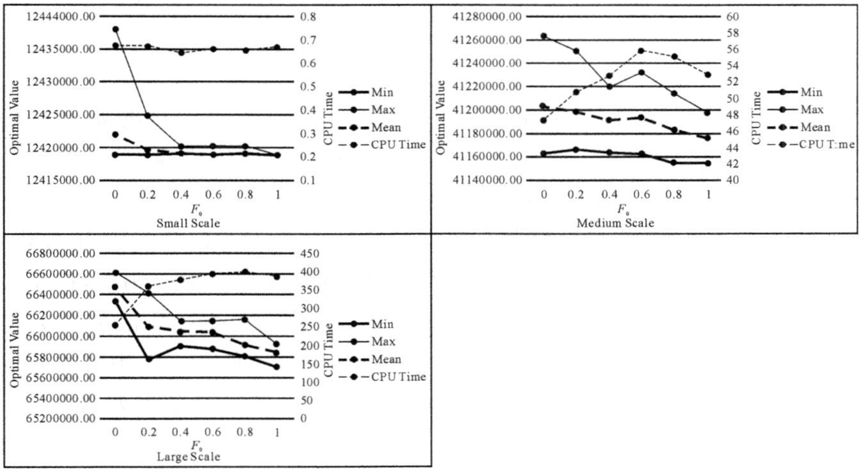

图 5-7　最优 F_0 取值分析(小、中、大规模算例)

(2) 交叉概率 C_R 的设置。在测试出最优的变异参数 $\eta^*=0.8$ 与 ${F_0}^*=1$ 后,使用该最优变异参数测试交叉概率 C_R 的最优取值,测试发现,无论何种规模的算例,当 $C_R>0.1$ 时,解的质量以及运算效率变得越来越差,因此,设置 C_R 的取值为{0, 0.02, 0.04, 0.06, 0.08, 0.1}进行测试,各种规模算例的运算结果如图 5-8 所示。对于各种规模的算例,当 ${C_R}^*=0.04$ 时,既保证了算法求解精度又兼顾了算法运算效率。

根据上述分析,对于各种规模的算例,为使求解该模型的 HADE 算法

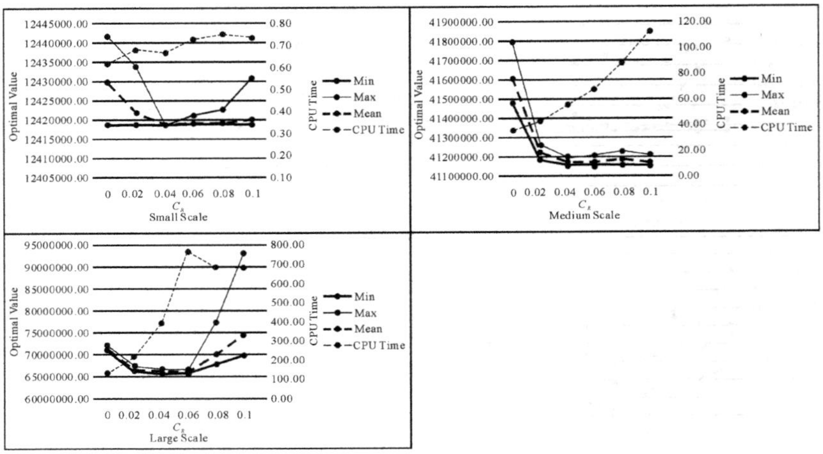

图 5-8 最优 C_R 取值分析(小、中、大规模算例)

性能达到最优,算法控制参数分别使用 $\eta^*=0.8$, $F_0{}^*=1$ 与 $C_R{}^*=0.04$。下述实验中均用此参数组合。

2. **策略分析**

不同于 DE 算法,HADE 算法在运算过程中采用了新的差分策略(变异、交叉操作)以及选择策略来增强算法的寻优性能。为了验证 HADE 算法改进策略的高效性,分别将 HADE 算法的差分运算策略(变异、交叉操作)以及选择策略与标准 DE 算法对应的策略进行对比分析,即在其他策略不变的情况下,对同一类型的策略进行比较。例如,在交叉及选择策略相同的情况下,对比分析 HADE 算法与 DE 算法的变异策略。继续沿用上述小、中等及大规模算例验证 HADE 算法采用策略的优越性与稳定性,各种策略分别独立运行 10 次。具体运算结果如表 5-3 至表 5-5 所示。所有结果分别以最小值(Min)、最大值(Max)、均值(Mean)、标准差(S. D.)以及运算时间(CPU Time)进行对比分析。

表 5-3 变异策略对比

	变异策略	Min	Max	Mean	S. D.	CPU Time (Second)
Small	HADE	12419004.37	12419004.37	12419004.37	0.00	0.67
	DE	12419004.37	12419124.02	12419016.34	35.89	0.67
Medium	HADE	41155285.90	41195787.12	41174235.57	12419.85	56.04
	DE	41161211.53	41208172.26	41180362.12	15846.48	55.48
Large	HADE	65644050.09	65900243.37	65757466.08	74159.32	387.37
	DE	65759759.33	66077486.07	65878694.14	89655.80	354.43

表 5-4　交叉策略对比

	交叉策略	Min	Max	Mean	S. D.	CPU Time (Second)
Small	HADE	12419004.37	12419004.37	12419004.37	0.00	0.67
	DE	12465396.00	12909972.12	12683646.58	146444.45	1.14
Medium	HADE	41155285.90	41195787.12	41174235.57	12419.85	56.04
	DE	45797009.71	48508423.25	47278030.58	973805.62	66.88
Large	HADE	65644050.09	65900243.37	65757466.08	74159.32	387.37
	DE	88934700.78	94621268.47	91370546.48	1936132.70	292.00

表 5-5　选择策略对比

	选择策略	Min	Max	Mean	S. D.	CPU Time (Second)
Small	HADE	12419004.37	12419004.37	12419004.37	0.00	0.67
	DE	12419004.37	12424670.29	12419954.56	1943.94	0.76
Medium	HADE	41155285.90	41195787.12	41174235.57	12419.85	56.04
	DE	41162872.17	41223260.57	41186324.25	16522.94	60.99
Large	HADE	65644050.09	65900243.37	65757466.08	74159.32	387.37
	DE	65729932.30	66082886.40	65960766.79	103223.28	503.58

从表 5-3 可以看出，HADE 算法的变异策略明显优于 DE 算法，对于各种规模算例，HADE 算法在运算时间无显著增加的情况下，寻优性能得到明显提升；从表 5-4 可知，对于中小规模算例，HADE 算法采用交叉策略在求解精度和求解效率上明显优于 DE 算法，对于大规模算例，虽然求解效率有所下降，但算法的寻优能力提升明显；从表 5-5 可知，对于各种规模算例，HADE 算法采用选择策略均具有明显优势，算法寻优能力及运算效率均得到显著提升。综上所述，本章设计的 HADE 算法的策略在求解精度、算法稳定性以及运算效率上均可得到明显改善。

3. **算法对比分析**

为了进一步测试 HADE 算法的寻优性能与运算效率，随机生成大、中等及小三种不同规模的算例，每种规模的算例随机生成五组实例，分别用 HADE、NDADE、DE 算法以及 Lingo 求解这些不同规模的算例，算法运算结果也从最小值(Min)、最大值(Max)、均值(Mean)、标准差(S. D.)以及运算时间(CPU Time)这几个方面来衡量算法的寻优性能。由于 HADE、NDADE、DE 算法均为进化算法，每次运行不能保证获得一致的结果，因此，对上述三种算法分别独立运行 10 次，Lingo 内置的求解器则采用基于解析算法的组合算法，每次运行都将得到一致的结果，故 Lingo

求解一次即可。同时，对于中等及大规模算例，Lingo 已不能在合理时间范围内(<12h)求出最优解。因此，在结果中不予显示。各种规模算例的运算结果如表 5-6、表 5-7 及表 5-8 所示。

表 5-6 HADE vs. NDADE vs. DE vs. Lingo **11** (small-sized problems)

Instance	Algorithm	Min	Max	Mean	S. D.	CPU Time (Second)
Small scale-1	HADE	12419004.37	12419004.37	12419004.37	0.00	0.67
	NDADE	12419004.37	12420362.13	12419233.50	493.28	0.93
	DE	12419004.37	12475743.81	12438041.44	18478.49	0.84
	Lingo 11	12419000.00				14403
Small scale-2	HADE	12638089.11	12638089.11	12638089.11	0.00	0.68
	NDADE	12638089.11	12643897.68	12638669.97	1836.83	1.00
	DE	12638256.93	12703066.60	12661559.76	19557.73	0.82
	Lingo 11	12638090.00				15300
Small scale-3	HADE	11899775.42	11899816.11	11899779.49	12.21	0.78
	NDADE	11899775.42	11942571.88	11911428.70	15993.06	1.01
	DE	11903720.99	11967497.99	11925344.21	18692.18	0.87
	Lingo 11	11899780.00				14652
Small scale-4	HADE	12129489.23	12129547.27	12129495.03	17.41	0.73
	NDADE	12129489.23	12155110.35	12133252.07	7999.92	0.97
	DE	12129489.23	12236249.68	12157944.17	30261.72	0.91
	Lingo 11	12129560.00				15156
Small scale-5	HADE	11658290.85	11658297.86	11658292.26	2.80	0.72
	NDADE	11658290.85	11680258.92	11661974.88	7375.66	0.97
	DE	11658290.85	11729753.72	11694932.42	24575.41	0.83
	Lingo 11	11658290.00				16344

表 5-7 HADE vs. NDADE vs. DE (medium-sized problems)

Instance	Algorithm	Min	Max	Mean	S. D.	CPU Time (Second)
Medium scale-1	HADE	41155285.90	41195787.12	41174235.57	12419.85	56.04
	NDADE	41213385.04	41299710.41	41267021.73	28352.06	58.82
	DE	41658132.42	41908863.15	41789576.36	71442.17	103.13
Medium scale-2	HADE	41301551.46	41342875.74	41314362.40	12298.29	54.76
	NDADE	41352070.75	41432913.35	41395605.90	22734.40	58.42
	DE	41816806.68	42068962.73	41954539.46	87583.07	102.85

续表 5-7

Instance	Algorithm	Min	Max	Mean	S. D.	CPU Time (Second)
Medium scale-3	HADE	41293440.69	41324472.46	41309071.22	11705.62	53.71
	NDADE	41349091.33	41469214.54	41414091.64	32116.58	58.44
	DE	41929479.01	42109465.54	41993408.41	52312.39	103.17
Medium scale-4	HADE	41576671.29	41623500.78	41597626.62	13427.48	54.92
	NDADE	41633551.30	41712894.33	41673640.65	31334.88	60.68
	DE	42064606.07	42396022.33	42219389.15	96878.79	102.77
Medium scale-5	HADE	41129546.00	41187000.84	41157922.55	16096.21	54.31
	NDADE	41200390.23	41307762.47	41241633.06	34457.77	58.84
	DE	41460043.98	41945422.67	41753744.98	136384.90	103.14

表 5-8　HADE vs. NDADE vs. DE (large-sized problems)

Instance	Algorithm	Min	Max	Mean	S. D.	CPU Time (Second)
Large scale-1	HADE	65644050.09	65900243.37	65757466.08	74159.32	387.37
	NDADE	68325905.45	69197577.53	68819384.87	269461.01	422.15
	DE	119252631.08	120467038.99	119944406.79	389817.25	428.10
Large scale-2	HADE	65689442.72	65909412.14	65805142.94	72212.60	394.56
	NDADE	68309238.97	68909998.25	68641753.32	216451.49	417.58
	DE	119752096.37	120746031.59	120059333.92	292659.76	420.66
Large scale-3	HADE	66213035.39	66590046.23	66363254.20	99865.86	387.71
	NDADE	68995817.30	69681192.65	69347467.31	222947.15	414.71
	DE	119385057.14	130159776.05	122983237.41	3712838.79	403.95
Large scale-4	HADE	66147477.52	66378487.00	66259544.67	68715.26	400.43
	NDADE	68665089.31	69635373.12	69128935.86	325993.76	420.31
	DE	119628642.05	121669756.49	120608163.81	639282.16	428.07
Large scale-5	HADE	66166536.29	66364532.07	66260951.16	57828.57	394.60
	NDADE	68943006.27	69636269.33	69327007.14	216890.26	419.82
	DE	119853020.24	122078278.23	120779086.17	653365.34	424.20

从表 5-6、表 5-7 及表 5-8 可以看出：

(1) 从算法求解精度上来说，与 NDADE、DE 算法运算实验结果对比可以看出，对于中、小规模算例，HADE 和 NDADE 算法均能达到相同的求解精度，而 DE 算法只能在求解小规模算例时才能达到相同的精度；而对于大规模算例，HADE 算法明显优于 NDADE 与 DE 算法。与此同时，无论是何种规模的算例，HADE 算法具有优于 NDADE 与 DE 算法的稳定性。因此，算法寻优性能的优先级是 HADE＞NDADE＞DE，证明 HADE 算法具有更好的寻优性能与稳定性。

(2) 从算法运算效率来上说，无论何种规模的算例，HADE、NDADE 与 DE 算法的运算速度均远远快于 Lingo；在保证算法求解精度的基础上，HADE 算法的求解效率均有所提高。总体来看，对于各种规模的算例，其求解效率的优先级为 HADE＞NDADE＞DE＞Lingo。因此，证明 HADE 算法在运算效率上也具有显著优势，可应用于管理实践。

综上所述，HADE 算法可以在合理的时间范围内高效快速稳定地获得优化解，验证了本章提出模型的可行性与算法的有效性。

5.4.2 敏感度分析

众所周知，商品退货给企业实际运营造成了巨大损失，这种损失往往是由不同类型的退货所导致的。因此，企业管理者非常有必要深入了解各种类型的退货对闭环供应链网络决策的影响，为企业管理运营决策提供方向性的指导。因此，本部分沿用测试的小规模算例进行参数分析，以保证参数分析结果的可靠性。

本部分对构建模型的退货率参数 θ、β、γ($\theta+\beta+\gamma=1$) 进行敏感度分析，探索退货参数变化对物流系统总成本及成本分项的影响。分析结果如表 5-9 至表 5-11 所示。

表 5-9　(β,γ)敏感度分析

(β,γ)		(0,0.7)	(0.1,0.6)	(0.2,0.5)	(0.3,0.4)	(0.4,0.3)	(0.5,0.2)	(0.6,0.1)	(0.7,0)
$\theta=0.3$	C_{WI}	2327976.02	2196194.07	2064401.39	1932601.00	1800807.31	1668992.90	1537171.08	1405342.24
	Change (%)	29.27%	21.96%	14.64%	7.32%	0.00%	−7.32%	−14.64%	−21.96%
	C_{RET}	5228783.61	5029803.21	4830665.63	4631086.19	4431372.17	4231509.53	4031646.89	3831784.25
	Change (%)	17.99%	13.50%	9.01%	4.51%	0.00%	−4.51%	−9.02%	−13.53%
	C_{TOT}	13743584.52	13412822.18	13081891.92	12750512.09	12419004.37	12087327.32	11755642.86	11423951.38
	Change (%)	10.67%	8.00%	5.34%	2.67%	0.00%	−2.67%	−5.34%	−8.01%

表 5-10　(θ,γ)敏感度分析

(θ,γ)		(0,0.6)	(0.1,0.5)	(0.2,0.4)	(0.3,0.3)	(0.4,0.2)	(0.5,0.1)	(0.6,0)
$\beta=0.4$	*CWI*	2196193.03	2064401.39	1932601.00	1800807.31	1668992.90	1537171.08	1405342.24
	Change (%)	21.96%	14.64%	7.32%	0.00%	−7.32%	−14.64%	−21.96%
	C_{RET}	5376697.55	5061633.95	4746570.35	4431372.17	4116025.37	3800678.57	3485331.77
	Change (%)	21.33%	14.22%	7.11%	0.00%	−7.12%	−14.23%	−21.33%
	C_{TOT}	13759715.48	13312860.24	12865996.25	12419004.37	11971843.16	11524674.54	11077498.90
	Change (%)	10.80%	7.20%	3.60%	0.00%	−3.60%	−7.20%	−10.80%

表 5-11　(θ,β)敏感度分析

(θ,β)		(0,0.7)	(0.1,0.6)	(0.2,0.5)	(0.3,0.4)	(0.4,0.3)	(0.5,0.2)	(0.6,0.1)	(0.7,0)
$\gamma=0.3$	C_{RET}	4777824.65	4662340.49	4546856.33	4431372.17	4315888.01	4200403.85	4084477.82	3968394.62
	Change (%)	7.82%	5.21%	2.61%	0.00%	−2.61%	−5.21%	−7.83%	−10.45%
	C_{TOT}	12765456.85	12649972.69	12534488.53	12419004.37	12303520.21	12188036.05	12072112.53	11956029.33
	Change (%)	2.79%	1.86%	0.93%	0.00%	−0.93%	−1.86%	−2.79%	−3.73%

从表 5-9 可以看到，当 θ 是固定时，(β,γ) 的变化对 C_{WI}、C_{RET} 以及 C_{TOT} 具有很大影响，它们将随着 β 的增加和 γ 的减少而减少。具体地说，当 $\theta=0.3$ 时，(β,γ) 从(0，0.7)变化至(0.7,0)，C_{WI}、C_{RET} 以及 C_{TOT} 的变化范围分别为(29.27%，−21.96%)，(17.99%，−13.53%)和(10.67%，−8.01%)。从表 5-10 可知，当 β 固定时，(θ,γ) 的变化对 C_{WI}、C_{RET} 以及 C_{TOT} 亦有很大影响，它们将随着 θ 的增加和 γ 的减少而减少。具体地说，当 $\beta=0.4$ 时，(θ,γ) 的变化从(0，0.6)至(0.6，0)，C_{WI}、C_{RET} 以及 C_{TOT} 的变化范围分别为(21.96%，−21.96%)，(21.33%，−21.33%)和(10.80%，−10.80%)。从表 5-11 可以看出，当 γ 固定时，(θ,β) 的变化对 C_{RET} 以及 C_{TOT} 有很大影响，它们将随着 θ 的增加和 β 的减少显著降低。具体地说，当 $\gamma=0.3$ 时，(θ,β) 从(0，0.7)变成(0.7，0)，C_{RET} 以及 C_{TOT} 的变化范围分别为(7.82%，−10.45%)和(2.79%，−3.73%)。

从上表的数值可以看出各种类型的退货对各成本项的影响，下面是关于商品退货如何影响 CLSC 性能的管理见解：

(1) 由于有质量缺陷退货带来了很多额外的成本，从而致使总成本显著增加。因此，企业需要重点关注产品质量，从产品源头抓起，提高产品质量，限制有质量缺陷产品出库，这将有利于供应链效率的快速提升，降低系统总成本。

(2) 虽然未拆封商品退货与无缺陷退货可以再次用来满足市场需求，但仍然会导致物流系统总成本的增加。因此，从控制成本的角度来看，对未拆封商品退货以及无缺陷退货可采取一定的措施来降低企业物流成本，比如提高售前/后服务水平等。

5.5 本章小结

随着网络零售市场的蓬勃发展，其弊端也逐渐显露，其中商品退货问题最为突出，公司面临着巨大压力。由于商品信息不对称、法律规范制定的售后政策、日益加剧的市场竞争环境以及商品自身的质量问题等原因导致商品退货率居高不下，加重了企业逆向物流的负担，成为影响企业经营效益的重要因素。这些退货的回收处理对企业高效运作、资源合理配置提出了新的挑战。企业迫切需要设计稳健高效的闭环供应链系统，集成研究战略层的设施选址和战术层的库存控制决策，以从整体上降低企业物流成本，提高供应链系统的运作效率，避免陷入局部最优。研究考虑商品退货的多商品 CLIP，符合企业实际的运营需要。本章的具体工作与贡献如下：

（1）考虑商品退货需要经过回收、检测、再包装、修复等专业处理后方可再次进入销售市场这一现实情况，通过抽象实际问题，构建考虑商品退货的多商品CLIP集成优化模型，从全局优化的角度出发优化供应链网络，以保障物流系统的服务质量和运行效率。

（2）设计了HADE算法来求解所构建的模型，通过改进差分策略，引入截断选择策略以增加种群多样性，强化算法性能。算例结果证明了模型与算法的有效性和实用性。与此同时，通过多组算例验证了HADE算法的寻优性能、稳定性以及运算效率明显优于NDADE、DE算法以及Lingo，是一种高效、稳定、鲁棒性强的进化算法。

（3）对构建CLIP集成优化模型的退货参数进行敏感度分析。在企业的实际运行过程中，这些参数具有一定的不确定性，无法准确确定。对此，可分析参数的浮动对总成本及成本分项的影响，为企业科学决策提供依据，从而扩展了模型在实际中的应用。

本章研究的考虑商品退货的多商品CLIP更加贴合实际需要，并设计了HADE算法求解该模型，该研究既丰富了选址库存决策理论，也扩展了DE算法的应用范围，可为互联网时代企业实施可持续发展、降低供应链运营成本提供指导和帮助。

第 6 章 考虑退货的多工厂闭环选址—库存问题集成优化

6.1 引 言

随着信息技术、信息系统以及电子商务的快速发展，网络购物凭借方便快捷、商品品类全面、价格优惠等诸多优势受到消费者喜爱。据国家统计局发布的数据显示，2023 年我国网络零售额高达 15.42 万亿元，比上年增长 11.0%，其中，实物商品网上零售额 130174 亿元，增长 8.4%，占社会消费品零售总额的比重为 27.7%[1]，其中 B2C 网络零售额增长 13.0%，占网络零售总额的比重为 81.3%[2]。在网络购物活动中，由于商品信息不对称、售后政策的制定滞后、市场竞争日益加剧以及商品自身的质量问题等原因导致商品退货率居高不下。大量商品退货不仅造成极大的社会资源浪费，而且致使网络零售商承受了巨大的经济损失。[6]这对企业物流系统运作效率和响应能力、物流资源合理配置提出新的挑战。

基于此，本部分针对退货商品需要经过回收中心/修复中心进行专业处理后即可再次进入销售市场这一现实情况，以多个候选 HPRC、多个候选 HDCC 以及多个需求点所构成的闭环物流系统为研究对象，探究商品配送与回收路线相结合的物流运作模式，研究供应链网络结构的变化，从全局的角度集成优化设施选址与库存控制决策，构建闭环选址—库存问题集成优化模型，使模型更贴近实际。降低物流系统总成本，有利于企业提高服务质量，优化闭环物流系统。针对模型的性质与特点，通过采用反向学习策略、自适应机制等来改进算法性能，设计了一种改进的自适应差分进化算法（Modified Adaptive Differential Evolution Algorithm，MADE）求解该模型，并通过多组不同规模的算例验证模型的可行性与算法的有效性。

本章的结构安排如下：6.2 主要是问题描述及模型构建；6.3 针对所构建的模型，设计了 MADE 算法；6.4 通过模拟仿真实验验证模型与算法的有效性与实用性；6.5 对本章的研究内容进行小结。

6.2 问题描述及模型建立

6.2.1 问题描述

针对退货商品需要经过回收、检测、再包装、修复等专业处理后方可再次进入销售市场这一现实情况，研究考虑退货的闭环选址—库存问题，假设将生产中心与修复中心、配送中心与回收中心进行合并，分别称为混合生产修复中心 HPRC 与混合配送回收中心 HDCC，合并后通过共享搬运设备、基础设施，有效降低企业运营成本，减少环境污染，实现企业的可持续发展。[168-169]

对于大量的商品退货，大致可分为三类：第一类是外包装未拆封的商品退货；第二类是无质量和外观缺陷的无缺陷商品退货；第三类是存在质量缺陷的商品退货。第一类退货可直接再次进入销售市场；第二类退货仅需在 HDCC 进行简单再包装即可作为新商品再次进入销售渠道；第三类退货只有通过 HDCC 退回至 HPRC 进行修复，方可再次进入销售市场，从而导致网络结构向闭环转变。对于前两类退货，均只需要在 HDCC 进行处理即可再次进行销售，退货商品不必先返回 HPRC 再由 HPRC 运输至 HDCC，降低了物流成本，同时企业向上游订购该商品的数量也相应减少。

本章以多个候选 HPRC、多个候选 HDCC 以及多个需求点所构成的闭环物流网络为研究对象。如图 6-1 所示，HPRC 在生产商品后，通过 HDCC 运送至需求点，与此同时，所有配送车辆顺带将退货运回至 HDCC，从而降低物流运营成本。研究假设该闭环物流网络中的 HPRC、HDCC 以及需求点的位置分布已知，HDCC 无容量限制，HDCC 与需求点的距离为欧氏距离。

通过研究闭环选址—库存集成优化问题，确定候选 HPRC 与候选 HDCC 的选址方案，HDCC 的库存补给策略，以及商品的配送与回收方案，使物流系统的总成本最低，为管理者的运营实践提供理论依据。

该模型设计的参数标识如下：

1. **集合**

P——候选 HPRC 集合。

R——候选 HDCC 集合。

I——需求点集合。

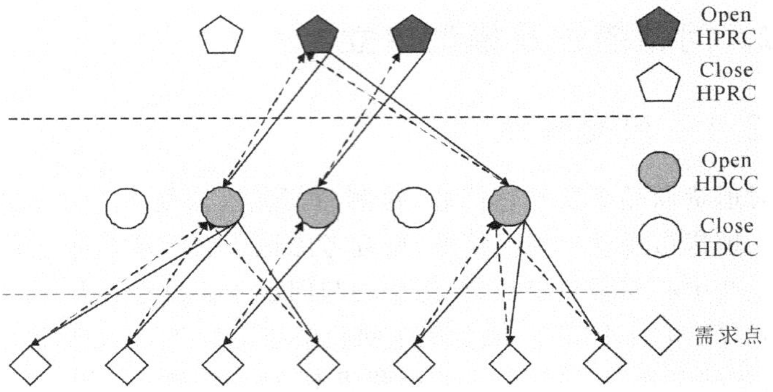

图 6-1　闭环供应链网络示意图

2. 常量

a_p——第 p 个 HPRC 的固定建设与运营成本，$p\in P$。

b_r——第 r 个 HDCC 运营点的固定成本，$r\in R$。

c_{pr}——第 r 个 HDCC 向第 p 个 HPRC 订购商品的管理费用，$r\in R$，$p\in P$。

d_{ri}——从第 r 个 HDCC 至需求点 i 的运输成本，$r\in R$，$i\in I$。

e_{pr}——从第 p 个 HPRC 至第 r 个 HDCC 的固定运输成本，$r\in R$，$p\in P$。

f_{pr}——从第 p 个 HPRC 至第 r 个 HDCC 的可变运输成本，$r\in R$，$p\in P$。

g_r——单位退货商品在第 r 个 HDCC 的处理成本，$r\in R$。

h_r——单位商品在第 r 个 HDCC 的年库存持有成本，$r\in R$。

k_{pr}——单位有质量缺陷退货商品从第 r 个 HDCC 至第 p 个 HPRC 的运输成本，$r\in R$，$p\in P$。

q_i——需求点 i 的商品退货率，$i\in I$。

μ_i——需求点 i 的日需求量，$i\in I$。

σ_i^2——需求点 i 的日需求方差，$i\in I$。

α——市场需求满足率。

z_α——标准正态偏离，$P(z\leqslant z_\alpha)=\alpha$。

L——HDCC 的订货提前期。

λ——年工作天数。

θ——新商品退货比例。

β——无缺陷商品退货比例。

γ——有质量缺陷商品退货比例($\theta+\beta+\gamma=1$)。

3. **决策变量**

Q_{pr}——第 r 个 HDCC 从第 p 个 HPRC 订购商品的订货量,$r\in R$, $p\in P$。

W_p——如果第 p 个 HPRC 被选中建设,则为 1,否则为 0,$p\in P$。

X_r——如果第 r 个 HDCC 被选中建设,则为 1,否则为 0,$r\in R$。

Y_{pr}——如果第 p 个 HPRC 向第 r 个 HDCC 提供服务,则为 1,否则为 0,$r\in R$, $p\in P$。

Z_{ri}——如果需求点 i 的需求由第 r 个 HDCC 满足,则为 1,否则为 0,$r\in R$, $i\in I$。

6.2.2　数学模型

考虑大量的商品退货在经过一系列专业处理后再次进入销售市场这一现实情况,集成优化设施选址与库存控制决策,构建考虑退货的闭环选址—库存问题集成优化模型,实现物流系统总成本最小化。其总成本主要包括:①设施选址成本,主要是指 HPRC 与 HDCC 选址建设运营成本;②从 HDCC 至需求点的配送成本;③库存成本,主要包括固定订货成本、商品从 HPRC 至 HDCC 的运输成本、年库存持有成本以及安全库存成本;④退货处理成本。

1. **设施选址成本**

设施选址决策直接影响物流网络的结构,对物流系统效率的提升具有至关重要的作用。候选 HPRC 与候选 HDCC 的设施选址与运营成本(C_L)为:$C_L=\sum_{p\in P}a_pW_p+\sum_{r\in R}b_rX_r$ 。

2. **HDCC 至需求点的配送成本**

考虑商品的配送问题,研究假设被选中的候选 HDCC 以 1 次/天的频率对相关需求点提供配送服务[11],在提供配送服务的同时顺带将退货运回至 HDCC,因此,HDCC 与需求点之间的配送成本(C_D)表示为:$C_D=\lambda\sum_{r\in R}\sum_{i\in I}(1+q_i)\mu_i d_{ri}Z_{ri}$ 。

3. **库存成本**

库存控制决策在供应链管理中占有极其重要的地位,直接影响物流系统的快速响应能力。研究显示,考虑风险分摊效应,在第一类服务水平下(Q, r) 库存补给策略近似于经济订货量(EOQ) 模型。[16] 因此,采用

EOQ 模型补给库存以满足需求点的需求。显然，每个候选 HDCC 对需求商品的订货频率与订货量由相关需求点的需求与退货量所决定。令 $D_{pr}=\lambda\sum_{i\in I}[1-(\theta+\beta)q_i]\mu_i Z_{ri}Y_{pr}$ ，D_{pr} 为由第 p 个 HPRC 向第 r 个 HDCC 供应商品的年需求量，由于前两类退货仅需在 HDCC 进行处理即可再次进入销售市场，因此，第 r 个 HDCC 向上游第 p 个 HPRC 订购商品的订货量需要减去此部分退货。$\frac{D_{pr}}{Q_{pr}}$表示第 r 个 HDCC 向上游第 p 个 HPRC 订购商品的订货次数。周转库存成本具体如下：

(1)订货成本。第 r 个 HDCC 向第 p 个 HPRC 订购商品的年固定订货成本表示为 $\sum_{p\in P}\sum_{r\in R}c_{pr}\frac{D_{pr}}{Q_{pr}}Y_{pr}$ 。

(2)HPRC 与 HDCC 之间的运输成本。由于部分退货商品在 HDCC 进行处理后可再次进行销售，故而 HDCC 向 HPRC 的订货量需要减去这部分退货的数量。因此，从 HPRC 运输至 HDCC 的商品数量也需要随之减少 $\lambda(\theta+\beta)\sum_{i\in I}q_i\mu_i Z_{ri}$ 。基于此，商品从第 p 个 HPRC 运输至第 r 个 HDCC 的年运输成本为：

$$\sum_{p\in P}\sum_{r\in R}\left\{e_{pr}\frac{D_{pr}}{Q_{pr}}+f_{pr}\sum_{i\in I}\lambda[1-(\theta+\beta)q_i]\mu_i Z_{ri}\right\}Y_{pr}\text{ 。}$$

与此同时，第三类退货退回至 HPRC 修复后方可再次进入市场销售。因此，第三类退货从 HDCC 退回至 HPRC 的总运输成本为 $\lambda\gamma\sum_{p\in P}\sum_{r\in R}\sum_{i\in I}q_i\mu_i Z_{ri}k_{pr}Y_{pr}$ 。

因此，HPRC 与 HDCC 之间的总运输成本为：

$$\sum_{p\in P}\sum_{r\in R}\left\{e_{pr}\frac{D_{pr}}{Q_{pr}}+f_{pr}\sum_{i\in I}\lambda[1-(\theta+\beta)q_i]\mu_i Z_{ri}\right\}Y_{pr}+$$
$$\lambda\gamma\sum_{p\in P}\sum_{r\in R}\sum_{i\in I}q_i\mu_i Z_{ri}k_{pr}Y_{pr}\text{。}$$

(3)年库存持有成本。商品在第 r 个 HDCC 的年库存持有成本包含该商品正向销售所产生的库存成本以及逆向回收的部分退货商品的库存成本，由于第三类退货将直接返回 HPRC 进行修复，故而假设并不产生库存成本。因此，退货的库存持有成本主要包括前两类退货的库存持有成本。具体而言，第 r 个 HDCC 配送商品的年库存持有成本为：$\sum_{p\in P}\sum_{r\in R}\sum_{i\in I}\frac{\lambda h_r\mu_i Z_{ri}Q_{pr}}{2D_{pr}}Y_{pr}$ 。第 r 个 HDCC 回收退货商品的年库存持有成本为：$\sum_{p\in P}\sum_{r\in R}\sum_{i\in I}\frac{\lambda h_r(\theta+\beta)q_i\mu_i Z_{ri}Q_{pr}}{2D_{pr}}Y_{pr}$ 。

基于此，年总周转库存成本（C_{WI}）为：

$$
\begin{aligned}
C_{WI} = & \sum_{p\in P}\sum_{r\in R}c_{pr}\frac{D_{pr}}{Q_{pr}}Y_{pr}+ \\
& \sum_{p\in P}\sum_{r\in R}\left\{e_{pr}\frac{D_{pr}}{Q_{pr}}+f_{pr}\sum_{i\in I}\lambda[1-(\theta+\beta)q_i]\mu_i Z_{ri}\right\}Y_{pr} \\
& +\lambda\gamma\sum_{p\in P}\sum_{r\in R}\sum_{i\in I}q_i\mu_i Z_{ri}k_{pr}Y_{pr}+\sum_{p\in P}\sum_{r\in R}\sum_{i\in I}\frac{\lambda h_r\mu_i Z_{ri}Q_{pr}}{2D_{pr}}Y_{pr} \\
& +\sum_{p\in P}\sum_{r\in R}\sum_{i\in I}\frac{\lambda h_r(\theta+\beta)q_i\mu_i Z_{ri}Q_{pr}}{2D_{pr}}Y_{pr}
\end{aligned}
$$

（4）安全库存成本。考虑风险分摊效应[13]，安全库存需确保缺货发生的概率小于或等于 α，即 $z_\alpha\sqrt{L\sum_{i\in I}\sigma_i^2 Z_{ri}}$。因此，安全库存成本（$C_{SS}$）表示为：

$$
C_{SS}=\sum_{r\in R}h_r z_\alpha\sqrt{L\sum_{i\in I}\sigma_i^2 Z_{ri}}
$$

因此，库存成本（C_I）表示为：

$$
\begin{aligned}
C_I= C_{WI}+C_{SS} = & \sum_{p\in P}\sum_{r\in R}c_{pr}\frac{D_{pr}}{Q_{pr}}Y_{pr}+\sum_{p\in P}\sum_{r\in R} \\
& \left\{e_{pr}\frac{D_{pr}}{Q_{pr}}+f_{pr}\sum_{i\in I}\lambda[1-(\theta+\beta)q_i]\mu_i Z_{ri}\right\}Y_{pr}+ \\
& \lambda\gamma\sum_{p\in P}\sum_{r\in R}\sum_{i\in I}q_i\mu_i Z_{ri}k_{pr}Y_{pr}+\sum_{p\in P}\sum_{r\in R}\sum_{i\in I} \\
& \frac{\lambda h_r\mu_i Z_{ri}Q_{pr}}{2D_{pr}}Y_{pr}+\sum_{p\in P}\sum_{r\in R}\sum_{i\in I}\frac{\lambda h_r(\theta+\beta)q_i\mu_i Z_{ri}Q_{pr}}{2D_{pr}}Y_{pr}+ \\
& \sum_{r\in R}h_r z_\alpha\sqrt{L\sum_{i\in I}\sigma_i^2 Z_{ri}}
\end{aligned}
$$

4. 退货处理成本

互联网环境下商品退货普遍存在，退货处理成本主要是由于商品退货而产生的一系列成本。由于本章仅考虑无缺陷退货、未拆封退货以及有质量缺陷退货三类商品退货，因此，商品退货在 HDCC 进行专业处理的成本包括检测、再包装等成本。退货商品在 HDCC 进行专业处理所产生的成本为 $C_R=\lambda(\beta+\gamma)\sum_{r\in R}\sum_{i\in I}q_i\mu_i g_r Z_{ri}$ 。

基于上述各成本项分析，闭环选址—库存问题集成优化模型表示如下：

$$
\begin{aligned}
\min C_{TOT} &= C_L + C_D + C_{WI} + C_{SS} + C_R \\
&= \sum_{p\in P} a_p W_p + \sum_{r\in R} b_r X_r + \lambda \sum_{r\in R}\sum_{i\in I}(1+q_i)\mu_i d_{ri} Z_{ri} + \\
&\quad \sum_{p\in P}\sum_{r\in R} c_{pr}\frac{D_{pr}}{Q_{pr}} Y_{pr} + \\
&\quad \sum_{p\in P}\sum_{r\in R}\left\{ e_{pr}\frac{D_{pr}}{Q_{pr}} + f_{pr}\sum_{i\in I}\lambda[1-(\theta+\beta)q_i]\mu_i Z_{ri}\right\} Y_{pr} + \\
&\quad \lambda\gamma\sum_{p\in P}\sum_{r\in R}\sum_{i\in I} q_i\mu_i Z_{ri} k_{pr} Y_{pr} + \\
&\quad \sum_{p\in P}\sum_{r\in R}\sum_{i\in I}\frac{\lambda h_r \mu_i Z_{ri} Q_{pr}}{2D_{pr}} Y_{pr} + \\
&\quad \sum_{p\in P}\sum_{r\in R}\sum_{i\in I}\frac{\lambda h_r(\theta+\beta) q_i\mu_i Z_{ri} Q_{pr}}{2D_{pr}} Y_{pr} + \sum_{r\in R} h_r z_\alpha \\
&\quad \sqrt{L\sum_{i\in I}\sigma_i^2 Z_{ri}} + \lambda(\beta+\gamma)\sum_{r\in R}\sum_{i\in I} q_i\mu_i g_r Z_{ri}
\end{aligned}
\tag{6.1}
$$

约束条件为：

$$\sum_{p\in P} W_p \geqslant 1 \tag{6.2}$$

$$\sum_{r\in R} X_r \geqslant 1 \tag{6.3}$$

$$\sum_{r\in R} Z_{ri} \geqslant 1, \forall i \in I \tag{6.4}$$

$$Y_{pr} \leqslant W_p, \forall p \in P, \forall r \in R \tag{6.5}$$

$$Z_{ri} \leqslant X_r, \forall i \in I, \forall r \in R \tag{6.6}$$

$$\sum_{r\in R} Y_{pr} \geqslant W_p, \forall p \in P \tag{6.7}$$

$$\sum_{i\in I} Z_{ri} \geqslant X_r, \forall r \in R \tag{6.8}$$

$$Z_{ri} \leqslant \sum_{p\in P} Y_{pr} \leqslant 1, \forall r \in R, \forall i \in I \tag{6.9}$$

$$W_p = \{0,1\}, \forall p \in P \tag{6.10}$$

$$X_r = \{0,1\}, \forall r \in R \tag{6.11}$$

$$Y_{pr} = \{0,1\}, \forall p \in P, \forall r \in R \tag{6.12}$$

$$Z_{ri} = \{0,1\}, \forall i \in I, \forall r \in R \tag{6.13}$$

目标函数(6.1)使整个物流系统总成本最小化；约束条件(6.2)保证至少

选择一个 HPRC；约束条件(6.3)保证至少选择一个 HDCC；约束条件(6.4)表示每个需求点只能由一个 HDCC 提供配送服务；约束条件(6.5)表示仅当候选 HPRC 被选择才能提供生产与修复服务；约束条件(6.6)表示仅当候选 HDCC 被选择才能提供配送与回收服务；约束条件(6.7)表示只有为 HDCC 提供生产与修复服务的 HPRC 才可被选择；约束条件(6.8)表示只有为需求点提供配送与回收服务的 HDCC 才可被选择；约束条件(6.9)确保每个需求点只能由一个 HDCC 和 HPRC 提供服务；约束条件(6.10)至(6.13)定义 0～1 之间的变量。

在模型(6.1)至(6.13)中，决策变量 Q_{pr} 仅存在于目标函数(6.1)中，且原问题是凸规划，故可对 Q_{pr} 求偏导，得到的 $Q_{pr}{}^*$ 为全局极小值点，令 $\dfrac{\partial C_{TOT}}{\partial Q_{pr}}=0$，得

$$Q_{pr}^* = \sqrt{\sum_{i\in I}\frac{2(c_{pr}+e_{pr})}{\lambda h_r[1+(\theta+\beta)q_i]\mu_i Z_{ri}}D_{pr}} \tag{6.14}$$

将 Q_{pr}^* 代入目标函数(6.1)中，得目标函数调整为

$$\begin{aligned}\min C_{TOT} &= C_L + C_T + C_{WI} + C_{SS} + C_{RET}\\ &= \sum_{p\in P}a_p W_p + \sum_{r\in R}b_r X_r + \lambda\sum_{r\in R}\sum_{i\in I}(1+q_i)\mu_i d_{ri}Z_{ri} +\\ &\quad \sum_{p\in P}\sum_{r\in R}\sqrt{\sum_{i\in I}2\lambda h_r(c_{pr}+e_{pr})[1+(\theta+\beta)q_i]\mu_i Z_{ri}Y_{pr}} +\\ &\quad \sum_{r\in R}h_r z_\alpha\sqrt{L\sum_{i\in I}\sigma_i^2 Z_{ri}} + \sum_{p\in P}\sum_{r\in R}\sum_{i\in I}\lambda f_{pr}\\ &\quad [1-(\theta+\beta)q_i]\mu_i Z_{ri}Y_{pr} + \lambda\gamma\sum_{p\in P}\sum_{r\in R}\sum_{i\in I}q_i\mu_i Z_{ri}k_{pr}Y_{pr} +\\ &\quad \lambda(\beta+\gamma)\sum_{r\in R}\sum_{i\in I}q_i\mu_i g_r Z_{ri}\end{aligned} \tag{6.15}$$

6.3 MADE 算法设计

FLP 是 NP 难题[11]，而闭环 LIP 更为复杂，亦属于 NP 难题，其求解难度更高。在以解析算法求解该类组合优化问题时往往难以同时保证算法的求解精度与运算效率，在实际问题中很难直接应用。而智能算法因具有高效的优化性能、通用的算法框架以及易于实现等优势在求解此类问题时得到广泛应用。DE 算法[105]作为一种基于种群的全局搜索算法，在工程和管理等领域得到了广泛应用。为此，本章设计了 MADE 算法来

求解上述模型。MADE 算法相关的符号及其意义如表 6-1 所示。

表 6-1　MADE 算法相关的符号及其意义

符号	意义
N_p	种群规模
N	需求点个数
G	算法最大迭代次数
X_i^g	目标向量：第 g 代的种群个体 i（$1\leqslant i\leqslant N_p$，$1\leqslant g\leqslant G$）
V_i^g	变异向量：第 g 代的种群个体 i 的变异向量（$1\leqslant i\leqslant N_p$，$1\leqslant g\leqslant G$）
U_i^g	试验向量：第 g 代的种群个体 i 的试验向量（$1\leqslant i\leqslant N_p$，$1\leqslant g\leqslant G$）
F	变异因子
C_R	交叉因子

MADE 算法与标准 DE 算法的运算步骤基本一致，运算步骤主要包括种群初始化、变异、交叉、选择操作。在通过初始化生成初始种群后，算法进入循环迭代过程，通过不断执行变异、交叉以及选择操作来不断更新种群个体，直到满足终止条件，算法停止运算。

6.3.1　种群初始化

DE 算法是基于种群的全局搜索算法，每个种群个体代表一个研究问题的可行解，并通过不断迭代变异、交叉与选择运算生成更好的种群个体（可行解）。对于 DE 算法而言，合理高效的编码解码机制设计是算法优化的关键所在，直接影响算法的性能。种群个体的编码结构设计在算法运算过程中起着至关重要的作用，通过分析模型所具有的特点，可探索模型的内在性质。基于此，本章设计的种群个体的编码结构如式(6.16)所示。

$$X_i^g=\{x_{i,1}^g,x_{i,2}^g,\cdots,x_{i,N}^g,x_{i,N+1}^g,x_{i,N+2}^g,\cdots,x_{i,N+D}^g\},\quad 1\leqslant i\leqslant N_p,1\leqslant g\leqslant G; \tag{6.16}$$

其中，N 表示需求点的个数；$D=l_{\text{ength}}(A)$，$A=u_{\text{nique}}(x_{i,1}^g,x_{i,2}^g,\cdots,x_{i,N}^g)$，$l_{\text{ength}}()$表示向量的长度；$A=u_{\text{nique}}(x_{i,1}^g,x_{i,2}^g,\cdots,x_{i,N}^g)$表示为需求点提供配送回收服务的 HDCC 集合，$X_i^g$ 表示第 g 次迭代第 i 个种群个体；该种群个体由包含$(N+D)$个元素的向量所组成，前 N 个元素表示候选 HDCC 选址策略与需求点配送回收信息，后 D 个元素表示候选 HPRC 选址策略与 HDCC 的分配信息。例如，假设 $x_{i,j}^g=r(1\leqslant j\leqslant N)$表示对于种群个体 i，需求点 j 的需求由第 r 个 HDCC 来提供配送与回收服务；$x_{i,j}^g=p(N+1\leqslant j\leqslant N+D)$表示对于种群个体 i，第$A(j)$个 HDCC 将由第 p 个 HPRC 提供供应与修复服务。

以图 6-2 为例来解释说明，假设该种群个体有 3 个候选 HPRC、5 个候选 HDCC、10 个需求点。该种群个体对应的可行解如下：1、2、3 号备选 HDCC 被建设，在 HDCC—需求点的配送与回收方面，HDCC1 为需求点 1、6、9、10 提供配送与回收服务；HDCC2 为需求点 4、7 提供配送与回收服务；HDCC3 为需求点 2、3、5、8 提供配送与回收服务。在 HPRC—HDCC 的供应与修复方面，1 号备选 HPRC 被建设，HPRC1 为 HDCC1、2、3 提供相关服务。从上述例子可以看出，该模型中的决策变量 W_p、X_r、Y_{pr} 与 Z_n 均可以在 MADE 算法的种群个体结构中得到很好的体现。

HDCC—需求点

需求点	2	3	4	5	6	7	8	9	10
指派信息	3	3	2	3	1	2	3	1	1

HPRC—HDCC

HDCC	2	3
指派信息	1	1

图 6-2　种群个体编码示例

编码的目的是将初始种群个体转化为所求解模型的可行解，本章研究的闭环选址—库存问题同时考虑 HPRC 与 HDCC 的选址以及需求点的配送与回收，通过分析种群个体的编码结构，考虑研究问题的特殊性，得出以下具体解码机制：

$$x_{i,j}^{g}=\begin{cases} r_{\text{ound}}[x^L+r(j)\cdot(x^U-x^L)],1\leqslant j\leqslant N \\ r_{\text{ound}}[y^L+r(j)\cdot(y^U-y^L)],N+1\leqslant j\leqslant N+D \end{cases} \tag{6.17}$$

$$1\leqslant i\leqslant N_p,1\leqslant g\leqslant G$$

其中，$r_{\text{ound}}(\ )$为取整函数；$r(j)\in[0,1]$，为种群个体中第 j 个分量的均匀分布随机数；x^U 与 x^L 分别表示 $x_{i,j}^{g}(1\leqslant j\leqslant N)$的上、下界，$x^L=1$，$x^U$ 为候选 HDCC 的总数。y^U 与 y^L 分别表示 $x_{i,j}^{g}(N+1\leqslant j\leqslant N+D)$的上、下界，$y^L=1$，$y^U$ 为候选 HPRC 的总数。

智能优化算法一般通过随机生成的方式产生初始种群，通过不断迭代改进初始种群，最终得到最优解。初始种群的好坏一定程度上会影响算法的寻优速度，对此，MADE 算法通过引入反向学习策略来增加产生更优初始种群的可能性，运用反向学习机制，使每个初始种群个体产生与之对应的反向种群个体，按种群个体优劣顺序对这两个种群进行排序，选取最优的前 N_p 个种群个体作为初始种群。基于反向学习策略的种群初始化的具体方法如下：

第一步：随机生成 N_p 个初始种群个体 X_i^0；

$X_i^0=\{x_{i,1}^0,x_{i,2}^0,\cdots,x_{i,N}^0,x_{i,N+1}^0,x_{i,N+2}^0,\cdots,x_{i,N+D}^0\},1\leqslant i\leqslant N_p$；

第二步：计算 X_i^0 的反向种群个体 $\overline{X_i^0}$；

$$\overline{X_i^0}=\{\overline{x_{i,1}^0},\overline{x_{i,2}^0},\cdots,\overline{x_{i,N}^0},\overline{x_{i,N+1}^0},\overline{x_{i,N+2}^0},\cdots,\overline{x_{i,N+D}^0}\},$$

$$1\leqslant i\leqslant N_p;\overline{x_{i,j}^0}=x^L+x^U-x_{i,j}^0;$$

其中，$\overline{x_{i,j}^0}$ 表示 $\overline{X_i^0}$ 的第 j 列分量。为了使生成的反向种群个体合法，$\overline{x_{i,j}^0}(N+1\leqslant j\leqslant N+D)$ 运用式(6.17)产生。

第三步：将 $\{X_i^0\cup\overline{X_i^0}\}$ $(i=1,2,\cdots,N_p)$ 按其优劣顺序选取前 N_p 个最优个体作为初始种群。

6.3.2 变异操作

在 DE 算法的运算过程中，变异操作对种群的多样化起着不可忽视的作用。变异操作通过个体之间的差异增加扰动，以达到种群多样化的目的。一般而言，DE 算法通常采用 DE/r_{and}/1 进行变异操作，得到变异向量 V_i^g。为了进一步增强局部搜索能力，加快寻优速度，保持种群的多样性，MADE 算法采用自适应变异因子，具体通过式(6.18)产生对应的变异向量 V_i^{g+1}。

$$v_{i,j}^{g+1}=r_{\text{ound}}[x_{r1,j}^g+F^{i,g}\cdot(x_{r2,j}^g-x_{r3,j}^g)],1\leqslant i\leqslant N_p \tag{6.18}$$

其中，$i\neq r1\neq r2\neq r3$；$r1,\ r2,\ r3\in[1,\ 2,\ \cdots,\ N_p]$；$r_{\text{ound}}(\ )$ 为取整函数；$F^{i,g}$ 为变异因子，g 为当前迭代次数。为了避免算法早熟收敛，保持种群个体的多样性，增加控制参数 F 的随机性，MADE 算法设计的自适应机制不断更新变异因子 $F^{i,g}$，具体的更新方式如式(6.19)所示。

$$F^{i,g}=F\cdot\xi^{i,g} \tag{6.19}$$

其中，$\xi^{i,g}\sim N(0,1)$，为标准正态分布随机数，F 为初始变异因子，$F^{i,g}$ 用于控制差分向量的扰动幅度。

6.3.3 交叉操作

交叉操作的目的是使种群个体更加丰富，通过交叉概率 C_R 重组变异向量 V_i^{g+1} 与目标向量 X_i^g 的各维分量来产生试验向量 U_i^{g+1}。MADE 算法采用二项式交叉来产生试验向量 U_i^{g+1}，具体交叉运算见式(6.20)：

$$u_{i,j}^{g+1}=\begin{cases}v_{i,j}^{g+1} & r_{\text{and}}(j)\leqslant C_R^{i,g}\ or\ j=j_{\text{rand}}\\ x_{i,j}^g & \text{otherwise}\end{cases} \tag{6.20}$$

$$1\leqslant i\leqslant N_p,1\leqslant j\leqslant N+D$$

其中，j_{rand} 为[1, 2, …, $N+D$]中的随机数，$r_{\text{and}}(j)\in[0,1]$为均匀分布随机数，$C_R$ 为交叉因子。为了进一步增加种群的多样性，提高算法的寻优性能，MADE 算法采用自适应机制对交叉因子 C_R 进行赋值。随着算法迭代次数的增加，交叉因子 $C_R^{i,g}$ 不断更新，具体更新方式如式(6.21)所示：

$$C_R^{i,g}=\begin{cases} r_{\text{and1}} & r_{\text{and2}}<\tau \\ C_R^{i,g-1} & \text{otherwise} \end{cases} \tag{6.21}$$

其中，r_{and1} 与 r_{and2} 为[0, 1]之间的均匀分布随机数；τ 为常量，表示对应参数更新的概率。通过变异、交叉操作后产生试验向量 U_i^{g+1}，如果 $u_{i,j}^{g+1}$ 的值超出其取值范围，运用式(6.17)对其重新进行赋值。

6.3.4 选择操作

通过对现有种群个体(目标向量)进行变异、交叉操作后形成中间种群个体(试验向量)，为了保证算法种群规模的稳定性以及保留优良的种群个体，算法运算过程中必须有选择操作这一步骤。因此，需要选择 X_i^g 还是 U_i^{g+1} 作为下一代种群个体。MADE 算法采用标准 DE 算法的贪婪选择操作。该策略采取目标向量 X_i^g 与试验向量 U_i^{g+1}"一对一"竞争选择机制，将变异、交叉以及可行解修正操作后所产生的 $f(U_i^{g+1})$ 与 $f(X_i^g)$ 进行比较，选取较优的向量作为子代种群个体，保证更好的种群个体保留至下一代。选择操作按式(6.22)执行：

$$X_i^{g+1}=\begin{cases} U_i^{g+1} & f(U_i^{g+1})<f(X_i^g) \\ X_i^g & \text{otherwise} \end{cases} \quad 1\leqslant i\leqslant N_p,1\leqslant g\leqslant G \tag{6.22}$$

6.3.5 终止条件

MADE 算法通过不断迭代执行变异、交叉以及选择操作更新种群个体，直到满足终止条件才停止迭代。在 MADE 算法中，算法终止需要满足以下终止条件之一：

(1)当算法连续 K 次迭代运算均未能产生更优的种群个体时，算法终止(K 为预先设定的值)。

(2)当迭代次数 g 达到 G 时，算法停止。

6.3.6 算法流程

MADE 算法流程如图 6-3 所示。

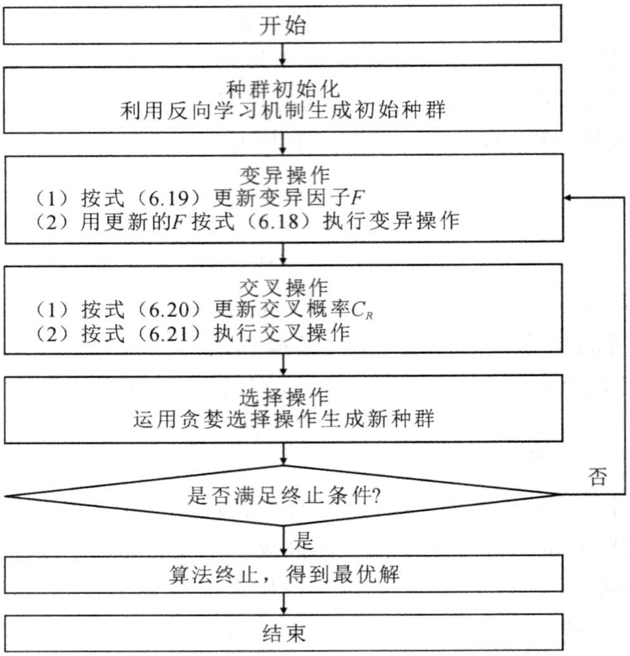

图 6-3　MADE 算法流程图

MADE 算法的流程如下：

第一步：生成初始种群。利用反向学习机制生成 N_p 个初始种群个体。

第二步：变异操作。首先利用式(6.19)更新变异因子 $F^{i,g}$ 的值，然后根据式(6.18)执行变异操作，生成变异向量。

第三步：交叉操作。首先利用式(6.20)更新交叉因子 $C_R^{i,g}$ 的值，采用二项式交叉策略生成实验种群，具体见式(6.21)。

第四步：选择操作。根据式(6.22)执行贪婪选择操作，生成子代种群。

第五步：比较父代与子代种群个体的最优适应度值，若连续 K 次相等，算法终止，跳至第七步，否则转入第六步。

第六步：判断 g 是否达到 G，若 $g<G$，则 $g=g+1$，返回第二步，否则跳至第七步。

第七步：满足终止条件，寻优结束。

6.4 演算与分析

本章研究基于差分进化算法的闭环选址—库存集成优化模型与算法，通过数值分析来验证模型与算法的有效性。首先，对 MADE 算法的控制参数 F、C_R 以及 τ 进行灵敏度分析，找出使 MADE 算法性能达到最优的参数组合；其次，给出该问题的实例的解决方案，验证模型的可行性；最后，通过将 MADE 算法与 DE 算法[105]、Lingo 11 进行比较，验证 MADE 算法具有更好的寻优能力与更高的运算效率。实验均在 Java JDK 2020-06 编程环境下进行，所有算例均在一台配置为 Intel(R) Core(TM) i5-9500T CPU @ 2.20GHz 2.21GHz，4GB RAM and Windows 10 的惠普台式电脑上完成。

截至目前，对该问题的研究尚未有标准的数据库来进行验证。因此，本章选取 3 个候选 HPRC、10 个候选 HDCC 与 50 个需求点所构成的闭环物流网络作为测试算例进行相关的演算分析，所有候选 HPRC、HDCC 与需求点的位置随机分布在平面[0，100]×[0，100]上，d_{ri} 为 HDCC$_r$ 与需求点 i 之间的欧氏距离，算例的其他相关参数见表 6-2。

表 6-2 算例相关参数

参数	值	参数	值	参数	值
a_p	$U[1000,1500]$	b_r	$U[1000,1500]$	c_{pr}	$U[5,10]$
e_{pr}	$U[5,10]$	f_{pr}	5	g_r	1
h_r	$U[1,3]$	k_{pr}	5	q_i	0.4
μ_i	$U[20,30]$	σ_i^2	μ_i	z_α	1.96
L	1	λ	300	θ	0.3
β	0.5	γ	0.2		

6.4.1 MADE 算法参数分析

在算法运算过程中，控制参数的选择对算法寻优性能具有显著影响，针对不同的问题，算法最优控制参数的组合不尽相同。因此，可对算法的控制参数进行敏感度分析，找出最优控制参数组合。针对本章研究的基于差分进化算法的闭环选址—库存集成优化问题，调整参数 F、C_R 以及 τ 是增强 MADE 算法寻优能力和运算效率的有效手段，F、C_R 以及 τ 最优参数组合是继续进行后续研究的前提。

通过对 MADE 算法的控制参数 F、C_R 以及 τ 进行敏感度分析，可确定使算法性能最优的参数组合。设置 MADE 算法的种群规模为 $N_p=$

$6N$,计数器 $K=N$,$G=10N$。F、C_R 以及 τ 的取值均在 0～1 之间,在不同参数组合下算法分别独立运行 10 次,得到求解质量和运算效率,具体求解结果见表 6-3 及图 6-4。其中,"Mean"表示 MADE 算法 10 次运算结果的均值,"CPU Time"表示 MADE 算法 10 次运算时间的均值。更具体地说,这些控制参数的确定步骤如下:

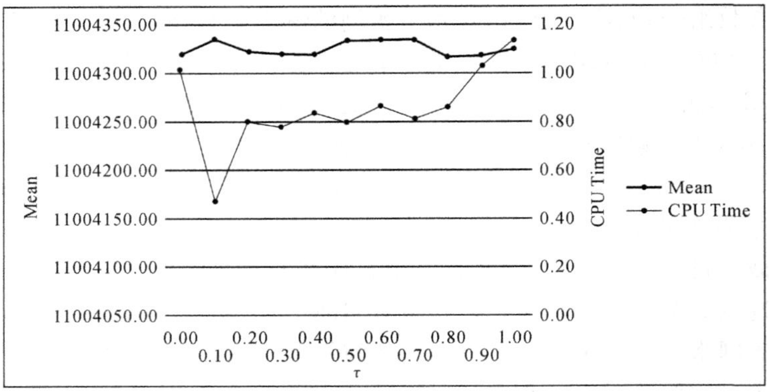

图 6-4　参数 τ 测试结果

首先,找出最优参数 F 和 C_R,假设参数 $\tau=0.1$,F 和 C_R 分别在 0～1 间取值进行测试。运算结果如表 6-3 所示。MADE 算法的控制参数 F 和 C_R 对算法寻优能力及运算效率具有显著影响。当 $C_R>0.1$ 时,随着 C_R 值的不断增加,MADE 算法的寻优能力整体呈现下降的趋势,算法运算效率有所提高。当 $F>0.1$ 时,随着 F 值的不断增加,MADE 算法的寻优能力呈现下降的趋势,且算法的运算时间逐渐增加。当且仅当 $F^*=0.1$,$C_R^*=0.1$ 时,才可同时保证算法求解精度和运算效率,使 MADE 算法的性能达到最优。

在测试出最优参数 $F^*=0.1$,$C_R^*=0.1$ 后,使用该最优参数测试 τ 的最优取值,结果如图 6-4 所示,当 $\tau>0.1$ 时,求解质量变得越来越差,而运算效率并未受到明显影响,当 $\tau^*=0.1$ 时,既保证了算法求解精度又兼顾算法运算效率。

根据上述分析,为使求解该模型的 MADE 算法性能达到最优,算法控制参数分别使用 $F^*=0.1$,$C_R^*=0.1$ 与 $\tau^*=0.1$。下述实验中均用此参数组合。

表 6-3 参数 F 与 C_R 测试结果

F/C_R		0.00	0.10	0.20	0.30	0.40	0.50	0.60	0.70	0.80	0.90	1.00
0.00	Mean	11004375.19	11004245.48	11004219.78	11004267.40	11006513.54	11006535.86	11013382.82	11032062.61	11113899.31	11421204.28	24876235.95
	CPU Time	1.63	0.86	0.74	0.64	0.63	0.63	0.58	0.56	0.57	0.63	0.24
0.10	Mean	11004361.78	11004167.44	11004207.49	11004218.71	11004270.65	11004281.21	11007139.14	11011697.47	11049829.70	11155121.97	20843760.69
	CPU Time	1.82	1.14	0.97	0.92	0.85	0.86	0.85	0.81	0.86	0.87	0.41
0.20	Mean	11004444.02	11004240.76	11004290.84	11004254.04	11004218.71	11008363.70	11004488.47	11018362.87	11034294.54	11173551.81	18516274.74
	CPU Time	1.98	1.41	1.34	1.38	1.30	1.28	1.34	1.25	1.43	1.39	0.59
0.30	Mean	11004486.77	11004291.37	11004193.14	11004348.48	11004222.97	11005084.12	11010937.42	11004572.62	11027705.84	11115394.85	17307311.57
	CPU Time	1.98	1.41	1.34	1.38	1.30	1.28	1.34	1.25	1.43	1.39	0.59
0.40	Mean	11004512.18	11004299.02	11004219.38	11004184.45	11004275.51	11004277.37	11005526.75	11100925.74	11029315.87	11230596.77	16161987.60
	CPU Time	2.24	1.89	2.00	1.96	2.21	2.14	2.11	2.04	2.16	2.17	1.02
0.50	Mean	11004531.21	11004231.54	11004299.34	11004240.76	11056804.90	11004320.19	11132397.91	11147837.33	11230567.08	11199402.24	15906994.51
	CPU Time	2.32	2.04	2.28	2.33	2.32	2.41	2.33	2.24	2.46	2.45	1.01
0.60	Mean	11004605.81	11004340.19	11004259.29	11004281.80	11032577.67	11086534.85	11086345.89	11407112.32	11150099.49	12486670.41	15772207.93
	CPU Time	2.30	2.27	2.49	2.63	2.64	2.55	2.66	2.35	2.61	2.32	1.39
0.70	Mean	11004477.42	11004336.15	11004597.89	11199243.15	11590643.47	11510522.16	11573249.82	11356460.80	12384707.90	11378252.90	14671296.01
	CPU Time	2.45	2.41	2.75	2.55	2.15	2.44	2.34	2.64	2.23	2.77	1.63
0.80	Mean	11004596.99	11004379.17	11033877.26	11535684.68	11379796.64	11948046.45	12082674.77	11623050.09	12839410.10	13558304.55	15502931.54
	CPU Time	2.41	2.61	2.70	2.39	2.60	2.16	2.21	2.42	2.22	2.24	1.57
0.90	Mean	11004460.68	11004309.05	11022791.32	12023217.00	12188342.63	12240932.83	13188563.58	12914078.49	12661609.81	13078089.90	15288352.10
	CPU Time	2.47	2.66	2.90	2.27	2.16	2.18	1.82	2.10	2.45	2.49	1.92
1.00	Mean	11004444.62	11004478.65	11538267.49	12084649.41	12383806.56	13381053.55	13048310.70	12867435.37	12701615.75	13301376.02	14129809.23
	CPU Time	2.49	2.74	2.57	2.14	2.20	1.63	2.04	2.12	2.45	2.43	2.25

6.4.2 实例演算

本部分通过将 MADE 算法应用于求解上述实例,从 MADE 算法运行 10 次后选取一次最优解作为实例来进行阐述,具体如表 6-4 和表 6-5 所示。

表 6-4 最优选址配送回收方案

HPRC 选址	HDCC 选址	需求点
1	1	13,19,50
	2	5,8,32
	3	1,6,31,36
	4	2,11,18,28,35,37,40,43,44
	5	7,16,22
	6	4,33,34,38,41,46
	7	12,20,25,39
	8	3,10,15,26,27,29,47,49
	9	14,17,23,24,45
	10	9,21,30,42,48

由表 6-4 可知,通过 MADE 算法求得最优解,第 1 号备选 HPRC 将被建设,第 1～10 号备选 HDCC 将被选择为需求点提供商品供应和退货修复服务以及配送与回收服务。

表 6-5 最优解成本分项

C_L	C_T	C_I	C_R	T_{otal}
13705.00	9439220.21	1445837.87	105252.00	11004015.08

从表 6-5 可知,物流系统总成本为 11004015.08,其中各成本项分别为:HPRC 及 HDCC 选址建设固定成本 13705.00,HDCC 的运输成本 9439220.21,库存成本 1445837.87,退货处理成本 105252.00。

用 MADE 算法求解以满足闭环选址—库存问题的总成本最小化为原则,根据这一原则合理地进行 HPRC 选址、HDCC 选址、商品配送与回收规划,使物流系统更加高效,物流资源配置更加合理,从而表明本章研究的模型和提出的算法具有可行性和实用性,为企业管理者的管理实践提供指导与帮助。

6.4.3　算法比较

算法良好的运算性能是工程管理应用的基础，如果算法性能不够稳定，那将很难持续保持一致的优化结果。为进一步测试 MADE 算法的性能，随机生成小、中、大规模算例各 3 组，各种规模算例（需求点—备选 HDCC—备选 HPRC）分别是 20-5-2，50-10-3，100-15-4，分别用 MADE 算法、DE 算法以及常用商业软件 Lingo 11 求解这 9 组不同规模的算例。针对各种不同规模的算例，设置小规模算例的种群规模为 $N_p=2N$，中等规模算例的种群规模为 $N_p=6N$，大规模算例的种群规模为 $N_p=10N$，计数器 $K=N$，$G=10N$。

为验证 MADE 算法在求解精度与求解效率两个方面的优越性，本部分将从寻优能力和运算效率两个维度对 MADE 算法、DE 算法以及常用商业软件 Lingo 11 进行对比分析。由于 MADE 算法与 DE 算法为智能算法，无法确保每次运算结果均一致。因此，为了减小算法运算过程的误差，针对小、中等以及大规模算例，MADE 算法与 DE 算法均独立运行 10 次，而商业软件 Lingo 11 求解稳定，每次运行结果基本一致，故而仅需运行 1 次即可。对于中等及大规模算例，Lingo 已不能在合理的时间范围内（<3600s）求出最优解。因此，在表 6-6 的结果中将不予显示。MADE 算法、DE 算法以及 Lingo 11 的对比结果见表 6-6。所有结果分别从最小值（Min）、最大值（Max）、均值（Mean）、标准差（S. D.）以及运算时间（CPU Time）进行对比分析。

表 6-6　MADE vs. DE vs. Lingo 11

Instance				Algorithm	Min	Max	Mean	Mean S. D.	CPU Time (Second)	CPU Time S. D.
$\lvert I\rvert$	$\lvert R\rvert$	$\lvert P\rvert$	M							
20	5	2	1	MADE	6556380.78	6556380.78	6556380.78	0.00	0.03	0.02
				DE	6556380.78	6556380.78	6556380.78	0.00	0.04	0.02
				Lingo	6556381.00				354.00	
			2	MADE	6384313.33	6384313.33	6384313.33	0.00	0.03	0.01
				DE	6384313.33	6384313.33	6384313.33	0.00	0.03	0.02
				Lingo	6384313.00				531.00	
			3	MADE	6132129.53	6132129.53	6132129.53	0.00	0.03	0.02
				DE	6132129.53	6132129.53	6132129.53	0.00	0.03	0.02
				Lingo	6132130.00				577.00	
50	10	3	1	MADE	11004015.09	11004448.10	11004167.44	169.41	1.14	0.08
				DE	11004015.09	11004596.87	11004400.29	172.76	1.22	0.05
			2	MADE	10660103.37	10660554.61	10660180.45	156.94	1.00	0.06
				DE	10660103.37	10660554.61	10660257.53	193.34	1.07	0.04
			3	MADE	11032293.64	11032460.14	11032329.21	65.81	1.01	0.05
				DE	11032293.64	11032880.76	11032592.94	270.54	1.10	0.09
100	15	4	1	MADE	17039340.90	17039961.88	17039669.46	188.55	19.21	2.07
				DE	17039534.31	17039957.66	17039775.29	142.12	30.23	1.16
			2	MADE	16826551.54	16827058.64	16826868.12	172.49	18.60	0.90
				DE	16826610.61	16827252.86	16826978.34	199.38	31.43	1.94
			3	MADE	18042411.53	18043139.79	18042822.55	224.59	18.70	1.73
				DE	18042464.31	18043234.01	18042839.79	258.99	26.91	1.64

从表 6-6 可以看出，相较于 DE 算法与 Lingo 11，MADE 算法在算法运算性能上具有明显优势，证明 MADE 算法具有更好的寻优性能。对于 MADE 算法、DE 算法以及 Lingo 11 的对比分析具体如下：

（1）相较于 Lingo 11，在求解精度方面，从 20-5-2 算例可以看出，以 MADE 算法求解该问题时可以得到与 Lingo 11 运算一致的结果，证明本章构建的模型是可行的；在求解效率方面，针对 50-10-3 以上规模算例，Lingo 11 已无法在合理的时间范围内快速得到问题的可行解，MADE 算法的运算效率明显优于 Lingo 11。因此，MADE 算法具有优于 Lingo 11 的运算性能。

（2）相较于 DE 算法，从求解精度讲，对于 20-5-2 规模算例，MADE 算法、DE 算法均能稳定求得问题的最优解，随着算例规模的不断增大，MADE 算法在问题求解精度及运算效率维度上的优势逐渐凸显。针对 50-10-3 规模算例，DE 算法虽然可以达到与 MADE 算法一致的求解精度，但求解问题的稳定性要弱于 MADE 算法。对于 100-15-4 规模算例，无论在求解精度上还是求解效率上，MADE 算法明显优于 DE 算法。因此，MADE 算法具有优于 DE 算法的寻优性能。

综上所述，MADE 算法具有优于 DE 算法以及 Lingo 11 的寻优性能，可以在合理的时间范围内高效、快速、稳定地获取更好的可行解，从而验证了本章提出模型的可行性与算法的有效性。

6.5 本章小结

随着信息技术和电子商务的蓬勃发展，网络购物凭借其无可比拟的便利性、商品的多样性和价格优势，已经成为当代消费者的重要购物渠道。然而，网络购物的繁荣背后，商品退货问题也日益凸显。退货率的居高不下不仅造成了社会资源的浪费，也给网络零售商带来了较大的经济损失。这一现象对企业物流系统的运作效率、响应能力和物流资源的合理配置提出了新的挑战。企业必须通过优化物流系统，提高退货处理效率，减少资源浪费，并提升客户满意度，来应对日益增长的市场需求和激烈的市场竞争。因此，研究考虑退货的多工厂多阶段 CLIP，符合企业实际运营需要。本章的具体工作与贡献如下：

（1）本章以多个候选 HPRC，多个候选 HDCC 以及多个需求点所构成的闭环物流系统为研究对象，构建考虑退货的多工厂多阶段 CLIP 集成优化模型，从全局优化的角度出发优化供应链网络，以保障物流系统的服务质量和运行效率。

(2) 设计了一种改进的自适应差分进化算法(MADE),该算法引入了反向学习机制和自适应机制,显著提高了算法性能。通过一系列算例的测试,结果证明了模型的有效性和实用性,同时MADE算法在寻优性能、稳定性以及运算效率方面均显示出明显优势,优于传统的DE算法和Lingo 11软件,是一种高效、稳定、鲁棒性强的进化算法。

(3) 在模型构建过程中,敏感度分析发挥了不可或缺的作用。它不仅可帮助企业理解和量化关键参数的不确定性对成本结构的影响,而且通过识别和评估这些参数的波动范围,为企业提供了科学决策的坚实依据。敏感度分析的应用还有助于增强模型在实际中的适应性,使企业能够灵活应对运营中的不确定性因素,优化资源配置,降低运营风险,从而提高整体供应链的效率和市场竞争力。

本章研究考虑退货的多工厂多阶段CLIP更加贴合实际需要,并设计了MADE算法求解该模型,该研究既丰富了选址—库存决策理论,也扩展了DE算法的应用范围,可为互联网时代企业实施可持续性发展、降低供应链运营成本提供指导和帮助。

第7章 考虑产品回收的闭环选址—库存问题集成优化

7.1 引 言

随着国家对节约资源、节能减排、循环经济、生态经济和绿色发展的日益重视,社会可持续发展的理念深入人心。这一政策导向不仅为企业界和学术界带来了探索产品回收行业巨大潜力的机遇,也促使产品回收再制造成为现代企业新的战略模式,助力企业迈向低污染、低能耗的可持续发展之路。企业通过实施产品回收策略,不仅能够实现经济效益的提升和市场竞争力的增强,还能有效减轻产品在生产和销售过程中对生态环境的负担。[172]研究显示,闭环供应链的采用能够显著降低制造成本,成本降低率可达40%～65%,这一节约主要得益于零部件和材料的再利用。[173]因此,产品回收管理的重要性不断上升,众多企业已将之纳入其生产实践,以实现可持续发展的目标。[174]以通用汽车等为代表的企业,正日益重视产品回收的反向物流,以期降低成本并减少对环境的影响。[175]产品回收的潜在价值及其对环境可持续性的贡献,对企业物流系统的运作效率、响应能力和资源配置提出了新的挑战。

基于此,本章以一个HPRC、多个候选配送中心(Distribution Centers, DC)、多个候选HDCC、多个候选回收中心(Collection Centers, CC)以及多个需求点所构成的闭环物流系统为研究对象,探究商品配送与回收路线相结合的物流运作模式,研究供应链网络结构的变化,从全局的角度集成优化设施选址与库存控制决策,构建闭环选址—库存问题集成优化模型,使其模型更贴近实际。最小化物流系统总成本,有助于企业提高服务质量,为新形势下企业闭环物流系统优化提供决策指导。针对模型的性质与特点,通过采用反向学习策略、自适应机制、新的交叉策略、截断选择等策略来改进算法性能,设计了一种改进的混合差分进化(Modified Hybrid Differential Evolution, MHDE)算法求解该模型,通过设计多组不同规模的算例,对所提出的模型进行了严格的可行性验证,并对其算法的有效性进行了深入测试。与此同时,考虑到模型相关参数的不确定性，我们对这些参数进行了细致的敏感度分析。通过敏感性分析，识别出对模型影响最大的关键参数，为零售企业在不断变化的市场环境中进行运营管理提供了重要的理论指导和决策参考。

本章的结构安排如下：7.2 主要是进行问题描述及模型构建；7.3 针对构建的模型，设计了 MHDE 算法求解模型；7.4 通过模拟仿真验证算法的有效性，并对相关参数进行敏感度分析；7.5 对本章的研究内容进行回顾与总结。

7.2 考虑产品回收的 CLIP 模型构建

7.2.1 问题描述

本章研究的是一个闭环物流网络中的选址—库存问题，考虑电商平台产品回收运营实践，研究假设将生产中心与修复中心进行合并，称为 HPRC，部分配送中心与回收中心进行合并，称为 HDCC，合并后共享相关设施设备，降低运营成本，减少环境污染，实现企业可持续发展。[168-169] 消费者通过网络零售平台将废旧产品回收至 HDCC/CC，在 HDCC/CC 对该类回收产品进行检验，判别该产品是否可进一步回收再利用。

该研究考虑多种需求商品，以一个 HPRC、多个候选 DC、多个候选 HDCC、多个候选 CC 以及多个需求点组成的二级供应链分销网络为研究对象。通过这种网络结构，企业不仅能够提高资源的利用效率，还能在供应链的每个环节实现环境友好型的运营。综合考虑生产、翻新、配送和回收的闭环物流网络，为实现供应链的可持续性提供了有力的支持，同时也为企业带来了经济效益和环境效益的双重优势。具体如图 7-1 所示，在正向物流中，新产品将通过 DC/HDCC 从 HPRC 运输到需求点。同时，在逆向物流中，从需求点处回收来的废旧产品将通过 CC/HDCC 运往 HPRC 进行修复或安全处理。回收产品是否能被修复取决于它们在 CC/HDCC 的检查状况。通过这种设计，闭环供应链不仅能够确保产品的有效分配，还能够对回收产品进行有效管理和处置，从而提高资源的循环利用率，降低对环境的影响。同时，确保不同类型设施地点的互斥性，有助于优化网络结构，提高整体供应链的效率和响应能力。

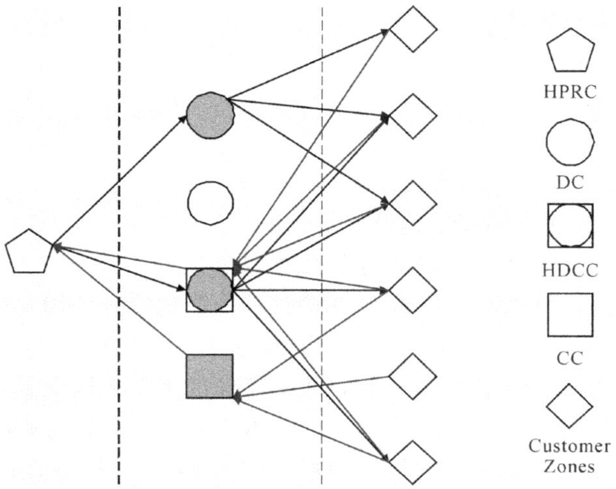

图 7-1　闭环供应链网络示意图

本章假设需求点是预先确定且固定的;新产品和翻新产品是相同的,都能满足需求点的顾客需求;不同类型设施的候选位置具有排他性。商品从 HPRC 通过 DC/HDCC 送达需求点,从而满足需求点的需求,配送车辆需在完成配送的同时兼顾废旧产品的回收,回收产品在 CC/HDCC 进行质量检查,以判断该产品的相关零部件是否可回收再利用。因此,大量回收产品的处理对设施选址与库存控制决策均有很大影响,通过研究产品回收的 CLIP,找到最优的选址—库存方案,使其总成本最低,为企业制定管理决策提供有力的帮助。假设条件如下:①该网络各节点地理位置已知;②HDCC/DC/CC 容量无限制;③HDCC/DC/CC 与需求点的距离为欧氏距离。

该模型将最终确定如下决策:①HDCC/DC/CC 的选址方案;②HDCC/DC/CC 分别为哪些客户点提供配送及回收服务;③HDCC/DC 处的订货次数及订货量。通过确定上述决策使物流系统总成本最小化,为企业管理者制定管理决策提供支持和帮助。

7.2.2　符号说明

1. 集合

I——候选 DC 集合;

J——候选 CC 集合;

K——候选 HDCC 集合;

M——需求点集合；

R——$\{I \cup K\}$；

S——$\{J \cup K\}$。

2. **常量**

a_i——第 i 个 DC 的固定建设成本，$i \in I$；

a_j——第 j 个 CC 的固定建设成本，$j \in J$；

a_k——第 k 个 HDCC 的固定建设成本，$k \in K$；

b_r——第 r 个 HDCC/DC 向 HPRC 订购商品的管理费用，$r \in R$；

b_s——第 s 个 HDCC/CC 回收产品的管理费用，$s \in S$；

c_r——每次从 HPRC 至第 r 个 HDCC/DC 的固定运输成本，$r \in R$；

c_s——每次从第 s 个 HDCC/CC 至 HPRC 的固定运输成本，$s \in S$；

e_r——从 HPRC 至第 r 个 HDCC/DC 单位商品的可变运输成本，$r \in R$；

e_s——从第 s 个 HDCC/CC 至 HPRC 单位回收产品的可变运输成本，$s \in S$；

d_{rm}——从第 r 个 HDCC/DC 至需求点 m 单位商品的运输成本，$r \in R$，$m \in M$；

d_{sm}——从需求点 m 至第 s 个 HDCC/CC 单位商品的运输成本，$s \in S$，$m \in M$；

h_r——单位商品在第 r 个 HDCC/DC 的年库存持有成本，$r \in R$；

h_s——单位商品在第 s 个 HDCC/CC 的年库存持有成本，$s \in S$；

q_m——需求点 m 的回收数量，$m \in M$；

μ_m——需求点 m 的日均需求量，$m \in M$；

σ_m^2——需求点 m 的日需求方差，$m \in M$；

α——市场需求满足率；

z_α——标准正态偏离，$P(z \leqslant z_\alpha) = \alpha$；

L——HDCC 的订货提前期；

λ——年工作天数。

3. **决策变量**

X_i——如果在 i 处建 DC，则为 1，否则为 0，$i \in I$；

X_j——如果在 j 处建 CC，则为 1，否则为 0，$j \in J$；

X_k——如果在 k 处建 HDCC，则为 1，否则为 0，$k \in K$；

Y_{rm}——如果第 r 个 HDCC/DC 对需求点 m 的需求进行正向配送服务，则为 1，否则为 0，$r \in R$，$m \in M$；

Z_{sw}——如果第 s 个 HDCC/CC 对需求点 m 的回收产品开展逆向回收服务，则为 1，否则为 0，$s\in S$，$m\in M$。

7.2.3　模型构建

本部分构建了考虑产品回收的 CLIP 集成优化模型，构建模型的目标是使物流系统总成本最小化，其总成本主要包括以下几个组成部分：①设施选址成本，主要指设施建设运营的固定成本、设施与需求点之间的运输成本；②库存成本，包括周转库存成本和安全库存成本。

1. 设施选址成本

设施建设运营的固定成本公式为：$\sum_{i\in I}a_iX_i+\sum_{j\in J}a_jX_j+\sum_{k\in K}a_kX_k$，给定设施的运输成本为：$\lambda\sum_{r\in R}\sum_{m\in M}\mu_m d_{rm}Y_{rm}+\lambda\sum_{s\in S}\sum_{m\in M}q_m d_{sm}Z_{sm}$。因此，设施选址总成本为：$C_L=\sum_{i\in I}a_iX_i+\sum_{j\in J}a_jX_j+\sum_{k\in K}a_kX_k+\lambda\sum_{r\in R}\sum_{m\in M}\mu_m d_{rm}Y_{rm}+\lambda\sum_{s\in S}\sum_{m\in M}q_m d_{sm}Z_{sm}$。

2. 库存成本

为满足需求点顾客的需求，设施需维持两种类型的库存成本：①周转库存成本；②安全库存成本。

(1)周转库存成本。库存控制决策在供应链管理中占有极其重要的地位，优化库存补给决策可使供应链系统的快速响应能力得到提升。可采用 EOQ 模型代替一类服务水平下的(Q, r)模型进行库存补给[16]。其最大相对误差为 0.118[161]。在大多数情况下，总成本的相对增加远小于最大相对误差[16]。因此，本章采用 EOQ 模型进行库存补给，该策略在供应链集成优化中被广泛应用。第 r 个 HDCC/DC 的订货频率和订货量通过由该 HDCC/DC 服务的需求点的总需求来计算。

令 n_r 为第 r 个 HDCC/DC 每年向 HPRC 订购的订购次数，则 b_rn_r 为第 r 个 HDCC/DC 的年订货成本，$c_rn_r+\lambda e_r\sum_{m\in M}\mu_mY_{rm}$ 为 HPRC 与第 r 个 HDCC/DC 间的年运输成本，且 $\frac{\lambda h_r\sum_{m\in M}\mu_mY_{rm}}{2n_r}$ 为新产品在第 r 个 HDCC/DC 的年库存持有成本。因此，第 r 个 HDCC/DC 的年周转库存成本为：

$$C_{WF(r)}=b_rn_r+c_rn_r+\lambda e_r\sum_{m\in M}\mu_mY_{rm}+\frac{\lambda h_r\sum_{m\in M}\mu_mY_{rm}}{2n_r}$$

对 $C_{WF(r)}$ 中的 n_r 变量求一阶导数并令其为 0，可得 $n_r^* = \sqrt{\dfrac{\lambda h_r \sum_{m\in M}\mu_m Y_{rm}}{2(b_r + c_r)}}$，将其代入 $C_{WF(r)}$，则第 r 个 HDCC/DC 的年周转库存成本可改写为：

$$C^*_{WF(r)} = \sqrt{2\lambda h_r (b_r + c_r)\sum_{m\in M}\mu_m Y_{rm}} + \lambda e_r \sum_{m\in M}\mu_m Y_{rm}$$

关于回收产品库存费用的计算方法，与 $C^*_{WF(r)}$ 类似，第 s 个 HDCC/CC 的年周转库存成本为：

$$C^*_{WR(s)} = \sqrt{2\lambda h_s (b_s + c_s)\sum_{m\in M} q_m Z_{sm}} + \lambda e_s \sum_{m\in M} q_m Z_{sm}$$

因此，闭环物流系统年库存周转总成本为：

$$\begin{aligned} C_{WI} = &\sum_{r\in R}\sqrt{2\lambda h_r (b_r + c_r)\sum_{m\in M}\mu_m Y_{rm}} + \lambda \sum_{r\in R}\sum_{m\in M} e_r \mu_m Y_{rm} \\ &+ \sum_{s\in S}\sqrt{2\lambda h_s (b_s + c_s)\sum_{m\in M} q_m Z_{sm}} + \lambda \sum_{s\in S}\sum_{m\in M} e_s q_m Z_{sm} \end{aligned}$$

(2)安全库存成本。为了保证第 s 个 HDCC/CC 在需求不确定的情况下维持适当的服务水平，考虑风险分摊效应[13]，安全库存需确保缺货发生的概率小于或等于 α。因此，安全库存总成本为：

$$C_{SS} = \sum_{r\in R} h_r z_\alpha \sqrt{L \sum_{m\in M}\sigma_m^2 Y_{rm}}$$

基于上述各成本项分析，闭环选址—库存问题集成优化模型表示如下：

$$C_{TOT} = C_L + C_{WI} + C_{SS} \tag{7.1}$$

约束条件为：

$$\sum_{r\in R} X_r \geqslant 1 \tag{7.2}$$

$$\sum_{s\in S} X_s \geqslant 1 \tag{7.3}$$

$$\sum_{r\in R} Y_{rm} = 1, \forall m \in M \tag{7.4}$$

$$\sum_{s\in S} Z_{sm} = 1, \forall m \in M \tag{7.5}$$

$$Y_{rm} \leqslant X_r, \forall r \in R, \forall m \in M \tag{7.6}$$

$$Z_{sm} \leqslant X_s, \forall s \in S, \forall m \in M \tag{7.7}$$

$$X_r \in \{0,1\}, \forall r \in R \tag{7.8}$$

$$X_s \in \{0,1\}, \forall s \in S \tag{7.9}$$

$$Y_{rm} = \{0,1\}, \forall r \in R, \forall m \in M \tag{7.10}$$

$$Z_{sm} = \{0,1\}, \forall s \in S, \forall m \in M \tag{7.11}$$

目标函数(7.1)是使物流系统总成本最小化；约束条件(7.2)和约束条件(7.3)保证在正向配送和逆向回收过程中至少有一个设施被建设；约束条件(7.4)和(7.5)表示每个需求点仅能由一个设施进行配送/回收服务；约束条件(7.6)和(7.7)表示为需求点提供相关服务的前提是该候选设施被选中；约束条件(7.8)～(7.11)表示决策变量是 0～1 之间的变量。

7.3　MHDE 算法设计

FLP 是 NP 难题[11]，而本章研究考虑产品回收的 CLIP 更为复杂，亦属于 NP 难题，其求解难度更高。设施定位问题和联合选址—库存问题都是 NP 难题[34]，结构比较复杂。解析算法在求解该类组合优化问题时往往难以同时保证算法的求解精度与运算效率，在实际问题中很难直接应用。而智能算法因其高效稳定的求解性能、通用的算法框架以及易于实现等优势在求解此类问题时得到了广泛应用。为此，本章设计了 MHDE 算法来求解上述模型。表 7-1 中给出了对 MHDE 算法进行描述时所需的符号及意义。

表 7-1　MHDE 算法所需的符号及其意义

符号	意义
I	候选 DC 的个数
J	候选 HDCC 的个数
K	候选 CC 的个数
M	需求点个数
N_p	种群规模
G	算法最大迭代次数
Z_p^g	目标向量：第 g 代的种群个体 p
V_{Zp}^g	变异向量：第 g 代的种群个体 p 的变异向量
U_{Zp}^g	试验向量：第 g 代的种群个体 p 的试验向量
F	变异因子
C_R	交叉因子

MHDE 算法沿用了标准 DE 算法的基本运算流程，包括以下几个核

心步骤：首先是种群的随机初始化，接着是变异、交叉和选择这三个连续的操作。算法通过这些步骤在迭代中不断优化种群，直至达到预设的停止条件。MHDE 算法的运算步骤如下：

7.3.1 种群初始化

DE 算法是基于种群的全局搜索算法，种群规模 N_p 代表研究问题的可行解集，而每个种群个体代表一个该问题的可行解。可行解的编码机制设计将成为算法优化求解的基础。分析本章构建的闭环选址—库存集成优化模型的可行解结构，可知每个可行解应包含两个方面的信息：HDCC、DC、CC 选址信息、每个需求点的配送指派以及回收规划。基于此，一个可行解可以用一个包含 $2M$ 项的矩阵来表示，本章可行解的编码结构具体如式(7.12)所示：

$$Z_p^g=\{x_{p,1}^g, x_{p,2}^g, \cdots, x_{p,M}^g, y_{p,M+1}^g, y_{p,M+2}^g, \cdots, y_{p,2M}^g\}, \quad 1\leqslant p\leqslant N_p, 1\leqslant g\leqslant G \tag{7.12}$$

其中，Z_p^g 表示第 g 次迭代的第 p 个种群个体。$x_{p,m}^g\in\{1,2,\cdots,I+J\}(1\leqslant p\leqslant N_p;1\leqslant m\leqslant M)$ 表示为需求点提供正向配送服务的相关信息，$y_{p,m}^g\in\{I+1,\cdots,I+J+K\}(1\leqslant p\leqslant N_p;M+1\leqslant m\leqslant 2M)$ 表示为需求点提供逆向回收服务的相关信息。假设 $x_{p,m}^g=r(1\leqslant m\leqslant M)$，表示在商品配送过程中，需求点 m 对商品的需求将由第 r 个 HDCC/DC 来满足。同理，假设 $y_{p,m}^g=s(1\leqslant p\leqslant N_p;M+1\leqslant m\leqslant 2M)$ 表示在产品回收过程中，需求点 m 的回收商品将由第 s 个 HDCC/CC 负责回收。

以图 7-2 为例进行解释说明，该种群个体为 1 行 20 列的矩阵，假设该例子包含 10 个需求点、3 个候选 DC、3 个候选 HDCC 和 2 个候选 CC。前 10 位数分别表示 1～10 号需求点的配送信息，后 10 位数则表示这 10 个需求点的回收信息。该种群个体对应的可行解为：

正向配送信息										逆向回收信息									
$x_{p,1}^g$	$x_{p,2}^g$	$x_{p,3}^g$	$x_{p,4}^g$	$x_{p,5}^g$	$x_{p,6}^g$	$x_{p,7}^g$	$x_{p,8}^g$	$x_{p,9}^g$	$x_{p,10}^g$	$y_{p,11}^g$	$y_{p,12}^g$	$y_{p,13}^g$	$y_{p,14}^g$	$y_{p,15}^g$	$y_{p,16}^g$	$y_{p,17}^g$	$y_{p,18}^g$	$y_{p,19}^g$	$y_{p,20}^g$
6	4	4	2	4	6	2	4	4	6	4	8	6	4	4	8	4	4	6	8

图 7-2 种群个体示例($I=3, J=3, K=2, M=10$)

2 号备选 DC 被建设，1、3 号备选 HDCC 被建设，2 号备选 CC 被建设。在正向配送信息方面，DC2 配送需求点 4、7；HDCC1 配送需求点 2、3、5、8、9；HDCC3 配送需求点 1、6、10；同理，在逆向回收信息方面，HDCC1 回收需求点 1、4、5、7、8 的废旧产品；HDCC3 回收需求点 3、9 的废旧产品；CC2 回收需求点 2、6、10 的废旧产品。从上述例子可以看出，该模型中的决策变量 X_i、X_j、X_k、Y_{rm}、Z_{sm} 均可以在 MHDE 算法的种群个体结构中得到很好的体现。

编码的目的是将初始种群个体转化为所求解模型的可行解，由于本章研究考虑产品回收的闭环选址—库存集成优化问题，该问题同时考虑各需求点的各个需求商品的配送与回收，通过对该问题可行解的结构进行分析，得到具体的解码方式如下：

$$x_{p,m}^0 = r_{\text{ound}}[x^L + r_{\text{and}} \cdot (x^U - x^L)]; 1 \leqslant m \leqslant M; 1 \leqslant p \leqslant N_p \quad (7.13)$$

$$y_{p,m}^0 = r_{\text{ound}}[y^L + r_{\text{and}} \cdot (y^U - y^L)]; M+1 \leqslant m \leqslant 2M; 1 \leqslant p \leqslant N_p \quad (7.14)$$

在式(7.13)与式(7.14)中，$r_{\text{ound}}(\ )$是取整函数，r_{and}是[0, 1]范围内的均匀分布随机数，x^L 和 x^U 分别表示 $x_{p,m}^g$ 的上界和下界，y^L 和 y^U 分别表示 $y_{p,m}^g$ 的上界和下界。由于该研究问题的固有特点，至少有一个候选 HDCC/DC 被建设用于商品配送，因此，$x^L=1$。至少有一个候选 HDCC/CC 被建设用于产品回收，因此，$y^L=I+J+1$，$y^U=I+J+K$。同理，最多所有候选 HDCC/DC 均被选中，因此，x^U 为候选 HDCC/DC 的总数，$x^U=I+J$，最多所有候选 HDCC/CC 均被选中，因此，y^U 为候选 HDCC/DC 的总数，$y^U=I+J+K$。

智能优化算法通常通过随机生成方式产生初始种群，并通过不断迭代改进这些初始个体，最终找到最优解。然而，初始种群的质量在一定程度上会影响算法的寻优速度。为了提高初始种群的质量，MHDE 算法引入了反向学习机制。该机制通过生成每个初始个体的反向解，从而增加产生更优初始种群的可能性。具体而言，反向学习机制使每个初始种群个体生成一个对应的反向种群个体，并根据这些个体的优劣对两个种群进行排序，选取最优的前 N_p 个个体作为新的初始种群。基于反向学习机制的种群初始化方法如下：

第一步：随机生成 N_p 个初始种群个体 Z_p^0；

$$Z_p^0 = \{x_{p,1}^0, x_{p,2}^0, \cdots, x_{p,M}^0, y_{p,M+1}^0, y_{p,M+2}^0, \cdots, y_{p,2M}^0\}, 1 \leqslant p \leqslant N_p$$

第二步：通过 Z_p^0 计算其反向种群个体 $\overline{Z_p^0}$；

$$\overline{Z_p^0} = \{\overline{x_{p,1}^0}, \overline{x_{p,2}^0}, \cdots, \overline{x_{p,M}^0}, \overline{y_{p,M+1}^0}, \overline{y_{p,M+2}^0}, \cdots, \overline{y_{p,2M}^0}\}, 1 \leqslant p \leqslant N_p;$$

$$\overline{x_{p,m}^0} = x^L + x^U - x_{p,m}^0; p=1,2,\cdots,N_p; m=1,2,\cdots,M;$$

$$\overline{y_{p,m}^0} = y^L + y^U - y_{p,m}^0; p=1,2,\cdots,N_p; m=M+1,M+2,\cdots,2M;$$

第三步：将$\{Z^{i,0}\cup\overline{Z^{i,0}}\}$ $(i=1,2,\cdots,N_p)$按其优劣顺序选取前 N_p 个最优个体作为初始种群。

通过基于反向学习机制的种群初始化方法，MHDE 算法不仅增加了初始种群的多样性，而且通过反向个体的引入，提高了发现更优解的可能性，从而加快了算法的收敛速度并提高了寻优效率。这种方法充分利用了问题的对立性，为智能优化算法提供了一种有效的初始种群生成策略。

7.3.2 变异操作

每次迭代都会对种群空间 $Z_p^g=\{x_{p,1}^g,x_{p,2}^g,\cdots,x_{p,M}^g,y_{p,M+1}^g,y_{p,M+2}^g,\cdots,y_{p,2M}^g\}$中的个体进行变异操作，生成变异向量 $V_{Zp}^{g+1}=\{v_{x(p,1)}^{g+1},v_{x(p,2)}^{g+1},\cdots,v_{x(p,M)}^{g+1},v_{y(p,M+1)}^{g+1},v_{y(p,M+2)}^{g+1},\cdots,v_{y(p,2M)}^{g+1}\}$。本算法采用 DE/$r_{\text{and}}$/1 策略来进行变异操作，变异向量产生的方式如式(7.15) 至式 (7.16)所示：

$$v_{x(p,m)}^{g+1}=r_{\text{ound}}[x_{r_1,m}^g+F^{i,g}\cdot(x_{r_2,m}^g-x_{r_3,m}^g)],\quad p=1,2,\cdots,N_p;m=1,2,\cdots,M \tag{7.15}$$

$$v_{y(p,m)}^{g+1}=r_{\text{ound}}[y_{r_1,m}^g+F^{i,g}\cdot(y_{r_2,m}^g-y_{r_3,m}^g)],\quad p=1,2,\cdots,N_p;m=M+1,M+2,\cdots,2M \tag{7.16}$$

在式(7.15)与式(7.16)中，$i\neq r_1\neq r_2\neq r_3$，$r_1$、$r_2$、$r_3$ 为分别从{1, 2, …, P}中随机选取的互不相同的整数，$r_{\text{ound}}(\ )$为取整函数；F 是影响两个体间差异变异的突变因子。$v_{x(p,m)}^{g+1}$ 与 $v_{y(p,m)}^{g+1}$ 分别表示变异向量的各维分量 V_{Zp}^{g+1}。在变异操作过程中，如果 $v_{x(p,m)}^{g+1}$ 与 $v_{y(p,m)}^{g+1}$ 的值超出其取值范围，运用式(7.13)与式(7.14)对其进行重新赋值。

MHDE 算法采用了自适应突变因子来提高种群的多样性和全局搜索能力，具体见公式(7.17)：

$$F^{p,g}=F\cdot\xi^{p,g}(p=1,2,\cdots,N_p;g=1,2,\cdots,G) \tag{7.17}$$

其中，$\xi^{p,g}\sim N(0,1)$，为标准正态分布随机数，F 为初始变异因子，$F^{p,g}$为用于控制差分向量的扰动幅度。

7.3.3 交叉操作

在 DE 算法中，交叉操作是变异操作之后的一个关键步骤，它有助于增加种群的多样性并防止算法早熟收敛。交叉操作将变异向量与目标个体相结合，生成一个新的试验向量 $U_{Zp}^{g+1}=\{u_{x(p,1)}^{g+1},u_{x(p,2)}^{g+1},\cdots,u_{x(p,M)}^{g+1},u_{y(p,M+1)}^{g+1},u_{y(p,M+2)}^{g+1},\cdots,u_{y(p,2M)}^{g+1}\}$。为了增加群体的多样性，MHDE 算法采用了一种新的交叉策略，试验向量可由式(7.18)和式(7.19)得出：

$$u_{x(p,m)}^{g+1}=\begin{cases}u_{x(p,m)}^{g+1},(r_{\text{and}}(m)\leqslant C_R;m=m_1)\\u_{x(k,m)}^{g+1}(\text{otherwise})\end{cases}\tag{7.18}$$

$$p=1,2,\cdots,N_p;m=1,2,\cdots,M$$

$$u_{y(p,m)}^{g+1}=\begin{cases}u_{y(p,m)}^{g+1},(r_{\text{and}}(m)\leqslant C_R;m=m_2)\\u_{y(k,m)}^{g+1},(\text{otherwise})\end{cases}\tag{7.19}$$

$$p=1,2,\cdots,N_p;m=M+1,\cdots,2M$$

其中，$r_{\text{and}}(m)\in[0,1]$，是均匀分布产生的随机数，$m_1\in[1,2,\cdots,M]$，$m_2\in[M+1,M+2,\cdots,2M]$，是两个随机数，确保试验向量 U_{Zp}^{g+1} 从变异向量中获得至少一个参数；k 为$[1, 2, \cdots, N_p]$中的随机数，C_R 是交叉概率。

为了进一步增加种群的多样性，提高算法的寻优性能，MHDE 算法采用自适应机制对交叉因子 C_R 进行赋值。随着算法迭代次数的推进，不断更新交叉因子 $C_R^{i,g}$，C_R 的具体更新如式(7.20)所示：

$$C_R^{i,g}=\begin{cases}r_{\text{and1}},r_{\text{and2}}<\tau\\C_R^{i,g-1},\text{otherwise}\end{cases}\tag{7.20}$$

其中，r_{and1} 和 r_{and2} 是均匀分布在[0, 1]上的两个随机变量，τ 是常数，表示 C_R 发生变化的概率，本研究中 $\tau=0.9$。

7.3.4　选择操作

在 DE 算法中，选择操作是决定新生成的试验向量 U_{Zp}^{g+1} 与目标向量 Z_p^g 哪一个能够进入下一代的过程。DE 算法使用贪婪选择准则，即直接选择适应度更高的个体。然而，这种方法可能在某些情况下导致多样性丧失或早熟收敛。为了克服这些局限性，本研究采用 GA 中的截断选择来克服传统贪婪准则在 DE 算法中的局限性，具体步骤如下：

第一步：将种群$\{Z_1^g,Z_2^g,\cdots,Z_p^g\}$和$\{U_{Z1}^{g+1},U_{Z2}^{g+1},\cdots,U_{Zp}^{g+1}\}$合并生成一个新种群$\{Z_1^g,Z_2^g,\cdots,Z_p^g,U_{Z1}^{g+1},U_{Z2}^{g+1},\cdots,U_{Zp}^{g+1}\}$。

第二步：计算新群体的适应度值并进行排序。

第三步：选择前 N_p 个个体作为种群$\{Z_1^{g+1},Z_2^{g+1},\cdots,Z_p^{g+1}\}$的下一代。

采用截断选择，旨在提高 DE 算法在解决复杂优化问题时的性能。这种方法有助于避免算法过早地集中在局部最优解上，从而提高找到全局最优解的概率。

7.3.5 终止条件

MHDE 算法通过不断迭代执行变异、交叉以及选择操作更新种群个体，直到满足终止条件停止迭代。在 MHDE 算法中，算法终止需要满足以下终止条件之一：

(1)当算法连续 K 次迭代运算均未能产生更优种群个体时，算法终止(K 为预先设定的值)。

(2)当迭代次数 g 达到 G 时，算法停止。

7.3.6 算法流程

MHDE 算法的流程如图 7-3 所示。

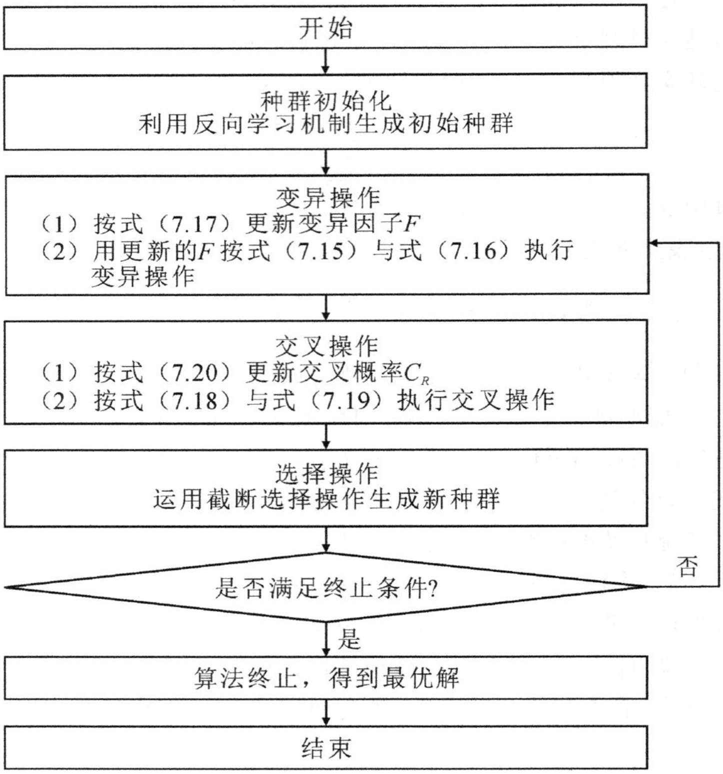

图 7-3　MHDE 算法的流程图

MHDE 算法由以下步骤组成：

第一步：种群初始化。利用反向学习机制生成 N_p 个初始种群个体，设置 $k=0, g=0$。

第二步：计算所有种群个体的 $Z_p^0(1,2,\cdots,N_p)$。

第三步：产生 p 个实验个体，$p=1,2,\cdots,N_p$，重复下面两小步：

(1)变异操作。利用式(7.17)更新变异因子 F，并利用公式(7.15)～式(7.16)生成变异向量 V_{Zp}^{g+1}。

(2)交叉操作。利用式(7.20)更新交叉因子 C_R，并利用式(7.18)～式(7.19)生成试验向量 U_{Zp}^{g+1}。

第四步：选择操作。使用截断选择生成一个新种群 $Z^{g+1}=\{Z_1^{g+1}, Z_2^{g+1},\cdots,Z_P^{g+1}\}$。

第五步：设 $g=g+1$。如果 $f(Z_{\text{best}}^g)=f(Z_{\text{best}}^{g+1})$，则设 $k=k+1$。否则，设置 $k=1$。

第六步：如果 $g=G$ 或 $k=K$，则停止并输出 Z_{best} 和 $f(Z_{\text{best}})$。否则，转至第三步。

7.4　演算与分析

本章研究基于差分进化算法的闭环选址—库存集成优化模型与算法，通过数值分析来验证模型与算法的有效性。首先，对 MHDE 算法、ISaDE 算法[144]、NDADE 算法[87]和 DE 算法[105]的控制参数 F、C_R 进行灵敏度分析，找出使四种算法性能达到最优的参数组合；其次，通过生成多组不同规模的算例验证模型的可行性和算法的有效性，通过将 MHDE 算法与其他三种算法、Lingo 11 进行比较，验证 MHDE 算法的寻优能力与运算效率；最后，对模型相关成本参数进行敏感度分析，探讨相关成本参数的浮动对总成本及成本分项的影响，为企业管理者制定管理决策提供参考。

截至目前，对该问题的研究尚未有标准的数据库来进行验证。所有候选 HPRC、HDCC 与需求点的位置随机分布在平面[0, 100]×[0, 100]上，d_{ri} 为第 r 个 HDCC 与需求点 i 之间的欧氏距离，算例其他相关参数见表 7-2。

表 7-2　算例相关参数

参数	值	参数	值	参数	值
a_i	$U[1000,1500]$	a_j	$U[1000,1500]$	a_k	$U[1000,1500]$
b_r	$U[5,10]$	b_s	$U[5,10]$	c_r	10
c_s	10	e_r	5	e_s	5
h_r	$U[1,3]$	h_s	$U[1,3]$	q_m	$U[0,10]$
μ_m	$U[20,30]$	σ_m^2	$\sigma_m^2=\mu_m$	z_a	1.96
L	1	λ	300		

7.4.1　参数分析

在算法优化的领域中，控制参数的精心选择对于算法的搜索效率和解的质量具有决定性的作用，参数的调整对于算法的性能至关重要。针对本研究中探讨的闭环选址—库存集成优化问题，通过细致调整参数 F 与 C_R，可以显著提升算法的寻优能力和运算效率。因此，对这些关键参数进行敏感度分析，以识别最优参数组合，是确保算法在特定问题上达到最佳性能的前提条件。

可以通过对上述四种算法的控制参数 F 以及 C_R 进行敏感度分析来确定使算法性能最优的参数组合。首先，设置上述四种算法的计数器 $K=M$，最大迭代次数 $G=10M$。对于算法的种群规模，根据算例规模大小的不同进行差异化设置：①对于小规模算例（10 个候选 DC-5 个候选 HDCC-5 个候选 CC-100 个需求点），设置 $N_p=3M$；②对于中等规模算例（15 个候选 DC-8 个候选 HDCC-7 个候选 CC-150 个需求点），设置 $N_p=4M$；③对于大规模算例（20 个候选 DC-10 个候选 HDCC-10 个候选 CC-200 个需求点），设置 $N_p=5M$。在本研究中，为了深入理解算法中的参数 F 和 C_R 对闭环选址—库存集成优化问题求解性能的影响，设计了一系列测试参数。测试使用了一个由 10 个候选 DC、5 个候选 HDCC、5 个候选 CC 和 100 个需求点组成的示例网络。每个参数组合均经过 30 次独立运行，以确保结果的统计显著性。评估指标包括算法的平均目标函数值（Mean）和运行时间（CPU time），后者以秒为单位记录。所有测试均以 Lingo 软件得出的最优目标值 18372610 作为性能比较的基准。详细的参数测试结果汇总于表 7-3 至 7-6。

(1) MHDE 算法参数分析。由表 7-3 可知，MHDE 算法的控制参数

F 和 C_R 对算法寻优能力及运算效率具有显著影响。从表 7-3 中可以看出，随着 F 值的增加，无论 C_R 取何值，算法的求解精度都有所提高，算法运算时间有所增加。C_R 的取值对算法的运算时间影响较小，C_R 的取值对求解精度的影响呈现先提高后下降的趋势。因此，MHDE 算法控制参数的最优组合为：$F=0.9$，$C_R=0.1$，本章后续所有实验均采用该组合。

（2）ISaDE 算法参数分析。由表 7-4 可知，随着 F 值的增加，均值呈现下降趋势，在 $F=0.8$ 之后，均值有所增大，算法的求解精度有所提高，算法运算时间有所增加。C_R 的取值对求解精度的影响呈现先提高后下降的趋势，在 $C_R=0.1$ 时，性能达到最优。另外，F 对求解时间的影响相对较小，而算法运算时间随着 C_R 取值的增加而快速增加。因此，ISaDE 算法控制参数的最优组合为：$F=0.8$，$C_R=0.1$，本章后续所有实验均采用该组合。

（3）NDADE 算法参数分析。从表 7-5 可以看出，随着 F 值的增加，均值呈现上升趋势，在 $F=0.2$ 之后，均值逐渐增大，算法的求解精度有所下降，算法运算时间有所增加。C_R 的取值对求解精度的影响呈现先提高后下降的趋势，在 $C_R=0.1$ 时，性能达到最优。因此，NDADE 算法控制参数的最优组合为：$F=0.2$ 和 $C_R=0.1$，本章后续所有实验均采用该组合。

（4）DE 算法参数分析。从表 7-6 可以看出，随着 F 值的增加，求解精度呈现下降趋势，在 $F=0.1$ 之后，均值逐渐增大，算法的求解精度有所下降，算法运算时间有所增加。C_R 的取值对求解精度的影响呈现逐渐下降的趋势，在 $C_R=0.02$ 时，性能达到最优。因此，DE 算法控制参数的最优组合为：$F=0.1$，$C_R=0.02$，本章后续所有实验均采用该组合。

本研究的后续实验将采用上述最佳参数设置。

表 7-3 MHDE 参数测试结果

F/C_R		0.00	0.02	0.04	0.06	0.08	0.10	0.12	0.14	0.16	0.18	0.20
0.00	Mean	18533013.27	18537959.08	18552046.49	18553799.58	18566126.89	18552609.27	18568477.46	18571206.47	18537985.96	18562172.79	18567885.52
	CPU Time(s)	1.43	1.43	1.41	1.38	1.39	1.38	1.37	1.35	1.36	1.34	1.34
0.10	Mean	18481309.45	18453402.01	18442272.22	18421098.55	18428074.06	18444573.93	18432839.35	18437018.27	18436615.59	18446329.35	18427559.35
	CPU Time(s)	1.52	1.56	1.59	1.62	1.68	1.70	1.74	1.76	1.81	1.81	1.83
0.20	Mean	18453889.14	18417296.63	18424184.39	18426476.59	18422957.52	18412771.53	18401223.32	18410866.90	18415919.15	18420908.14	18437271.74
	CPU Time(s)	1.56	1.63	1.71	1.77	1.90	1.98	2.05	2.20	2.25	2.36	2.45
0.30	Mean	18448522.74	18414662.95	18408967.29	18405875.58	18409047.73	18398067.02	18397413.20	18402122.44	18394606.42	18408879.83	18408909.08
	CPU Time(s)	1.57	1.68	1.77	1.92	2.06	2.20	2.35	2.47	2.68	2.83	3.04
0.40	Mean	18437194.74	18397447.69	18406140.38	18402847.30	18387064.38	18385064.40	18387579.10	18385645.94	18391905.33	18394180.40	18397400.05
	CPU Time(s)	1.58	1.71	1.84	1.97	2.19	2.36	2.56	2.78	3.02	3.21	3.54
0.50	Mean	18441382.35	18393147.69	18396383.60	18386594.04	18384365.94	18378110.66	18390189.98	18388633.94	18387284.81	18383097.06	18388230.63
	CPU Time(s)	1.61	1.72	1.88	2.03	2.28	2.48	2.74	3.05	3.38	3.60	3.99
0.60	Mean	18422487.89	18394655.19	18392216.92	18378977.69	18383190.69	18379602.44	18380615.39	18377976.02	18382876.91	18376424.51	18380015.20
	CPU Time(s)	1.60	1.75	1.90	2.10	2.34	2.59	2.92	3.22	3.68	4.01	4.41
0.70	Mean	18420142.10	18395863.18	18389743.72	18379523.98	18379996.87	18377582.68	18378200.69	18378030.86	18376001.91	18383968.70	18377577.61
	CPU Time(s)	1.62	1.76	1.94	2.13	2.43	2.75	3.06	3.46	3.93	4.38	4.93

续表 7-3

	F/C_R	0.00	0.02	0.04	0.06	0.08	0.10	0.12	0.14	0.16	0.18	0.20
0.80	Mean	18404953.57	18390730.18	18382723.77	18379805.16	18379213.97	18381187.19	18377217.63	18375390.20	18379410.99	18376001.53	18377897.19
	CPU Time(s)	1.64	1.78	1.98	2.20	2.45	2.92	3.37	3.79	4.28	4.90	5.32
0.90	Mean	18427214.58	18381973.56	18378352.23	18379229.68	18375052.25	18373141.17	18376652.54	18374945.66	18375892.97	18374572.28	18377475.64
	CPU Time(s)	1.63	1.79	1.96	2.19	2.49	2.91	3.49	3.90	4.38	5.27	5.71
1.00	Mean	18426549.35	18379419.86	18375573.52	18374769.01	18379182.65	18375604.32	18374278.32	18374570.69	18375209.91	18374759.47	18375972.63
	CPU Time(s)	1.60	1.76	1.97	2.23	2.56	2.94	3.31	3.97	4.61	5.15	6.04

表 7-4　ISaDE 参数测试结果

F	F/C_R	0.00	0.02	0.04	0.06	0.08	0.10	0.12	0.14	0.16	0.18	0.20
0.00	Mean	18459887.50	18428209.97	18393212.25	18388602.01	18390513.00	18380950.36	18384794.59	18386491.67	18381566.48	18384094.50	18389706.62
	CPU Time(s)	1.99	2.18	2.43	2.73	3.09	3.52	4.03	4.54	5.16	5.77	6.46
0.10	Mean	18488172.05	18406837.75	18400624.46	18398114.37	18386219.77	18384893.00	18388576.37	18390007.48	18394990.84	18382409.06	18383899.91
	CPU Time(s)	2.01	2.20	2.49	2.82	3.24	3.75	4.38	5.08	6.04	6.97	8.01
0.20	Mean	18473787.93	18417397.72	18405479.37	18398865.39	18381181.58	18390760.13	18379551.62	18377520.52	18393230.53	18378622.11	18384702.55
	CPU Time(s)	1.98	2.24	2.51	2.87	3.40	3.93	4.63	5.56	6.58	7.80	9.08
0.30	Mean	18499462.92	18413648.01	18388640.19	18394205.31	18389806.72	18382453.38	18379176.25	18385691.19	18378414.26	18383398.31	18434301.08
	CPU Time(s)	2.02	2.26	2.56	2.95	3.43	3.99	4.86	5.83	7.06	8.48	9.44
0.40	Mean	18478733.39	18413474.08	18389310.87	18382985.79	18378070.54	18378104.05	18375662.63	18380416.96	18376343.17	18376108.90	18444949.60
	CPU Time(s)	1.98	2.27	2.56	2.98	3.48	4.06	4.92	5.90	7.13	8.60	9.52
0.50	Mean	18466127.54	18416352.62	18389020.82	18391135.19	18389323.81	18378758.29	18378293.81	18380931.62	18376929.92	18381380.73	18516441.02
	CPU Time(s)	1.98	2.20	2.55	2.94	3.48	4.13	4.96	5.95	7.36	8.77	9.50
0.60	Mean	18462284.07	18408719.10	18389375.47	18381885.93	18377150.88	18384228.51	18378055.38	18383196.09	18380631.19	18375557.42	18515357.24
	CPU Time(s)	1.99	2.26	2.58	2.95	3.55	4.15	5.00	5.98	7.42	8.86	9.51
0.70	Mean	18474788.77	18398141.52	18387238.87	18387102.46	18380469.08	18379077.31	18380965.94	18382152.95	18378801.43	18376812.09	18538800.10
	CPU Time(s)	2.04	2.28	2.57	2.99	3.58	4.23	4.98	6.12	7.24	9.02	9.57

续表 7-4

	F/C_R	0.00	0.02	0.04	0.06	0.08	0.10	0.12	0.14	0.16	0.18	0.20
0.80	Mean	18480812.80	18404583.48	18392424.89	18384335.95	18384619.99	18374553.80	18379143.31	18376216.34	18383099.83	18376513.64	18534688.39
	CPU Time(s)	2.03	2.30	2.58	3.01	3.54	4.15	4.94	6.14	7.37	8.80	9.58
0.90	Mean	18465362.97	18418494.17	18385965.91	18382436.39	18378991.22	18382920.11	18376833.32	18376132.26	18383316.73	18382824.95	18573362.23
	CPU Time(s)	2.00	2.23	2.58	2.95	3.49	4.13	4.97	6.03	7.42	8.95	9.58
1.00	Mean	18426199.89	18430448.32	18386616.15	18382029.47	18375295.21	18380105.90	18374087.47	18376785.01	18374023.95	18374760.90	18621112.46
	CPU Time(s)	1.91	2.14	2.42	2.84	3.36	4.15	4.95	5.95	7.56	8.89	9.57

表 7-5　NDADE 参数测试结果

F/C_R		0.00	0.02	0.04	0.06	0.08	0.10	0.12	0.14	0.16	0.18	0.20
0.00	Mean	18597675.30	18782352.49	18951777.95	19041018.18	19133201.80	19213005.38	19244649.67	19293749.02	19399832.46	19417648.46	19507670.64
	CPU Time(s)	6.75	4.48	3.58	3.10	2.75	2.66	2.53	2.39	2.21	2.18	2.06
0.10	Mean	18382239.76	18379485.93	18384409.51	18405626.96	18431365.93	18440994.88	18453140.55	18491059.94	18484480.13	18513599.32	18558903.72
	CPU Time(s)	7.83	6.36	5.49	4.96	4.69	4.39	4.13	4.00	3.92	3.85	3.71
0.20	Mean	18527858.36	18373912.17	18375133.92	18378009.85	18386462.52	18391485.24	18398297.95	18415182.58	18431405.16	18448565.20	18469496.83
	CPU Time(s)	8.31	7.59	7.20	6.93	6.71	6.50	6.24	6.24	6.31	6.13	6.01
0.30	Mean	18860491.32	18452021.14	18405037.24	18403242.40	18403035.50	18407296.57	18410845.15	18413543.23	18421475.48	18425853.50	18456863.39
	CPU Time(s)	8.51	8.28	8.13	8.09	8.06	7.99	7.88	7.84	7.86	7.72	7.75
0.40	Mean	19186991.68	18769967.78	18720684.30	18770754.21	18785153.86	18846320.21	18818748.53	18865045.25	18898646.75	18936398.43	18915641.21
	CPU Time(s)	8.59	8.55	8.41	8.49	8.36	8.45	8.29	8.28	8.34	8.39	8.33
0.50	Mean	19532437.40	19161085.71	19253335.44	19381599.33	19480943.35	19527341.66	19628448.12	19728387.93	19778821.49	19737609.17	19748425.43
	CPU Time(s)	8.69	8.62	8.61	8.60	8.56	8.57	8.50	8.45	8.60	8.53	8.66
0.60	Mean	19684736.16	19577809.45	19768778.44	19998973.01	20288057.23	20380584.77	20554449.88	20887338.94	20795688.38	21044761.70	21172627.12
	CPU Time(s)	8.76	8.68	8.67	8.74	8.63	8.69	8.72	8.31	8.69	8.43	8.17
0.70	Mean	19897361.15	19892958.60	20232308.22	20632963.76	21084236.51	21374928.19	21744629.87	21507065.35	21599505.85	22058687.62	21732782.14
	CPU Time(s)	8.90	8.78	8.81	8.82	8.79	8.64	8.56	8.64	8.64	8.32	8.46

续表 7-5

F/C_R		0.00	0.02	0.04	0.06	0.08	0.10	0.12	0.14	0.16	0.18	0.20
0.80	Mean	20034970.19	20175576.61	20654394.76	21252069.37	21622354.17	22030592.12	22172563.80	22628405.67	22738944.78	22868500.95	23007928.33
	CPU Time(s)	8.89	8.80	8.91	8.82	8.75	8.75	8.82	8.54	8.52	8.28	8.25
0.90	Mean	20138280.10	20421796.56	21185442.72	21820762.79	22360793.70	22730573.30	23385652.30	23012623.55	23712137.36	24030487.98	24184638.36
	CPU Time(s)	9.00	8.97	8.93	8.92	8.82	8.80	8.66	8.61	8.27	8.11	8.02
1.00	Mean	20280885.74	20672312.80	21470460.01	22128597.99	22983339.17	23476806.54	24432741.05	25167575.69	25284321.37	25190024.04	25790596.62
	CPU Time(s)	8.93	8.94	9.03	8.90	8.99	8.86	8.33	7.54	7.56	7.79	7.42

表 7-6　DE 参数测试结果

F/C_R		0.00	0.02	0.04	0.06	0.08	0.10	0.12	0.14	0.16	0.18	0.20
0.00	Mean	18598668.57	18776789.73	18916916.59	19037746.79	19140012.66	19206354.91	19295767.34	19383087.90	19426285.11	19478569.92	19539853.15
	CPU Time(s)	6.82	4.47	3.59	3.11	2.78	2.53	2.35	2.20	2.10	2.01	1.93
0.10	Mean	18575961.67	18374970.37	18377370.65	18383903.16	18389742.74	18391565.14	18395008.04	18395067.94	18415400.29	18429800.71	18426680.85
	CPU Time(s)	8.07	7.60	7.32	7.22	7.24	7.26	7.29	7.42	7.39	7.53	7.65
0.20	Mean	19389165.76	19004205.94	19128597.70	19406812.87	19811538.84	20244761.02	20624621.21	21172823.54	21636704.74	22286414.12	22593387.25
	CPU Time(s)	8.41	8.32	8.32	8.28	8.29	8.41	8.41	8.48	8.46	8.47	8.50
0.30	Mean	20628538.98	21441315.92	22827659.07	24406288.37	25698987.45	26946440.85	28080138.90	29246936.69	30215501.35	31149554.60	32034574.77
	CPU Time(s)	8.67	8.61	8.55	8.53	8.45	8.28	8.02	7.55	7.09	6.50	5.89
0.40	Mean	20704065.38	21784926.41	23442675.72	25110072.76	26797407.36	28153756.13	29549718.61	30821065.17	31565767.57	31984669.80	33051189.94
	CPU Time(s)	8.59	8.57	8.61	8.55	8.17	7.91	7.21	6.35	6.06	6.43	5.16
0.50	Mean	21264637.11	22958914.30	25155905.89	27131575.64	28681057.09	30489465.66	31782697.75	32335461.82	33328719.04	33853093.29	34379008.81
	CPU Time(s)	8.75	8.75	8.58	8.25	8.03	6.96	6.29	6.41	5.58	5.51	5.24
0.60	Mean	22002909.86	24272539.99	26666675.30	28932437.84	30638798.39	31787688.56	32920346.38	33957792.09	34511943.56	34797573.45	35681706.68
	CPU Time(s)	8.84	8.81	8.86	8.22	7.21	6.88	6.19	4.96	5.08	5.12	4.17
0.70	Mean	21810692.66	24049646.69	26654051.67	28638750.96	30421443.10	31830600.63	33010030.20	33554395.36	34483692.59	35100640.40	35669906.21
	CPU Time(s)	8.84	8.79	8.64	8.43	7.50	6.66	5.91	5.76	5.34	4.74	4.61

续表 7-6

F/C_R		0.00	0.02	0.04	0.06	0.08	0.10	0.12	0.14	0.16	0.18	0.20
0.80	Mean	21393926.84	23221808.22	25537050.33	27476704.49	29710716.65	31112645.24	32475902.50	33214736.25	34013833.58	34839531.43	35311778.82
	CPU Time(s)	8.83	8.92	8.90	8.92	7.95	7.16	6.16	5.98	5.58	4.70	4.50
0.90	Mean	21291597.10	23241048.27	25740023.95	28003244.33	29867851.66	31619023.71	33055789.08	33879017.50	34709029.48	35106576.89	36014486.61
	CPU Time(s)	8.95	8.96	8.98	8.69	8.20	6.78	5.72	5.16	4.69	4.72	3.79
1.00	Mean	20788528.92	22355025.43	24628244.73	27099824.86	29370738.03	30435439.77	32662046.58	33170052.62	33991132.51	34711950.02	35161087.12
	CPU Time(s)	8.93	9.05	9.01	8.94	7.99	8.27	5.55	6.32	5.65	4.65	5.20

7.4.2 性能分析

在本研究中，我们对 MHDE 算法的寻优性能和运算效率进行了全面的测试与评估。为此，我们随机生成了三种不同规模的算例，包括大、中等和小规模，每种规模均随机生成了五组实例，并将这些实例分别通过 MHDE 算法、ISaDE 算法、NDADE 算法、DE 算法以及 Lingo 11 软件进行求解。算法性能的评估基于最小值（Min）、最大值（Max）、均值（Mean）、标准差（S. D.）和运算时间（CPU Time）等关键指标。考虑到进化算法的固有随机性，MHDE 算法、ISaDE 算法、NDADE 算法、DE 算法每种均独立运行了 30 次，而 Lingo 的求解器由于其基于解析算法的特性，确保了结果的一致性，因此仅运行 1 次。然而，在面对中等和大规模算例时，Lingo 未能在 3600s 的时间限制内求得最优解，故未在结果中展示。详细的运算结果汇总于表 7-7、表 7-8 及表 7-9，为算法性能的深入比较提供了翔实的数据支持。

表 7-7 小规模算例性能对比

Instance	Algorithm	Min	Max	Mean	Mean S. D.	CPU Time (s)	CPU Time S. D.	Gap
Small size-1	MHDE	18372613.92	18377368.74	18373141.17	1397.72	2.91	0.09	
	ISaDE	18372613.92	18386033.01	18374553.80	2765.82	4.15	0.10	0.01%
	NDADE	18372613.92	18379019.37	18373912.17	1916.73	7.59	0.07	0.00%
	DE	18372613.92	18388795.14	18374970.37	3404.74	7.60	0.08	0.01%
	Lingo	18372610.00				581.00		
Small size-2	MHDE	18465140.56	18471492.23	18465569.16	1279.62	3.01	0.17	
	ISaDE	18465140.56	18483146.12	18468886.03	5219.08	4.13	0.13	0.02%
	NDADE	18465140.56	18491558.32	18467075.43	4990.09	7.63	0.07	0.01%
	DE	18465140.56	18507117.44	18470401.13	8234.03	7.62	0.06	0.03%
	Lingo	18465140.00				526.00		
Small size-3	MHDE	18267232.49	18270967.57	18267367.63	669.94	2.89	0.15	
	ISaDE	18267232.49	18282316.66	18269786.39	3963.43	4.13	0.19	0.01%
	NDADE	18267232.49	18271730.03	18267694.04	1041.92	7.47	0.08	0.00%
	DE	18267232.49	18295680.52	18270190.77	6345.21	7.59	0.05	0.02%
	Lingo	18267230.00				648.00		

表 7-8　中等规模算例性能对比

Instance	Algorithm	Min	Max	Mean	Mean S. D.	CPU Time (s)	CPU Time S. D.	Gap
Medium size-1	MHDE	21621909.86	21638396.92	21622957.79	3154.50	30.02	1.50	
	ISaDE	21622796.48	21715593.59	21653980.24	25952.26	48.36	0.34	0.14%
	NDADE	22737585.11	23597173.61	23045975.45	171955.81	41.07	0.10	6.17%
	DE	25115517.44	25670305.35	25400873.89	138203.05	40.81	0.08	14.87%
	Lingo	21621910.00				3600.00		
Medium size-2	MHDE	21341095.51	21357505.19	21343587.21	4626.15	24.62	1.12	
	ISaDE	21341095.51	21370538.50	21348967.96	9865.29	40.16	1.28	0.03%
	NDADE	22116445.17	22784183.50	22468311.22	152792.63	40.52	0.17	5.01%
	DE	23490705.60	24102168.59	23842833.62	138366.13	40.50	0.09	10.48%
	Lingo	21341100.00				3375.00		
Medium size-3	MHDE	21413368.97	21420740.82	21414504.18	2184.89	24.56	1.18	
	ISaDE	21413368.97	21460863.70	21420546.81	9311.63	40.66	1.57	0.03%
	NDADE	22220606.64	22898006.04	22596572.33	166315.46	40.52	0.09	5.23%
	DE	23566351.74	24082596.63	23902160.65	118472.10	40.12	0.05	10.41%
	Lingo	21413370.00				3439.00		

表 7-9　大规模算例性能对比

Instance	Algorithm	Min	Max	Mean	Mean S. D.	CPU Time(s)	CPU Time S. D.	Gap
Large size-1	MHDE	29339109.23	29350389.87	29340652.51	2865.75	145.78	5.05	
	ISaDE	30656830.37	32054249.01	31345262.52	285807.92	163.33	0.54	6.40%
	NDADE	33189448.42	34779716.46	34047650.38	418780.52	131.68	0.16	13.82%
	DE	38211271.01	39145500.31	38755865.21	186957.14	130.66	0.12	24.29%
Large size-2	MHDE	29541252.09	29546952.02	29541871.30	1323.90	146.07	6.09	
	ISaDE	30887070.44	32442189.03	31732106.71	315586.50	163.75	0.34	6.90%
	NDADE	33681639.34	35396675.31	34649357.32	437956.69	132.54	0.14	14.74%
	DE	38822254.64	39670432.51	39387298.14	188407.81	134.28	0.10	25.00%
Large size-3	MHDE	29875780.49	29887046.25	29877173.76	3118.28	150.66	7.18	
	ISaDE	31812049.45	33072062.12	32459461.84	363266.53	162.60	0.39	7.96%
	NDADE	34478037.15	36239385.80	35372546.61	380310.34	130.88	0.12	15.54%
	DE	39340238.55	40601880.30	40026879.92	281701.10	132.59	0.11	25.36%

通过表 7-7、表 7-8 与表 7-9 对 MHDE 算法进行深入的性能分析时，可以得到以下结论：

(1) 在小型和中等规模算例问题上，MHDE 算法与 Lingo 软件在最优解的精度上几乎一致，但 MHDE 算法展现出了更高的时间效率。这一点在处理物流系统集成优化问题时尤为重要，因为它证明了 MHDE 算法在实际应用中的快速响应能力。

（2）在小型算例问题上，MHDE 算法与 ISaDE 算法、NDADE 算法和 DE 算法在求解精度上表现相近。但随着问题规模的增加，MHDE 算法在求解精度和运行时间上均展现出了明显的优越性。这不仅证明了 MHDE 算法在处理更复杂问题时的有效性，也揭示了其在算法效率方面的显著优势。

（3）MHDE 算法在所有实例中的标准偏差均低于其他三种算法，突显了 MHDE 的稳定性。这意味着在实际应用中，MHDE 算法能够在较少的迭代次数内，以更高的可靠性获得优质的解。

综上所述，MHDE 算法不仅在求解效率上具有优势，在稳定性和求解精度上也表现出色，尤其是在面对更大规模的问题时，其优势更加明显。这将为 MHDE 算法在物流系统集成问题求解中的应用提供有力的支持。

为了进一步深入验证 MHDE 算法的性能，我们采用了独立群体的非参数统计检验方法，特别是 Mann-Whitney U 检验，对不同算法生成的优化解进行了成对比较。该检验方法以其对数据分布的非依赖性，在 95％的置信水平下，能有效地验证不同算法求解总成本的显著性差异。表 7-10、表 7-11、表 7-12 分别显示了小、中等和大规模问题的检验结果，这些检验结果不仅为 MHDE 算法的优越性能提供了统计学上的证据，而且也揭示了其在不同规模问题上的一致性和稳定性。所有相关的统计分析均借助 IBM SPSS Statistics 25 软件进行，确保了分析过程的准确性和结果的可靠性。

表 7-10　MHDE 和 ISaDE 的 Mann-Whitney U 检验结果

No.	Small size		Medium size		Large size	
	p-value	Significant ($p<0.05$)	p-value	Significant ($p<0.05$)	p-value	Significant ($p<0.05$)
1	0.009	Y	0.000	Y	0.000	Y
2	0.004	Y	0.034	Y	0.000	Y
3	0.001	Y	0.000	Y	0.000	Y

表 7-11　MHDE 和 NDADE 的 Mann-Whitney U 检验结果

No.	Small size		Medium size		Large size	
	p-value	Significant ($p<0.05$)	p-value	Significant ($p<0.05$)	p-value	Significant ($p<0.05$)
1	0.147	N	0.000	Y	0.000	Y
2	0.166	N	0.000	Y	0.000	Y
3	0.254	N	0.000	Y	0.000	Y

表 7-12　MHDE 和 DE 的 Mann-Whitney U 检验结果

No.	Small size		Medium size		Large size	
	p-value	Significant ($p<0.05$)	p-value	Significant ($p<0.05$)	p-value	Significant ($p<0.05$)
1	0.010	Y	0.000	Y	0.000	Y
2	0.000	Y	0.000	Y	0.000	Y
3	0.000	Y	0.000	Y	0.000	Y

根据表 7-10、表 7-11 与表 7-12 所展示的 Mann-Whitney U 检验结果，可以清晰地看到，在大多数情况下，MHDE 算法得到的 p 值小于 0.05，这表明 MHDE 算法相对于其他算法具有显著的性能优势。这一优势在不同规模的问题上均得到了验证，从而进一步证实了 MHDE 算法在求解本章所讨论的物流系统集成优化问题时的优越性。

7.4.3　敏感度分析

本部分通过敏感性分析深入探讨商业因素对供应链性能的影响，分析结果通过图 7-4 至图 7-9 直观地展示，揭示供应链成本与关键参数之间的动态关系。具体来说，q_m 的增加导致 C_L、C_I 和 C_T 的上升，如图 7-5 所示。进一步地，d_{rm} 或 d_{ms} 的增加主要影响了 C_L 和 C_T，而库存成本保持稳定，如图 7-4 所示。此外，h_r、h_s、b_r、b_s、c_r、c_s、e_r、e_s 的增加导致 C_I 和 C_T 的增加，但 C_L 将保持不变，如图 7-6 至图 7-9 所示。

这些发现对于理解和优化供应链管理具有重要意义，特别是在面对市场波动和退货管理等复杂因素时。通过这些分析，我们可以更好地识别供应链中的成本驱动因素，并制定相应的策略来降低成本和提高供应链的效率。

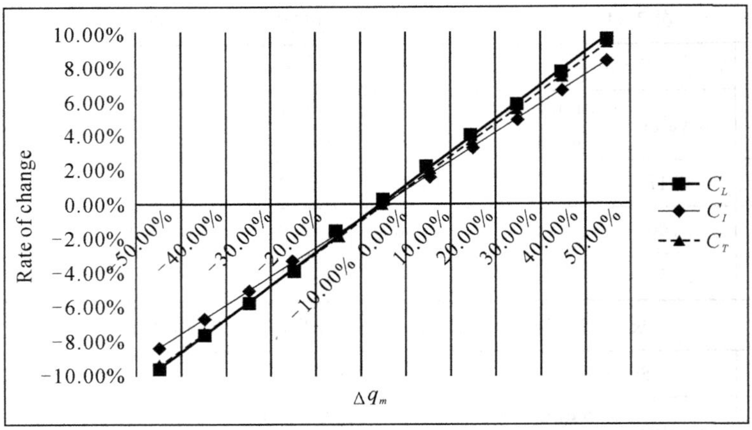

图 7-4　q_m 敏感性分析

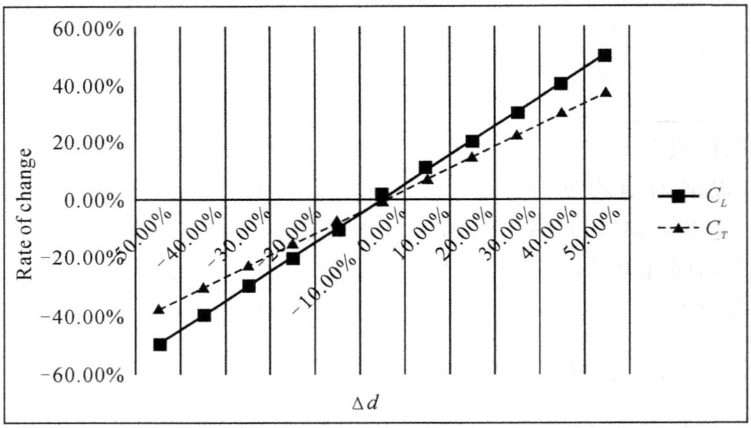

图 7-5　d_{rm}和 d_{ms}敏感性分析

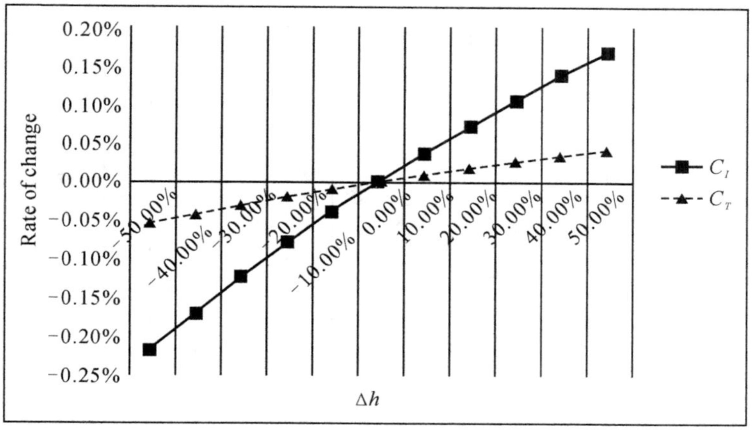

图 7-6 h_r 和 h_s 的敏感性分析

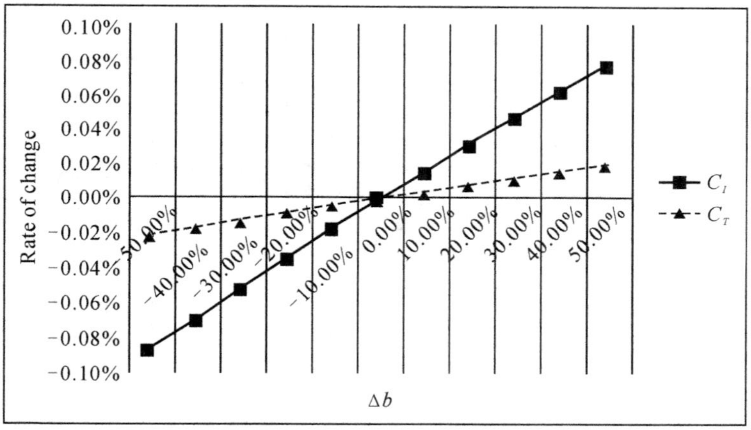

图 7-7 b_r 和 b_s 的敏感性分析

本部分的敏感性分析通过图 7-4 至 7-9 展示了不同参数变化对供应链成本的显著影响。例如，当 d_{rm} 和 d_{ms} 均下降 50％时，总成本和库存成本将分别下降 37.61％和 49.9％；若 d_{rm} 和 d_{ms} 均上升 50％，总成本和库存成本将分别上升 37.61％ 和 49.9％。从图 7-4 至图 7-9 中可以看出，与 q_m、e_r 和 e_s 相比，d_{rm} 和 d_{ms} 的影响最大。基于上述数值结果，我们可以得到以下管理启示：

(1) 产品回收不仅对提高企业的经济效益至关重要，也是实现环境可持续发展的关键环节。管理者应充分认识到这一点，并采取相应措施优化回收流程。

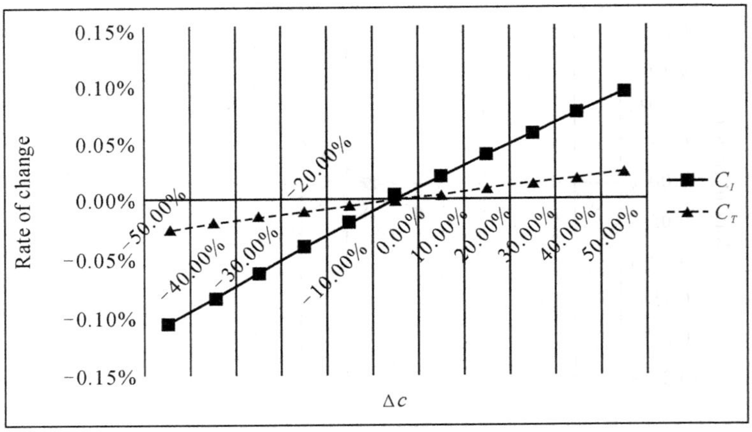

图 7-8　c_r 和 c_s 的敏感性分析

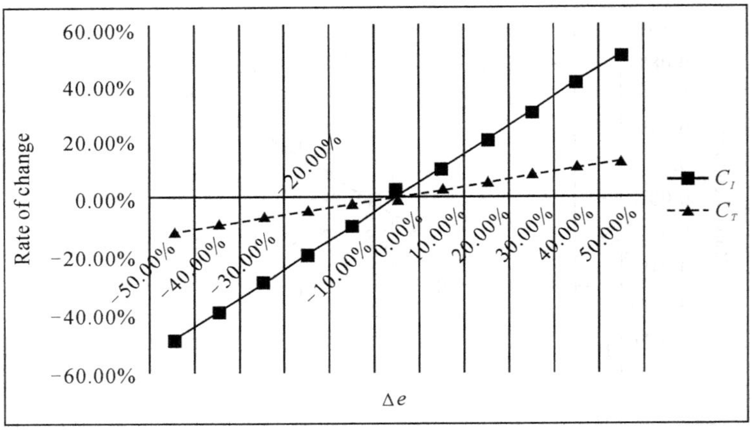

图 7-9　e_r 和 e_s 的敏感性分析

(2) 从实验来看，参数 q_m 的增加会导致供应链总成本的上升，因此，管理者需要密切关注相关成本的变化，并据此调整设施选址和库存控制策略。

(3) 敏感性分析为企业提供了成本控制的参考依据，可帮助企业识别关键成本驱动因素，并制定相应的成本管理策略。

MHDE 算法作为一种高效的优化工具，能够为回收企业提供可行的解决方案，降低供应链成本，解决复杂的物流系统集成优化问题。

7.5 本章小结

随着消费者环保意识的加强以及社会可持续发展战略的逐步深入，产品回收利用受到企业重视，越来越多的企业将废旧商品的翻新再使用/再制造作为企业长期发展战略。随着“互联网＋”时代的到来，企业通过线上平台从消费者手中回收废旧商品进行再制造/再利用，可有效降低回收成本，提高交易效率，优化社会资源配置。越来越多的企业开始开展线上回收业务，比如华为商城、小米商城、爱回收等。在这种背景下，企业迫切需要设计高效、稳健的闭环供应链系统，增加逆向渠道，集成物流过程，为废旧商品回收再制造提供良好的实现环境和途径。因此，研究考虑产品回收的 CLIP，符合企业实际运营需要。本章的具体工作与贡献如下：

(1) 以一个 HPRC、多个候选 DC、多个候选 HDCC、多个候选 CC 以及多个需求点所构成的闭环物流系统为研究对象，构建考虑产品回收的 CLIP 集成优化模型，从全局优化的角度出发优化供应链网络，以保障物流系统的服务质量和运行效率。

(2) 设计了 MHDE 算法来求解所构建的模型，通过采用反向学习策略、自适应机制、新的交叉策略、截断选择等策略来改进算法性能。算例结果证明了模型与算法的有效性和实用性。与此同时，通过多组算例验证了 MHDE 算法的寻优性能、稳定性以及运算效率明显优于 ISaDE 算法、NDADE 算法、DE 算法以及 Lingo 软件，是一种高效、稳定、鲁棒性强的进化算法。

(3) 在构建 CLIP 集成优化模型的过程中，敏感度分析是一种不可或缺的工具，它能够帮助企业理解和量化关键参数的不确定性对成本结构的影响。通过识别和评估这些参数的波动范围，深入洞察它们对总成本及其分项的影响，为企业的科学决策提供坚实的依据。此外，敏感度分析还有助于扩展模型在实际中的应用范围，使其能够灵活应对企业运营中的不确定性因素。通过对关键参数的细致分析，企业可以制定更加精准的策略，优化资源配置，降低运营风险，并提高整体供应链的效率和竞争力。

本章研究考虑产品回收的 CLIP 更加贴合实际需要，并设计了 MHDE 算法求解该模型，该研究既丰富了选址—库存决策理论，也扩展了 DE 算法的应用范围，可为互联网时代企业实施可持续性发展、降低供应链运营成本提供指导和帮助。

第8章　考虑二级市场的闭环选址—库存问题集成优化

8.1 引　　言

随着IT技术、信息系统、电子商务等的快速发展，网络购物模式变得越来越普遍，由于宽松的退货政策、法律法规约束、客户冲动消费、商品质量问题等原因导致商品退货频率越来越高。据统计显示，网购商品的平均退货率高达22%，并且呈现上升趋势。[176]大量的退货致使企业承受极大的经济损失，如京东，中国最大的网上购物商城之一，其退货商品的价值高达数千亿美元。[7]退货的回收处理问题成为网络零售企业急需解决的一大难题。从大型网络零售商京东、苏宁自营平台关于3C商品的退货处理问题来看，除了极少部分退货被原封不动退回可直接再次进入市场销售外，大部分退货由于存在外包装破损、已被使用、有质量缺陷等问题，只能在经过重新包装、清洗、维修、测试等专业处理后作为翻新商品再次进入市场进行销售。企业通过将经过专业处理的退货商品作为翻新商品销售至市场，实现加快商品价值再造、提高企业营业收入、降低企业运营成本的目的。

现如今，翻新商品因价格优势、消费者环保意识增强、商品功能完善而受到消费者的广泛青睐，越来越多的消费者购买翻新商品。[178]据Liquidity Services的调查显示，94%的受访者表示在过去三年中购买过翻新商品，84%的受访者在购买翻新商品后对其商品的功能和价格感到满意。[179]与此同时，翻新商品的销售市场现已普遍存在于各行各业，其规模也在迅速增长。[180]该市场现已成为企业出售过剩库存和翻新产品的主要渠道[180]，吸引了众多大型网络零售商的关注，它们纷纷加入翻新商品销售市场平台的建设与运营，以获取更大的市场竞争优势和利润。例如，京东备件库/苏宁备件库均用于销售平台自营的翻新产品，其主要来源于平台七天无理由退货自营新品，功能完好、使用次数极少的商品，因外包装破损留存仓库未销售产品以及原商品因质量问题退货后由厂商换新或维修的商品。

基于此，本章针对商品退货在经过专业处理后作为翻新商品进入市场进行销售这一现实情况，设计同时考虑新商品与翻新商品配送与回收的高效闭环供应链网络。以京东备件库销售的 3C 类翻新商品为例，京东自营的 3C 商品退货除了未拆封的新商品退货直接以新商品进行销售外，其他退货商品均退回至回收中心进行专业处理后作为翻新商品进行再次销售。因此，从全局优化的角度出发探究设施选址与库存控制集成优化问题，构建同时考虑新商品与翻新商品退货的 CLIP 集成优化模型，使研究的问题更加贴合实际。针对模型的性质和特点，设计了 ISaDE 算法进行求解，并通过多组不同规模的算例验证了模型与算法的有效性和实用性。最后，对相关成本参数进行敏感度分析，探索其理论意义与实践价值。

本章的结构安排如下：8.2 主要是研究问题描述及模型构建；8.3 提出求解模型的 ISaDE 算法；8.4 通过数值模拟验证模型与算法的有效性与实用性，并探讨模型相关参数对成本分项及总成本的影响；8.5 对本章的研究内容进行小结。

8.2 考虑二级市场的 CLIP 模型构建

8.2.1 问题描述

本章是对 LIP 的拓展研究，增加考虑了商品退货在经过检测、再包装、修复等一系列专业处理后作为翻新商品再次进入市场进行销售这一现实情况。基于此，研究假设生产中心同时具备有质量缺陷的商品修复功能，而配送中心同时具备商品回收功能，分别将其称为 HPRC 与 HDCC，HPRC 与 HDCC 通过共享相关设施设备来实现有效节约成本、减少环境污染，实现可持续发展。[168-169]

以京东备件库为例，该平台为京东自营翻新商品销售平台，本章以销售翻新的 3C 数码商品为例进行说明，该类翻新商品主要有以下三个来源：①平台 7 天无理由退货自营新品；②因外包装破损留存仓库未销售产品；③原商品因质量问题产生退货后由厂商换新或维修的商品。

对于商品退货，除了少部分未拆封的新商品退货外，其他退货商品需在 HDCC 进行检测，并根据检测结果进行相应的处理。经过专业检测后，商品退货的主要处理方式如下：①对于包装未拆开的退货商品，将再次作为新商品进入市场进行销售；②如果包装已打开，通过检测并无质量缺陷的退货商品，将在 HDCC 进行翻新（例如清洗、再包装等），然后作为翻新商品进行市场销售；③对于经过检测发现有质量缺陷的退货商品，将其退回至 HPRC 进行修复，该商品修复完成后作为翻新商品进入市场进行销售。

对于京东备件库销售的翻新 3C 数码商品退货，当且仅当其翻新商品存在质量缺陷时方可退货。因此，翻新商品退货在经过 HDCC 检测后运送至 HPRC 进行维修。其具体业务流程如图 8-1 所示。

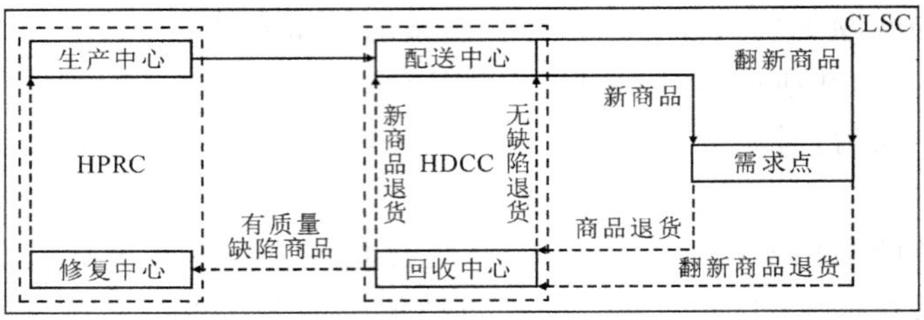

图 8-1　闭环供应链的具体业务流程

本章的研究对象为由一个 HPRC、多个候选 HDCC 以及多个需求点所构成的二级供应链网络，假设新商品与翻新商品的物流配送与回收均来自同一闭环供应链网络体系。如图 8-2 所示，HDCC 从 HPRC 订购商品与翻新商品以满足指定的需求点的需求。与此同时，在将商品配送至需求点的同时兼顾回收该需求点的退货[168]，所有退货在 HDCC 通过专业检测后，将有质量缺陷的退货退回至 HPRC 进行修复。假设该闭环供应链网络各节点地理位置已知，HDCC 容量无限制，HDCC 与需求点的距离为欧氏距离。

通过该模型最终作出如下决策：①候选 HDCC 的选址方案；②新商品与翻新商品的配送与回收方案；③针对这两种销售商品，被选 HDCC 的库存补给方案。通过合理规划候选 HDCC 选址、所有商品的配送与回收及库存补给方案，使物流系统的总成本最小化。

本模型所用到的参数如下：

1. **集合**

I——候选 HDCC 集合；

J——需求点集合。

2. **常量**

a_i——第 i 个候选 HDCC 的固定建设成本，$i \in I$；

b_i——第 i 个 HDCC 向 HPRC 订购商品的固定管理费用，$i \in I$；

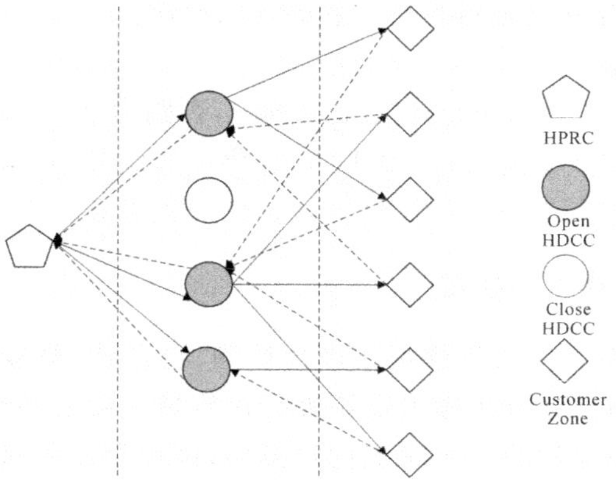

图 8-2　闭环供应链网络示意图

c_i——从 HPRC 至第 i 个 HDCC 的固定运输费用，$i \in I$；

d_{ij}——从第 i 个 HDCC 至需求点 j 的单位商品的运输费用，$i \in I$，$j \in J$；

e_i——从 HPRC 至第 i 个 HDCC 的单位商品的可变运输费用，$i \in I$；

f_i——单位退货商品在第 i 个 HDCC 的检测成本，$i \in I$；

g_i——单位无缺陷退货在第 i 个 HDCC 的再包装成本，$i \in I$；

h_i——单位商品在第 i 个 HDCC 的年库存持有成本，$i \in I$；

k——单位有质量缺陷退货在 HPRC 的修复成本；

L——HDCC 的订货提前期；

q_1——新商品的退货率；

q_2——翻新商品的退货率；

$\mu_{j,1}$——新商品在需求点 j 的日均需求量，$j \in J$；

$\mu_{j,2}$——翻新商品在需求点 j 的日均需求量，$j \in J$；

$\sigma_{j,1}^2$——新商品在需求点 j 的日需求方差，$j \in J$；

$\sigma_{j,2}^2$——翻新商品在需求点 j 的日需求方差，$j \in J$；

α——市场需求满足率；

z_α——标准正态偏离，$P(z \leqslant z_\alpha) = \alpha$；

λ——年工作天数；

β——商品退货中无质量缺陷退货比例；

γ——商品退货中有质量缺陷退货比例；

θ——商品退货中未拆封的商品退货比例（$\theta + \beta + \gamma = 1$）；

δ——新商品在运输过程中包装破损的比例。

3. **决策变量**

X_i——第 i 个候选 HDCC 被选中为 1，否则为 0；

Y_{ij}——需求点 j 由第 i 个 HDCC 提供配送服务为 1，否则为 0；

Z_{ji}——需求点 j 由第 i 个 HDCC 提供回收服务为 1，否则为 0。

8.2.2 模型构建

考虑 B2C 模式下商品退货在经过检测、再包装、修复等一系列专业处理后作为翻新商品再次进入市场进行销售这一现实情况，构建考虑新商品与翻新商品退货的 LIP 集成优化模型，该模型以物流系统总成本最小化为目标，其总成本主要包括：①设施选址成本；②从 HDCC 至需求点的配送成本；③安全库存成本；④周转库存成本；⑤退货成本。

1. **设施选址成本**

设施选址决策的确定，主要考虑 HDCC 年固定成本的影响，因此，备选 HDCC 的设施选址成本（C_L）表达式为：

$$C_L = \sum_{i\in I} a_i X_i$$

2. **从 HDCC 至需求点的配送成本**

在 B2C 模式下，考虑到常规商品与翻新商品的需求，HDCC 以 1 次/天的固定频率配送商品。[11]对于销售两种商品从 HDCC 配送至需求点的配送成本分别为 $\lambda \sum_{i\in I} \sum_{j\in J} \mu_{j,1} d_{ij} Y_{ij}$ 与 $\lambda \sum_{i\in I} \sum_{j\in J} \mu_{j,2} d_{ij} Y_{ij}$ 。因此，所有需求商品从 HDCC 配送至需求点的总配送成本（C_{SH}）表达式为：

$$C_{SH} = \lambda \sum_{i\in I} \sum_{j\in J} \mu_{j,1} d_{ij} Y_{ij} + \lambda \sum_{i\in I} \sum_{j\in J} \mu_{j,2} d_{ij} Y_{ij} = \lambda \sum_{i\in I} \sum_{j\in J} (\mu_{j,1} + \mu_{j,2}) d_{ij} Y_{ij}$$

3. **安全库存成本**

考虑风险分摊效应[13]，为确保发生缺货的概率小于或等于 α，其安全库存量则为 $z_\alpha \sqrt{L \sum \sigma^2}$ 。因此，新商品与翻新商品在 HDCC 的安全库存成本分别为 $\sum_{i\in I} h_i z_\alpha \sqrt{L \sum_{j\in J} \sigma_{j,1}^2 Y_{ij}}$ 与 $\sum_{i\in I} h_i z_\alpha \sqrt{L \sum_{j\in J} \sigma_{j,2}^2 Y_{ij}}$，市场需求产品在 HDCC 的安全库存成本（$C_{SS}$）的表达式为：

$$C_{SS} = \sum_{i\in I} h_i z_\alpha \sqrt{L \sum_{j\in J} \sigma_{j,1}^2 Y_{ij}} + \sum_{i\in I} h_i z_\alpha \sqrt{L \sum_{j\in J} \sigma_{j,2}^2 Y_{ij}}$$

4. **周转库存成本**

相关研究表明，用 EOQ 模型可近似替代一类服务水平下的（Q，R）

库存补给策略[16]，其最大相对误差为 0.118[166]。经过进一步深入研究发现：在多数情况下，总成本的相对增长远小于最大相对误差[16]。基于此，本章采用 EOQ 模型求解得到 HDCC 的最优订货次数与订货数量。周转库存成本具体如下：

(1) 订货成本。HDCC 向 HPRC 同时订购新商品与翻新商品的年订货成本为 $\sum_{i\in I} b_i n_i$，其中，n_i 为 $HDCC_i$ 向 HPRC 订货的年订货次数。

(2) 从 HPRC 至 HDCC 的运输成本。新商品除了来源于 HDCC 向 HPRC 的订货，还有部分来自于未拆封的商品退货。与此同时，新商品在从 HPRC 向 HDCC 运送的过程中会出现外包装破损的情况。因此，在确定新商品订货数量时需要同时考虑可再次进入市场的未拆封的商品退货以及运输过程中出现包装破损的情况，从而确定 HDCC 向 HPRC 订货的新产品数量 $\frac{1-\theta q_1}{1-\delta}\sum_{i\in I}\sum_{j\in J}\mu_{j,1}Y_{ij}$。翻新商品主要来源于 HDCC 向 HPRC 的订货、新商品在运输过程中的破损以及无缺陷退货。因此，从 HDCC 向 HPRC 订货的翻新产品的数量为 $\sum_{i\in I}\sum_{j\in J}(\mu_{j,2}-\delta\mu_{j,1})Y_{ij}-\beta q_1\sum_{i\in I}\sum_{j\in J}\mu_{j,1}Z_{ji}$。基于此，从 HPRC 至 HDCC 的运输成本表达式为：

$$\sum_{i\in I}\left\{c_i n_i+\lambda e_i\left[\frac{1-\theta q_1}{1-\delta}\sum_{j\in J}\mu_{j,1}Y_{ij}+\sum_{j\in J}(\mu_{j,2}-\delta\mu_{j,1})Y_{ij}-\beta q_1\sum_{j\in J}\mu_{j,1}Z_{ji}\right]\right\}$$

(3) 年库存持有成本。新商品的年库存持有成本为 $\sum_{i\in I}\sum_{j\in J}\frac{\lambda h_i\mu_{j,1}Y_{ij}}{2n_i}$，同理可得，翻新商品的年库存持有成本为 $\sum_{i\in I}\sum_{j\in J}\frac{\lambda h_i\mu_{j,2}Y_{ij}}{2n_i}$，基于此，新商品与翻新商品的年库存持有成本为 $\sum_{i\in I}\sum_{j\in J}\frac{\lambda h_i(\mu_{j,1}+\mu_{j,2})Y_{ij}}{2n_i}$。

除了新商品与翻新商品会产生库存持有成本外，新商品与翻新商品退货也会导致库存成本的增加。本章研究中，假设从需求点回收的无缺陷退货商品，经过检测、再包装等专业处理后将在下一个周期作为翻新商品进入市场销售；对于退回的未拆包装的新商品，也将在下一个周期再次进入销售市场；对于有质量缺陷的新商品与翻新商品，通过检测后都将直接运送至 HPRC 进行修复，然后作为翻新商品进行销售。因此，退货商品的库存持有成本可以表示为 $\sum_{i\in I}\sum_{j\in J}\frac{\lambda h_i(\theta+\beta)q_1\mu_{j,1}Z_{ji}}{2n_i}$。

基于上述分析，新商品/翻新产品的总库存成本(C_{INV})表达式为

$$C_{INV}=\sum_{i\in I}\{b_i n_i+c_i n_i+\lambda e_i[\frac{1-\theta q_1}{1-\delta}\sum_{j\in J}\mu_{j,1}Y_{ij}+\sum_{j\in J}(\mu_{j,2}-\delta\mu_{j,1})Y_{ij}-\beta q_1\sum_{j\in J}\mu_{j,1}Z_{ji}]\}+\sum_{i\in I}\sum_{j\in J}\frac{\lambda h_i(\mu_{j,1}+\mu_{j,2})Y_{ij}+\lambda h_i(\theta+\beta)q_1\mu_{j,1}Z_{ji}}{2n_i}$$

显然，在上述式子中，C_{INV}是决策变量n_i的凸函数。因此，令$\frac{\partial C_{INV}}{\partial n_i}=0$，可得到最优$n_i^*$：

$$n_i^*=\sqrt{\frac{\lambda h_i\sum_{j\in J}[(\mu_{j,1}+\mu_{j,2})Y_{ij}+(\theta+\beta)q_1\mu_{j,1}Z_{ji}]}{2(b_i+c_i)}}$$

将n_i^*代入到C_{INV}中，C_{INV}可调整为：

$$C_{INV}=\sum_{i\in I}\{\sqrt{2\lambda h_i(b_i+c_i)\sum_{j\in J}[(\mu_{j,1}+\mu_{j,2})Y_{ij}+(\theta+\beta)q_1\mu_{j,1}Z_{ji}]}+\lambda e_i[\frac{1-\theta q_1}{1-\delta}\sum_{j\in J}\mu_{j,1}Y_{ij}+\sum_{j\in J}(\mu_{j,2}-\delta\mu_{j,1})Y_{ij}-\beta q_1\sum_{j\in J}\mu_{j,1}Z_{ji}]\}$$

5. **退货成本**

退货成本是商品退货过程中产生的一系列成本，对于新商品退货，其退货成本主要包括：①检测成本，即对从需求点退回至HDCC的退货进行检测的成本；②再包装成本，检测后无质量缺陷的退货与运输过程中破损的商品在HDCC进行再包装的成本；③修复成本，有质量缺陷的退货运回至HPRC进行修复的成本；④退货从需求点至HDCC的运输成本；⑤有质量缺陷的退货从HDCC至HPRC的运输成本。对于翻新商品，仅当有质量缺陷才进行退货。因此，翻新商品退货的主要成本包括检测成本、从需求点至HDCC的运输成本、从HDCC至HPRC的运输成本以及修复成本。基于上述分析，新商品与翻新商品退货的成本具体如下：

(1)检测成本。除了包装未拆开的退货不用进行检测之外，新商品与翻新商品退货均需要在HDCC进行检测。新商品退货的检测成本为$\lambda\sum_{i\in I}\sum_{j\in J}f_i(\beta+\gamma)q_1\mu_{j,1}Z_{ji}$，翻新商品退货的检测成本为$\lambda\sum_{i\in I}\sum_{j\in J}f_i q_2\mu_{j,2}Z_{ji}$，总检测成本为$\lambda\sum_{i\in I}\sum_{j\in J}f_i(\beta+\gamma)q_1\mu_{j,1}Z_{ji}+\lambda\sum_{i\in I}\sum_{j\in J}f_i q_2\mu_{j,2}Z_{ji}$。

(2)再包装成本。无质量缺陷退货与运输过程中破损的商品需要在HDCC进行再包装，待重新包装完成后作为翻新商品进入市场进行销售。基于此，在HDCC进行再包装的退货商品的再包装成本为

$\lambda \sum_{i \in I} \sum_{j \in J} g_i (\beta q_1 + \delta) \mu_{j,1} Z_{ji}$ 。

(3)修复成本。新商品与翻新商品退货中有质量缺陷的退货需要返厂进行维修,其总的修复成本为:

$$\lambda k \sum_{i \in I} \sum_{j \in J} \gamma q_1 \mu_{j,1} Z_{ji} + \lambda k \sum_{i \in I} \sum_{j \in J} q_2 \mu_{j,2} Z_{ji}$$

(4)退货从需求点至 HDCC 的运输成本。无论哪种退货,均需要从需求点退回至 HDCC。所有退货从需求点至 HDCC 的运输成本为:

$$\lambda \sum_{i \in I} \sum_{j \in J} d_{ij} q_1 \mu_{j,1} Z_{ji} + \lambda \sum_{i \in I} \sum_{j \in J} d_{ij} q_2 \mu_{j,2} Z_{ji}$$

(5)有质量缺陷的退货从 HDCC 至 HPRC 的运输成本。所有的退货,当且仅当存在质量缺陷时,才需要返回 HPRC 进行修复。从 HDCC 至 HPRC 的运输成本可以表示为:

$$\lambda \sum_{i \in I} \sum_{j \in J} e_i \gamma q_1 \mu_{j,1} Z_{ji} + \lambda \sum_{i \in I} \sum_{j \in J} e_i q_2 \mu_{j,2} Z_{ji}$$

综上所述,总的退货成本(C_{RET})的表达式为:

$$\begin{aligned} C_{RET} = &\lambda \sum_{i \in I} \sum_{j \in J} (\{[f_i(\beta + \gamma) + g_i\beta + k\gamma + d_{ij} + e_i\gamma] q_1 + g_i\delta\} \mu_{j,1} \\ &+ (f_i + k + d_{ij} + e_i) q_2 \mu_{j,2}) Z_{ji} \end{aligned}$$

基于上述各成本项的分析,考虑新商品与翻新商品退货的 CLIP 集成优化模型表示如下:

$$\begin{aligned} C_{TOT} &= C_L + C_{SH} + C_{SS} + C_{INV} + C_{RET} \\ &= \sum_{i \in I} a_i X_i + \lambda \sum_{i \in I} \sum_{j \in J} (\mu_{j,1} + \mu_{j,2}) d_{ij} Y_{ij} + \\ &\quad \sum_{i \in I} h_i z_\alpha \sqrt{L \sum_{j \in J} \sigma_{j,1}^2 Y_{ij}} + \sqrt{L \sum_{j \in J} \sigma_{j,2}^2 Y_{ij}} + \\ &\quad \sum_{i \in I} \left\{ \sqrt{2\lambda h_i (b_i + c_i) \sum_{j \in J} [(\mu_{j,1} + \mu_{j,2}) Y_{ij} + (\theta + \beta) q_1 \mu_{j,1} Z_{ji}]} + \right. \\ &\quad \left. \lambda e_i \left[\frac{1 - \theta q_1}{1 - \delta} \sum_{j \in J} \mu_{j,1} Y_{ij} + \sum_{j \in J} (\mu_{j,2} - \delta \mu_{j,1}) Y_{ij} - \beta q_1 \sum_{j \in J} \mu_{j,1} Z_{ji} \right] \right\} + \\ &\quad \lambda \sum_{i \in I} \sum_{j \in J} \{[(f_i(\beta + \gamma) + g_i\beta + k\gamma + d_{ij} + e_i\gamma] q_1 + g_i\delta\} \mu_{j,1} Z_{ji} + \\ &\quad \lambda \sum_{i \in I} \sum_{j \in J} (f_i + k + d_{ij} + e_i) q_2 \mu_{j,2} Z_{ji} \end{aligned} \tag{8.1}$$

约束条件为:

$$\sum_{i \in I} X_i \geqslant 1 \tag{8.2}$$

$$\sum_{i \in I} Y_{ij} = 1, \forall j \in J \tag{8.3}$$

$$\sum_{i \in I} Z_{ji} = 1, \forall j \in J \tag{8.4}$$

$$Y_{ij} \leqslant X_i, \forall i \in I, \forall j \in J \tag{8.5}$$

$$Z_{ji} \leqslant X_i, \forall i \in I, \forall j \in J \tag{8.6}$$

$$\sum_{j \in I} Y_{ij} \geqslant X_i, \forall i \in I \tag{8.7}$$

$$\sum_{j \in I} Z_{ji} \leqslant M \sum_{j \in J} Y_{ij}, \forall i \in I \tag{8.8}$$

$$X_i \in \{0,1\}, \forall i \in I \tag{8.9}$$

$$Y_{ij} \in \{0,1\}, \forall i \in I, \forall j \in J \tag{8.10}$$

$$Z_{ji} \in \{0,1\}, \forall i \in I, \forall j \in J \tag{8.11}$$

在上述模型中，目标函数(8.1)表示最小化闭环物流系统成本；约束条件(8.2)确保不少于一个候选 HDCC 被选中；约束条件(8.3)表示任何一个需求点的每种需求商品仅能由一个被建设的 HDCC 进行正向配送服务，每一需求点的每种商品仅由一个被选中的 HDCC 进行配送；约束条件(8.4)表示每个需求点的退货仅由一个被选中的 HDCC 提供售后回收服务；约束条件(8.5)与(8.6)分别表示 HDCC 提供相关服务的前提是该候选 HDCC 被选中；约束条件(8.7)表示候选 HDCC 被选择的前提是提供需求点的商品配送服务；约束条件(8.8)表示 HDCC 提供回收服务的前提为进行商品配送服务，其中 M 是一个辅助变量，为无穷大的值；约束条件(8.9)至约束条件(8.11)分别表示 X_i、Y_{ij} 与 Z_{ji} 均为 0～1 之间的变量。

8.3 ISaDE 算法设计

FLP 是 NP 难题[11]，而本章研究考虑新商品与翻新商品退货的 CLIP 更为复杂，亦属于 NP 难题，其求解难度更高。解析算法在求解该类组合优化问题时往往难以同时保证算法的求解精度与运算效率，在实际问题中很难直接应用。而智能算法因其高效的优化性能，通用的算法框架以及易于实现等优势在求解此类问题时得到了广泛应用。本章设计了 ISaDE 算法来求解模型。ISaDE 算法描述所需的符号及其意义如表 8-1 所示。

表 8-1　ISaDE 算法描述所需的符号及其意义

符号	意义
N_p	种群规模
N	种群个体维度（特指需求点个数）
G	算法最大迭代次数
X_i^g	目标向量：第 g 代的种群个体 i （$1\leqslant i\leqslant N_p$，$1\leqslant g\leqslant G$）
V_i^g	变异向量：第 g 代的种群个体 i 的变异向量（$1\leqslant i\leqslant N_p$，$1\leqslant g\leqslant G$）
U_i^g	试验向量：第 g 代的种群个体 i 的试验向量（$1\leqslant i\leqslant N_p$，$1\leqslant g\leqslant G$）
F	变异因子
C_R	交叉因子

ISaDE 算法与标准 DE 算法的运算步骤基本一致，但由于研究问题的特殊性，算法在执行交叉、变异操作后产生的试验向量可能并不是可行解，因此，需要进行可行解修正，在修正之后执行选择操作。基于此，ISaDE 算法的运算步骤主要包括：种群初始化、变异操作、交叉操作、可行解修正以及选择操作。在通过初始化生成初始种群后，算法进入循环迭代过程，通过不断执行变异操作、交叉操作、修正可行解以及选择操作来更新种群个体，直到满足终止条件，算法停止运算。ISaDE 算法的运算步骤如下：

8.3.1　种群初始化

ISaDE 算法是基于种群的全局搜索算法，每个种群个体代表一个研究问题的可行解，并通过不断迭代变异、交叉与选择运算生成更好的种群个体（可行解）。对于 ISaDE 算法而言，合理高效的编码、解码机制设计是算法优化的关键所在，直接影响算法的性能。因此，种群个体的编码结构设计在算法运算过程中起着至关重要的作用，通过分析模型所具有的特点，挖掘模型的内在性质，发现该种群个体包括几个部分：候选 HDCC 选址策略、新商品与翻新商品配送以及回收信息。基于此，本章设计的种群个体的编码结构如式(8.12)所示。

$$X_i^g=\{x_{i,1}^g,x_{i,2}^g,\cdots,x_{i,N}^g,x_{i,N+1}^g,x_{i,N+2}^g,\cdots,x_{i,2N}^g\},\quad 1\leqslant i\leqslant N_p,1\leqslant g\leqslant G \tag{8.12}$$

其中，N 表示需求点个数；X_i^g 表示第 g 次迭代第 i 个种群个体；该种群个体由包含 $2N$ 个元素的向量所组成，前 N 个元素表示候选 HDCC 选址策略与需求点正向配送信息；后 N 个元素表示需求点的商品逆向回收信息。例如，假设 $x_{i,j}^{g}=r$，表示对于种群个体 i，需求点 j 的需求商品将由第 r 个 HDCC 来提供正向配送服务。同理，假设 $x_{i,N+j}^{g}=r$，表示对于种群个体 i，需求点 j 的退货将由第 r 个 HDCC 负责逆向回收。

以种群个体编码{1,4,4,1,1,2,4,2,2,4,2,2,1,2,1,4,2,1,1,1}为例，该种群个体表示有 4 个候选 HDCC，10 个需求点，其中前 10 列表示所有需求点的正向配送信息，后 10 列表示所有需求点的逆向回收信息。该种群个体对应的可行解如下：1、2、4 号备选 HDCC 被建设，在配送信息方面，HDCC 1 为需求点 1、4、5 提供配送服务；HDCC 2 为需求点 6、8、9 提供配送服务；HDCC 4 为需求点 2、3、7、10 提供配送服务；在退货回收方面，HDCC 1 为需求点 3、5、8、9、10 提供逆向回收服务；HDCC 2 为需求点 1、2、4、7 提供逆向回收服务；HDCC 4 为需求点 6 提供逆向回收服务。从上述例子可以看出，该模型中的决策变量 X_i、Y_{ij} 与 Z_{ji}，均可以在 ISaDE 算法的种群个体结构中得到很好的体现。

考虑到约束条件(8.8)的限制，HDCC 提供回收服务的前提条件是进行商品的配送服务。因此，该约束对种群个体逆向回收信息的取值提出更高的要求，即对 $x_{i,j}^{g}(N+1\leqslant j\leqslant 2N)$ 的解码提出更高的要求。通过分析种群个体的编码结构，考虑研究问题的特殊性，得出具体的解码机制见式(8.13)：

$$x_{i,j}^{g}=\begin{cases}r_{\text{ound}}[x^{L}+r(j)\cdot(x^{U}-x^{L})],1\leqslant j\leqslant N\\ A(r_{\text{ound}}\{x^{L}+r(j)\cdot[l_{\text{ength}}(A)-1]\}),N+1\leqslant j\leqslant 2N\end{cases}\tag{8.13}$$
$$1\leqslant j\leqslant N_p,1\leqslant g\leqslant G$$

其中，$r_{\text{ound}}(\ )$为取整函数；$r(j)\in[0,1]$，为种群个体中第 j 个分量上的均匀分布随机数；$A=u_{\text{nique}}(x_{i,1}^{g},x_{i,2}^{g},\cdots,x_{i,N}^{g})$表示为需求点提供正向配送的 HDCC 集合；$x^U$ 与 x^L 分别表示 $x_{i,j}^{g}$ 的上、下界；$l_{\text{ength}}(\ )$表示向量的长度。针对本章研究问题的特殊性，至少存在一个候选 HDCC 被选中用于正向配送与逆向回收，因此，$x^L=1$。同理，最多所有候选 HDCC 均被选中，因此，x^U 为候选 HDCC 的总数。

8.3.2 变异操作

在 ISaDE 算法运算过程中，变异操作对丰富种群多样性起着不可忽视的作用。变异操作通过个体之间的差异增加扰动以达到丰富种群多样性的目的。一般而言，ISaDE 算法通常采用 DE/r_{and}/1 进行变异操作，即将任意两个不同向量的差值在被缩放因子 F 缩放后加到另一个随机选择的向量上，从而得到变异向量 V_i^g。具体通过式(8.14)产生对应的变异向量 V_i^g。

$$V_{i,j}^{g+1}=r_{\text{ound}}(x_{r_1,j}^g+F^{i,g}\cdot(x_{r_2,j}^g-x_{r_3,j}^g)),1\leqslant i\leqslant N_p,1\leqslant j\leqslant 2N \quad (8.14)$$

其中，$i\neq r_1\neq r_2\neq r_3$；$r_1,r_2,r_3\in[1,2,\cdots,N_p]$；$r_{\text{ound}}(\ )$为取整函数；$F^{i,g}$为变异因子，$g$ 为当前迭代次数。为了避免算法早熟收敛，保持种群个体的多样性，增加控制参数 F 的随机性，ISaDE 算法采用文献[113]中设计的自适应机制对变异因子 F 进行赋值。随着算法迭代次数的增加，不断更新变异因子 $F^{i,g}$，具体更新方式如式(8.15)所示。

$$F^{i,g}=\begin{cases}F_{\min}+r_{\text{and }1}\cdot F_{\max} & r_{\text{and }2}<\tau_1\\ F^{i,g-1} & \text{otherwise}\end{cases} \quad (8.15)$$

其中，$r_{\text{and }1}$与 $r_{\text{and }2}$为[0,1]之间的均匀分布随机数；τ_1 为常量，表示对应参数更新的概率；$F_{\min}$与 $F_{\max}$分别表示变异因子 F 的最小值与最大值。在本章后续实验中，算法运算过程中用于变异因子 $F^{i,g}$ 更新的相关参数分别取值为 $F_{\min}=0.1$，$F_{\max}=0.9$ 和 $\tau_1=0.9$。

8.3.3　交叉操作

经过变异操作产生 $v_{i,j}^{g+1}$后，通过将 $x_{i,j}^g$ 与 $v_{i,j}^{g+1}$ 执行交叉操作，生成试验向量 $U_i^g=\{u_{i,1}^g,u_{i,2}^g,\cdots,u_{i,2N}^g\}$。为进一步丰富种群个体的多样性，从而实现增强算法的搜索性能，ISaDE 算法引入了一种新的交叉操作。试验向量 U_i^g 产生的方式如下：

$$u_{i,j}^{g+1}=\begin{cases}v_{i,j}^{g+1} & r(j)\leqslant C_R^{i,g}\\ x_{k,j}^g & \text{otherwise}\end{cases}\ 1\leqslant i\leqslant N_p,1\leqslant j\leqslant 2N \quad (8.16)$$

其中，k 为$[1,2,\cdots,N_p]$中的随机数，$r(j)\in[0,1]$，为均匀分布随机数，$C_R^{i,g}$ 为交叉因子。此操作对目标向量进行定向扰动，既增加了种群的多样性，又增强了算法的寻优性能。

为了进一步增加种群的多样性，提高算法的寻优性能，ISaDE 算法采用文献[113]中设计的自适应机制对交叉因子 C_R 进行赋值。随着算法迭代次数的增加，交叉因子 $C_R^{i,g}$ 不断更新，具体更新方式如式(8.17)所示。

$$C_R^{i,g}=\begin{cases}r_{\text{and }3} & r_{\text{and }4}<\tau_2\\ C^{i,g-1} & \text{otherwise}\end{cases} \quad (8.17)$$

其中，$r_{\text{and }3}$与 $r_{\text{and }4}$为[0,1]之间的均匀分布随机数；τ_2 为常量，表示对

应参数更新的概率。在本章后续实验中，ISaDE 算法用于变异因子 $C_R^{i,g}$ 的更新，参数 τ_2 的取值为 0.9。

8.3.4 可行解修正

由于研究问题的特殊性，算法在运算过程中经过变异操作与交叉操作后产生的试验向量 U_i^g 可能无法满足约束条件(8.8)的限制，存在为非可行解的情况，即可能存在被选中的候选 HDCC 仅提供商品的回收服务。因此，需要对该部分试验向量进行可行解修正。具体的修正步骤如下：

第一步：遍历并记录试验向量 $U_i^g(i=1,2,\cdots,N_p)$ 中为商品提供正向配送服务的 HDCC。

第二步：判断是否满足约束条件(8.8)的限制，若该 HDCC 不满足约束条件(8.8)的限制，则通过式(8.13)对该分量 $U_{i,j}^{g+1}(j\in[N+1,2N])$ 进行重新赋值。

第三步：形成新的试验向量 U_i^g。

8.3.5 选择操作

为了保证算法种群规模的稳定性以及保留优良的种群个体，选择操作是算法运算过程中必不可少的步骤。因此，需要选择 X_i^g 或是 U_i^g 作为下一代种群个体。ISaDE 算法采用标准 DE 算法的贪婪选择操作。[177] 该策略采取目标向量 X_i^g 与试验向量 U_i^g“一对一”竞争选择机制，通过将变异、交叉以及可行解修正操作后所产生的 $f(U_i^{g+1})$ 与 $f(X_i^g)$ 进行比较，选取较优的向量作为子代种群个体，保证将更好的种群个体保留至下一代。选择操作按式(8.18)执行：

$$X_i^{g+1}=\begin{cases}U_i^{g+1} & f(U_i^{g+1})<f(X_i^g)\\ X_i^g & \text{otherwise}\end{cases}\quad 1\leqslant i\leqslant N_p,1\leqslant g\leqslant G \tag{8.18}$$

8.3.6 终止条件

ISaDE 算法通过不断迭代执行变异、交叉、可行解修正以及选择操作更新种群个体，直到满足终止条件停止迭代。在 ISaDE 算法中，算法终止需要满足以下终止条件：

(1) 当算法连续 K 次迭代运算均未能产生更优的种群个体，算法终止(K 为预先设定的值)。

(2) 当迭代次数 g 达到 G 时,算法停止。

8.3.7 算法流程

ISaDE 算法的流程如下:

第一步:生成初始种群。随机产生 N_p 个种群个体作为初始种群。

第二步:变异操作。首先利用式(8.15)更新变异因子 $F^{i,g}$ 的值,然后根据式(8.14)执行变异操作,生成变异向量。

第三步:交叉操作。首先利用式(8.17)更新交叉因子 $C_R^{i,g}$ 的值,然后根据式(8.16)执行交叉操作,生成试验向量。

第四步:可行解修正。对于不满足约束条件(8.8)限制的实验种群个体,运用式(8.13)进行可行解修正。

第五步:选择操作。根据式(8.18)执行贪婪选择操作,生成子代种群。

第六步:比较父代与子代种群个体的最优适应度值,若连续 K 次相等,算法终止,跳至第八步,否则转入第七步。

第七步:判断 g 是否达到 G,若 $g<G$,则 $g=g+1$,返回第二步,否则跳至第八步。

第八步:满足终止条件,寻优结束。

ISaDE 算法流程图如图 8-3 所示。

8.4 算例分析

本章构建了考虑新商品与翻新商品退货的 CLIP 集成优化模型,并设计了 ISaDE 算法进行求解。通过实例演算验证模型的可行性与算法的有效性,为企业管理者的管理实践提供指导与帮助。算例分析主要有如下步骤:首先,对 ISaDE 算法的控制参数 F 和 C_R 进行敏感度分析,讨论 F 和 C_R 对 ISaDE 算法性能的影响,找出使算法性能最优的 F 与 C_R 组合;其次,对模型相关成本参数进行敏感度分析,探讨相关成本参数的浮动对总成本及成本分项的影响,为企业管理者的管理决策提供参考;最后,通过对比分析验证 ISaDE 算法具有更优的搜索性能与运算效率。

考虑新商品与翻新商品退货的 CLIP 尚无标准数据库,为验证本章构建的模型与设计的 ISaDE 算法的有效性,假设所有候选 HDCC 与各需求点随机分布在平面(0,100)×(0,100)上,模型其他相关参数见表 8-2。

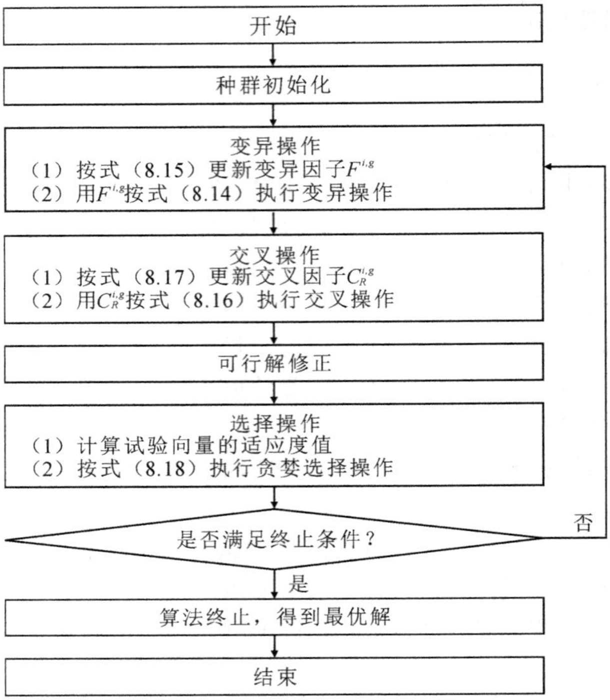

图 8-3　ISaDE 算法流程图

表 8-2　算例相关参数

参数	值	参数	值	参数	值
a_i	$U(1000,1500)$	b_i	10	c_i	10
e_i	5	f_i	1	g_i	1
h_i	1	k	1	l	1
q_1	0.6	q_2	0.2	θ	0.3
β	0.5	γ	0.2	δ	0.1
$\mu_{j,1}$	$U(20,30)$	$\mu_{j,2}$	$U(20,30)$	$\sigma_{j,1}^2$	$\mu_{j,1}$
$\sigma_{j,2}^2$	$\mu_{j,2}$	z_a	1.96		

8.4.1　ISaDE 算法参数分析

在 ISaDE 算法的运算过程中，控制参数 F 和 C_R 的取值选择起着至关重要的作用，直接影响算法的求解性能。因此，对 F 和 C_R 进行敏感度分析，找出使 ISaDE 算法性能最优的控制参数组合是关键，是后续相关分析的前提。本部分将从算法求解精度与运算效率两个维度对算法控制参数 F 和 C_R 的取值进行分析，选取 10 个候选 HDCC、100 个需求点作为测试算例对 F 和 C_R 以及相关运营成本参数进行敏感度分析，设置 ISaDE 算法的种群规模 $N_p=5N$，$K=N$，$G=1000$，初始变异因子 F 设为 {0.1，0.3，0.5，0.7，0.9}，初始交叉因子 C_R 的取值设为{0.01，0.03，0.05，0.07，0.09}，不同控制参数组合下分别独立运行 30 次的求解精度与平均运算时间的统计结果如图 8-4 与图 8-5 所示。其中，“Accuracy”为算法求解精度，“CPU Time”为算法平均运行时间。

ISaDE 算法的性能可从求解精度（找到最优解的概率）和运算效率（CPU 运行时间）两个维度来衡量。由图 8-4 与图 8-5 可以看出，随着 C_R 值的不断增加，ISaDE 算法的寻优能力呈现出先上升后下降的趋势，当 $C_R=0.05$ 时达到最优，但算法运算时间不断增加；随着变异因子 F 的增加，ISaDE 算法的寻优能力呈现先下降后上升的趋势，但对算法运算时间的影响较小，当 $F=0.9$ 时达到最优。综上所述，当 $F=0.9$，$C_R=0.05$ 时，ISaDE 算法的性能达到最优，后续的相关分析将继续沿用这对最优参数组合。

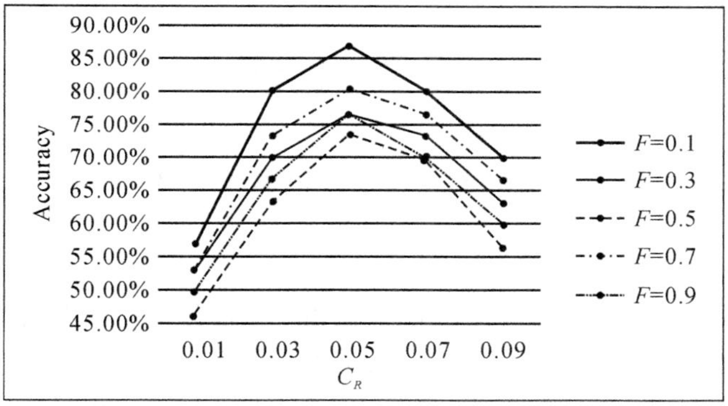

图 8-4　控制参数 F 与 C_R 对求解精度的影响

ISaDE 算法的寻优性能除了受控制参数 F 与 C_R 影响之外，种群规模 N_p 的取值对算法寻优性能亦有很大影响。因此，在 ISaDE 算法其他参数保持不变的情况下，可分别对不同种群规模 N_p 的取值进行分析，结果如图 8-6 所示。随着 N_p 取值的不断增加，算法求解精度越来越高。与此同时，算法运行效率也随着种群规模的不断增加而增加。因此，以保证 ISaDE 算法的求解精度、使算法运算效率最高为原则，当 $N_p=6N$ 时，可使 ISaDE 算法的寻优能力与运算时间之间的平衡达到最优。

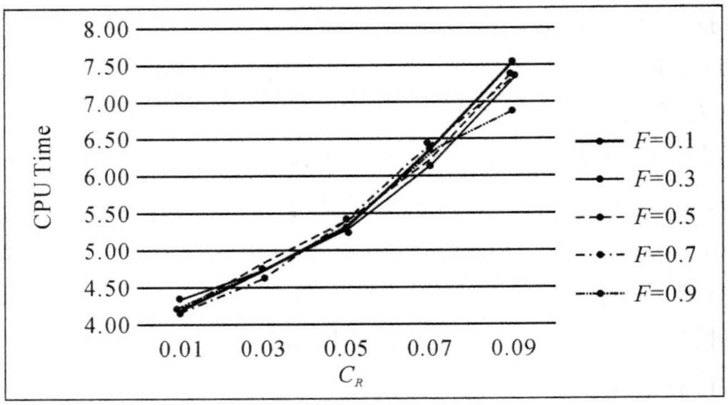

图 8-5　控制参数 F 与 C_R 对运算时间的影响

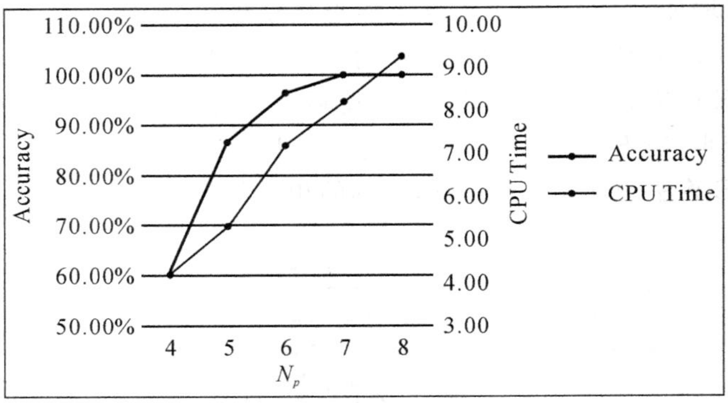

图 8-6　种群规模 N_p 对求解效率及运算时间的影响

8.4.2　敏感度分析

本部分的分析继续沿用上述算例，由于供应链网络具有动态性特征，退货率、运输成本、订货成本、库存成本等相关参数可能会因为不确定的情况而发生变化，从而极大地影响了设施选址以及库存控制决策。因此，对相关参数进行敏感度分析显得尤为重要。因此，可通过对参数 d_{ij}、e_i、q_1 与 q_2 进行敏感度分析，探究总成本及分项成本随参数的变化情况，相关参数的浮动率在－30％～30％之间，具体相关参数的分析结果见图8-7至图 8-10，这可为企业管理者提高供应链系统运行效率、降低企业物流成本提供指导与帮助。其中的“Change”表示参数变化对成本的影响。

如图 8-7 所示，随着 d_{ij} 的增加，运输成本 C_{SH}、退货成本 C_{RET} 和物流系统总成本 C_{TOT} 也快速增加，其他成本分项并无影响。当 d_{ij} 的变化率从

－30％至 30％时，C_{SH}、C_{RET} 与 C_{TOT} 的变化率分别为[－30.00％，30.00％]、[－24.42％，24.42％]和[－24.31％，24.31％]。运输成本与参数 d_{ij} 的浮动保持一致，随着参数 d_{ij} 的增加，退货商品的运输成本快速增加，从而导致总成本 C_{TOT} 快速增加。因此，企业管理者在研究如何快速而有效地降低物流系统总成本时，可优先考虑通过控制 d_{ij} 以达到降低总成本的目的。与此同时，从参数 d_{ij} 对成本的影响可以看出供应链网络设计尤为重要，高效合理的供应链网络设计可有效避免企业浪费资源，快速降低运输成本。

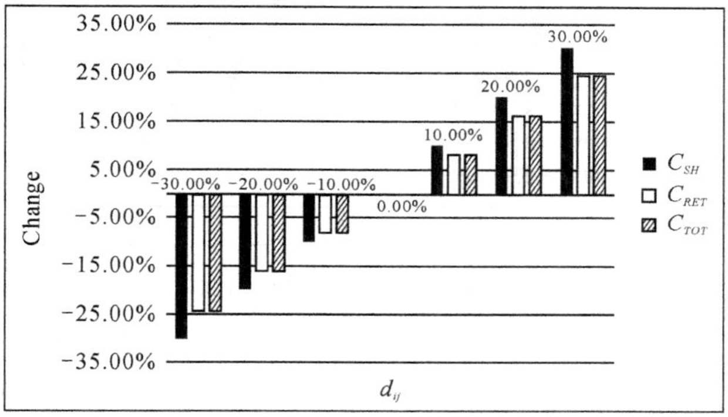

图 8-7　参数 d_{ij} 的敏感度分析

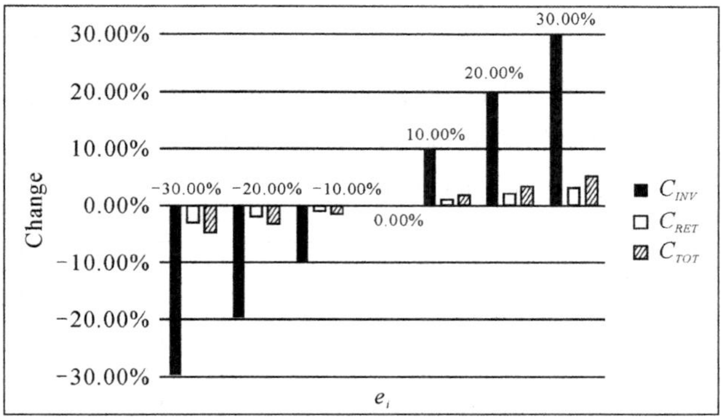

图 8-8　参数 e_i 的敏感度分析

如图 8-8 所示，随着 e_i 的增加，库存成本 C_{INV} 快速增加，并与 e_i 的浮动保持一致，退货成本 C_{RET} 与总成本 C_{TOT} 均增加，其他成本分项并无影响。当 e_i 的变化率从－30％至 30％时，C_{INV}、C_{RET} 与 C_{TOT} 的变化率分别为[－29.86％，29.86％]、[－3.03％，3.03％]和[－4.94％，4.94％]。e_i 的变化直接影响从 HPRC 至 HDCC 的运输成本，从而使库存成本

C_{INV}快速增加，由于只有存在质量缺陷的退货才需要退回至 HPRC，因此，e_i 的浮动对退货成本的影响较小。基于此，企业管理者在运营实践过程中应充分考虑该因素的影响，从而有效减低库存成本，提高供应链的快速响应能力，提升物流服务水平。

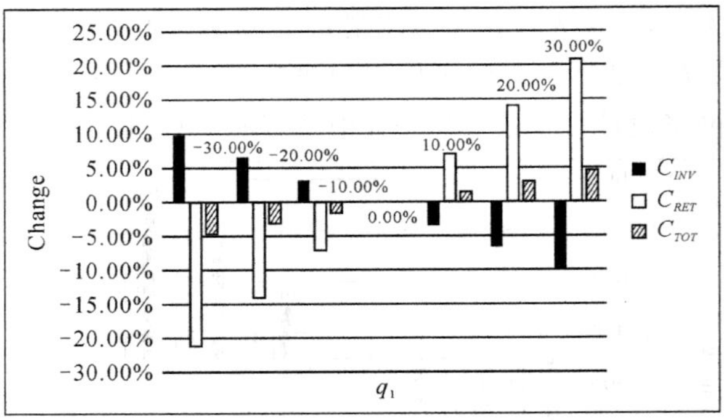

图 8-9　参数 q_1 敏感度分析

如图 8-9 所示，随着 q_1 的增加，库存成本 C_{INV} 逐渐降低，退货成本 C_{RET} 显著增加，物流系统总成本 C_{TOT} 会略有增加，其他成本分项并无影响。当 q_1 的变化率从－30％至 30％时，C_{INV}、C_{RET} 与 C_{TOT} 的变化率分别为[－9.89％，9.89％]、[－21.09％，21.09％]和[－4.65％，4.65％]。q_1 的变化直接影响翻新产品的订货量，导致高额的退货库存成本。与此同时，新商品的退货存在不同的处理方式，从而导致高额的退货成本。因此，企业通过降低新商品的退货率，可快速降低库存成本与退货成本，从而实现降低物流系统总成本的目的。

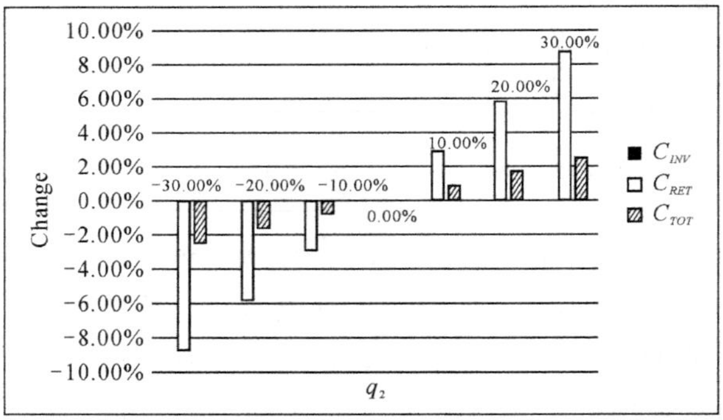

图 8-10　参数 q_2 的敏感度分析

如图 8-10 所示，随着 q_2 的增加，退货成本 C_{RET} 快速增加，物流系统

总成本 C_{TOT} 会稍有增加，其他成本分项并无影响。当 q_2 的变化率从 -30% 至 30% 时，C_{RET} 与 C_{TOT} 的变化率分别为[－8.72%，8.72%]和[－2.48%，2.48%]。由于翻新商品退货仅针对有质量缺陷的翻新商品，该退货将直接退回至 HPRC 进行修复，对 HDCC 的库存并不产生影响。因此，q_2 的变化对库存成本 C_{INV} 毫无影响。从参数 q_1 与 q_2 的变化率对成本的影响程度来看，q_1 的变化对成本的影响更大，也更为显著。因此，企业在研究降低退货率的措施时，可优先考虑新商品的退货率。

由于参数 b_i、c_i、h_i、g_i、f_i、k 与 δ 的浮动对成本分项与总成本的影响并不显著，企业管理者在企业运营过程中可不做重点考虑，在这里不做相关参数的敏感度分析。在企业的实际运营过程中，相关参数的敏感度分析尤为重要，为企业优化完善供应链网络、降低物流系统成本、合理配置资源提供理论支持。

众所周知，商品退货将对企业造成巨大损失，企业管理者非常有必要深入了解各种类型的退货对物流系统总成本及其分项成本的影响，从而更加有利于指导实践，为企业运营实践提供方向性的指导。由于翻新商品仅退回有质量缺陷的商品，对参数 q_2 已做敏感度分析，不再重复。因此，在其他相关参数保持不变的情况下，对各种类型商品的退货进行敏感度分析，即对参数 θ、β 与 γ $(\theta+\beta+\gamma=1)$进行敏感度分析，具体的实验结果见图 8-11 至图 8-13。

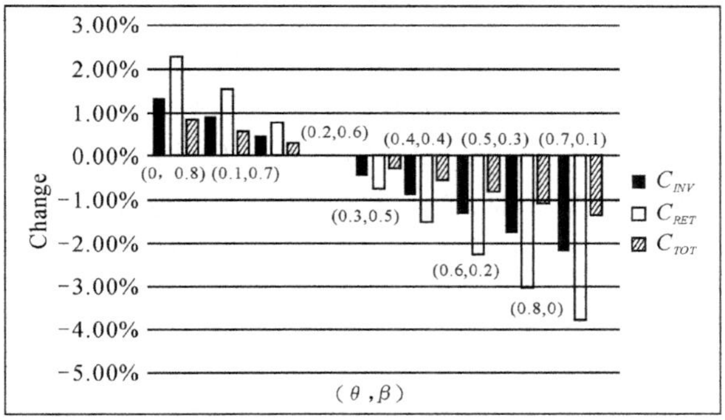

图 8-11　$(\theta,\ \beta)$敏感度分析

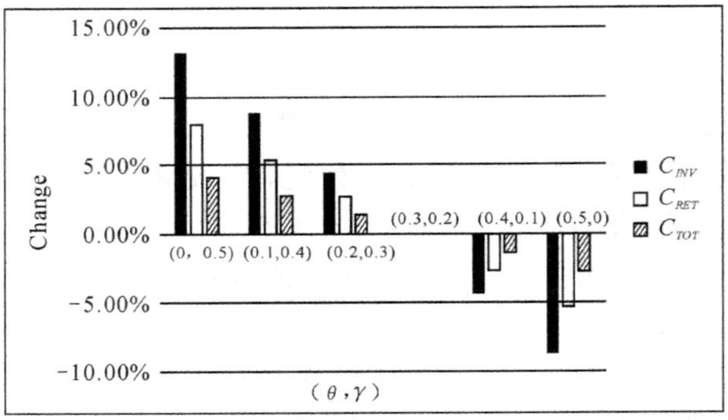

图 8-12　(θ,γ)敏感度分析

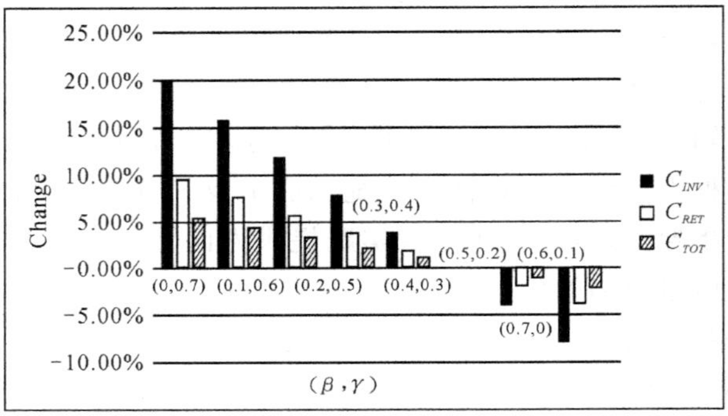

图 8-13　(β, γ)敏感度分析

从图 8-11 至图 8-13 可以看出，当 γ、β、θ 固定时，$(\theta, \beta)$$(\theta, \gamma)$与$(\beta, \gamma)$的变化对成本项 C_{INV}、C_{RET} 与 C_{TOT} 有影响，均呈现下降趋势，然而对其他成本项无影响。具体而言，当(θ, β)从(0, 0.8)至(0.8, 0)时，即当 θ 从 0 增加至 0.8、β 从 0.8 减少至 0 时，C_{INV}、C_{RET} 与 C_{TOT} 的变化率分别为[1.32%，－2.20%]、[2.28%，－3.80%]与[0.83%，－1.38%]；当(θ, γ)从(0, 0.5)至(0.5, 0)时，C_{INV}、C_{RET} 与 C_{TOT} 的变化率分别为[13.19%，－8.79%]、[7.98%，－5.32%]与[4.07%，－2.72%]；当(β, γ)从(0, 0.7)至(0.7, 0)时，C_{INV}、C_{RET} 与 C_{TOT} 的变化率分别为[19.78%，－7.91%]、[9.50%，－3.80%]与[5.41%，－2.16%]。

从图 8-11 至图 8-13 可以看出，当 γ 固定时，增加 θ 可减少 HDCC 向 HPRC 订货新产品的数量，降低了库存成本，β 减少可有效降低退货成本，从而降低物流系统总成本；当 β 固定时，增加 θ 可减少 HDCC 向 HPRC 订货新产品的数量，降低了库存成本，γ 减少可有效降低退货成

本，从而降低物流系统总成本；当 θ 固定时，增加 β 可减少 HDCC 向 HPRC 订货翻新产品的数量，降低了库存成本，γ 减少可有效降低退货成本，从而降低物流系统总成本。从参数变化对成本的影响程度来说，$\gamma > \beta > \theta$，因此，企业在处理商品退货问题时，有质量缺陷的退货商品将是企业管理者应重点处理的对象。在退货数量固定时，为降低退货对企业造成的损失，企业需要从产品源头抓起，提高产品质量，降低有质量缺陷产品产生的概率，减少库存成本和退货成本，从而降低物流系统总成本。

8.4.3 算法对比分析

为了进一步测试 ISaDE 算法的运算性能，随机生成小、中等以及大规模算例各 3 组，每组规模的算例有 3 个实例。各种规模算例分别为小规模（20×5，40×5，60×5）、中等规模（80×10，100×10，120×10）以及大规模（140×15，160×15，180×15），分别用常用商业软件 Lingo 11 与 ISaDE 算法进行求解，从求解精度与运算时间两个方面分析算法的寻优性能。由于 ISaDE 算法为智能算法，每次运算可能具有不一致的结果。因此，为了准确分析算法性能，降低运算结果的随机性，ISaDE 算法对每组算例各自独立运行 30 次，分析其 30 次的统计结果。Lingo 11 采用内置求解器求解模型，其输出结果稳定，故对各组算例求解 1 次即可。具体求解结果见表 8-3。其中，“O. V. (Best)”和“O. V. (Mean)”分别表示 ISaDE 算法独立运行 30 次的最优值与均值；“Accuracy”表示找到最优解的百分比；“S. D.”表示算法独立运行 30 次的运算时间的标准差。

表 8-3 ISaDE vs. Lingo

Instance			Lingo		ISaDE				
$\|I\|$	$\|J\|$	M	O. V.	CPU Time	O. V. (Best)	O. V. (Mean)	Accuracy	CPU Time	S. D.
20	5	1	14517000	5	14516998.92	14516998.92	30/30	0.05	0.02
		2	16466660	4	16466663.93	16466663.93	30/30	0.05	0.01
40	5	1	19859890	17	19859893.56	19859893.56	30/30	0.25	0.03
		2	24472080	16	24472084.35	24472084.35	30/30	0.24	0.02
60	5	1	39150200	54	39150197.89	39150197.89	30/30	0.74	0.02
		2	34123250	55	34123253.17	34123253.17	30/30	0.86	0.02
80	10	1	36067500	366	36067501.19	36067833.08	29/30	3.20	0.08
		2	36817290	322	36817292.21	36817292.21	30/30	3.31	0.06

续表 8-3

Instance			Lingo		ISaDE				
$\|I\|$	$\|J\|$	M	O. V.	CPU Time	O. V. (Best)	O. V. (Mean)	Accuracy	CPU Time	S. D.
100	10	1	41614510	607	41614506.01	41615224.45	29/30	7.19	0.47
		2	43691570	658	43691555.00	43691555.00	30/30	7.18	0.15
120	10	1	52857780	794	52857779.71	52858293.20	29/30	11.80	0.41
		2	54864290	951	54864286.28	54864662.23	29/30	12.51	0.26
140	15	1	51683540	2346	51683539.20	51684081.84	29/30	25.81	0.49
		2	51621370	2323	51621374.64	51622454.67	29/30	25.94	0.33
160	15	1	57996260	3087	57996255.14	57996873.79	29/30	40.89	0.49
		2	57462900	3026	57462863.84	57462863.84	30/30	40.64	0.75
180	15	1	62450150	>3600	62450075.38	62450075.38	30/30	68.13	1.57
		2	62215080	>3600	62215009.73	62215702.32	29/30	68.93	1.87

注：Lingo 11 显示结果的精度到 7 位数，8 位及以上的结果尾数显示为 0。

从表 8-3 可以看出，相较于商业软件 Lingo 11，ISaDE 算法在求解精度与运算效率两方面均具有明显优势，证明 ISaDE 算法是一种高效稳定的求解算法，可用于求解考虑新商品与翻新商品退货的闭环选址—库存集成优化问题。具体分析结果如下：

在算法求解精度方面，对于中小规模以及部分大规模算例(140×15，160×15)，Lingo 11 均能求出全局最优解，ISaDE 算法可以获取与 Lingo 11 一致的求解结果；对于大规模算例(180×15)，Lingo 11 在一定运行时间的约束下只能获取可行解，而 ISaDE 算法求解得到的优化解优于 Lingo 11；与此同时，无论何种规模算例，ISaDE 算法均具有很好的寻优性能和鲁棒性。由此可以看出，ISaDE 算法可高效稳定地获取不亚于 Lingo 11 的求解结果，证明 ISaDE 算法具有更好的寻优能力与鲁棒性。

在算法运算时间方面，无论何种规模算例，ISaDE 算法均能快速得到最优解，其运算时间也远快于 Lingo 11。随着算例规模的增加，Lingo 11 已无法在一定的时间约束范围内获取最优解。由此可以看出，本章提出的算法在求解效率上具有显著优势，可应用于管理实践。

综上所述，ISaDE 算法可以高效快速稳定地获取更好的优化解，根据这一优化结果可合理地进行设施选址、库存控制以及配送与回收决策，实现企业物流资源的合理配置，提高供应链系统的运行效率和快速响应能力。

8.5 本章小结

随着“互联网＋”时代的来临，销售市场逐渐从线下转移到线上。为了在日益激烈的市场竞争中取得优势，大型的网络零售企业纷纷加入翻新商品销售市场的争夺，通过销售翻新商品来增加企业利润。其中，网络零售商销售的翻新商品主要来源于网购七天无理由退货、运输过程中外包装破损的商品以及经过修复的有质量缺陷退货商品。商品退货在经过一系列专业处理后作为翻新商品再次进入市场销售这一现实情况对供应链网络设计提出了更高要求。为适应现实需要，必须及时对供应链系统做出相应的改进和调整。因此，如何提高供应链系统的运作效率与快速响应能力，合理配置物流资源，降低物流成本成为企业急需解决的难题。本章从实际运营的角度出发，研究考虑新商品与翻新商品退货的 CLIP。主要工作与贡献如下：

(1) 考虑商品退货在经过检测、再包装、修复等专业处理后作为翻新商品再次进入市场销售这一现实情况，构建考虑新商品与翻新商品退货的 CLIP 集成优化模型，通过抽象现实问题，使模型更加贴合实际。

(2) 考虑到模型的难解性，通过分析模型的内在特点，探究决策变量的最优性质，提出了用 ISaDE 算法求解所构建的模型，算例结果证明了模型与算法的有效性。与此同时，通过多组不同规模的算例验证 ISaDE 算法具有良好的寻优性能，是一种高效、稳定、鲁棒性强的进化算法，拓展了 DE 算法的应用范围。

(3) 通过对模型的相关成本参数进行敏感度分析，探讨该参数的浮动对成本分项以及总成本的影响，为企业运营过程的管理决策提供方向性指导，扩展了模型在实际中的应用范围。

本章研究考虑新商品与翻新商品退货的 CLIP 更加贴合实际需要，该研究丰富了供应链网络设计理论，同时扩展了 DE 算法的应用范围，可为新时代企业设计合理的供应链网络、降低企业物流运营成本、合理配置资源提供指导和帮助。

第 9 章　总结与展望

9.1　总　　结

在网络购物成为人们当前最重要的购物方式的情况下，研究基于消费者退货的 CLIP 具有较强的前沿性和针对性，可有效避免与现有研究的重复。本书基于对选址—库存问题已有的实际应用与理论研究，结合现实运作特点，构建了五种 LIP 的扩展模型，设计了基于 DE 算法的改进算法对五种拓展 LIP 模型进行求解，既丰富了 LIP 决策理论，又拓展了 DE 算法的应用领域。本书的主要创新之处在于：

1. **考虑无缺陷退货的选址—库存问题集成优化**

由于宽松的退货政策、冲动消费、商品色差、型号不符等原因，商品退货现象越来越普遍，然而，这些退货商品并无质量缺陷。该部分退货商品仅仅需要简单再处理即可再次进入销售环节。基于此，集成优化选址和库存决策，构建考虑无缺陷退货的多商品 LIP 的非线性整数规划模型。针对模型的特点，设计了 IDE 算法进行整体求解。基于所设计的 IDE 算法，通过多组数值算例验证 IDE 算法具有良好的寻优性能。与此同时，分别对模型相关参数进行灵敏度分析，讨论数据不确定性对选址—库存策略的影响，为企业运营决策提供参考依据。

2. **考虑商品退货的 CLIP 集成优化**

商品退货大致可分三种：未拆封的新商品退货、无缺陷退货以及有质量缺陷退货。未拆封的新商品退货直接进入销售市场，无缺陷退货进行简单再处理后方可进入销售渠道，有质量缺陷的退货商品需返回工厂进行再制造后再次进入流通市场。这些退货对配送及回收中心选址及库存控制决策有一定影响。基于此，本部分以集成供应链系统的闭环供应链二级网络为研究对象，充分考虑多种商品退货的现实情况，建立多商品 CLIP 集成优化模型。针对该模型的特点，设计了 HADE 算法求解该模型。基于本部分所设计的算法，分别对算法参数、策略进行分析，使算法在求解本问题时性能达到最优，并通过多组算例验证 HADE 算法具有更好的寻优性能。同时对退货相关参数进行敏感度分析，讨论该参数浮动对模型总成本的影响，为企业管理者提供有益的管理建议。

3. **考虑退货的多工厂闭环选址—库存问题集成优化**

本章以多个候选 HPRC、多个候选 HDCC 以及多个需求点所构成的闭环物流系统为研究对象，深入探讨了供应链网络结构的变化及其对物流系统的影响。从全局角度出发，集成优化了设施选址与库存控制决策，构建了闭环选址—库存问题集成优化模型，使模型更加符合实际业务的需求。针对模型的性质与特点，通过采用反向学习策略、自适应机制等策略来改进算法性能，设计了 MADE 算法求解该模型。通过一系列不同规模的算例验证，证明了模型的可行性和算法的有效性，为企业在新形势下优化闭环物流系统提供了科学的决策指导，有助于企业降低物流系统总成本，提高服务质量，增强市场竞争力。

4. **考虑产品回收的闭环选址—库存问题集成优化**

本章以一个 HPRC、多个候选 DC、多个候选 HDCC、多个候选 CC 以及多个需求点所构成的闭环物流系统为研究对象，深入探究了商品配送与回收路线相结合的物流运作模式以及这种模式对供应链网络结构变化的影响。在此基础上，从全局角度出发，构建考虑产品回收的闭环选址—库存问题集成优化模型，旨在通过优化物流系统总成本，帮助企业提高服务质量，并为新形势下企业闭环物流系统优化提供决策指导。为了求解该模型，引入了反向学习策略、自适应机制、新的交叉策略和截断选择等机制，设计了 MHDE 算法来提升算法性能。经过一系列不同规模的算例验证，证明了模型的可行性和算法的有效性。此外，针对模型相关参数的不确定性，本研究还进行了细致的敏感度分析，成功识别出对模型影响最大的关键参数，为企业在不断变化的市场环境中进行运营管理提供了重要的理论指导和决策参考。

5. **考虑二级市场的 CLIP 集成优化**

随着信息技术、电子商务的快速发展，除了正常销售新商品以外，京东、苏宁等大型电商企业均不约而同的在线销售翻新商品，而这部分翻新商品主要为拆封的无缺陷退货、运输过程中外包装破损的商品、有质量缺陷的经返厂维修后的商品等。基于这一现实情况，以考虑新商品与翻新商品退货的闭环供应链二级网络为研究对象，从全局优化的角度优化闭环供应链网络设计总成本，构建考虑新商品与翻新商品退货的 CLIP 集成优化模型，合理规划配送中心、回收中心选址、商品正向配送与逆向回收及库存控制决策。针对模型的特点和性质，设计了 ISaDE 算法进行求解，并通过多组不同规模的算例结果验证了 ISaDE 算法在求解此类复杂问题上的优越性。最后，通过对成本参数进行灵敏度分析，为企业管理者进行运营管理实践提供理论支持和帮助。

9.2 展　望

FLP（设施选址问题）已被证明是一个 NP-hard 问题，而当它与库存控制决策相结合时，联合库存控制决策的选址—库存集成优化问题，其复杂性和求解难度进一步增加。本书在这一领域进行了深入研究，提出了面向 e-SC 考虑消费者退货的 CLIP 集成优化理论与方法，取得了显著的研究成果。

未来的研究工作可以从以下三个方面展开：

（1）在模型构建方面：设施选址与库存控制决策是企业实际运营的关键组成部分。为了使模型更加贴近现实，未来的研究可以扩展考虑需求的随机性、联合补货策略、运费险、供应中断风险以及横向运转的实际情况。这将有助于构建更加符合现实需要的选址—库存问题的拓展模型。

（2）在优化算法设计方面：虽然本书设计的求解算法基于 DE 算法，具有较高的运算效率和良好的求解精度，但这些智能优化算法通常只能得到满意解而非最优解。未来的研究可以针对特定问题设计更加高效稳定的算法。此外，可以尝试采用分支定价、割平面等运筹学方法来求解模型，以提高算法的效率和稳定性。

（3）在实证研究方面：本书所构建的模型和设计的算法主要通过随机生成的数据来验证其可行性和有效性。为了加强研究的实用性和可靠性，未来的研究中应加强与企业的合作，尽量采用企业的实际数据来进行模型和算法的验证。

总结而言，本书在 CLIP 集成优化问题上取得了一定的研究成果，但未来的研究仍有很大的空间。通过构建更贴近实际的模型、设计更高效的算法以及加强实证研究，可以进一步提升研究的深度和广度，为企业的供应链管理提供更加科学、合理的决策支持。

参考文献

[1]国家统计局. 2023 年 12 月份社会消费品零售总额增长 7.4%[EB/OL].(2024-1-17)[2024-4-18]. https://www.gov.cn/lianbo/bumen/202401/content_6926519.htm.

[2]商务部电子商务和信息化司. 2023 年中国网络零售市场发展报告[EB/OL].(2022-8-8)[2024-2-24]. https://dzswgf.mofcom.gov.cn/news_attachments/0b705cad272d2f27479e27aaba27ebe816731b07.pdf.

[3]中商产业研究院. 2023 年我国网络购物用户规模达 9.15 亿 占网民整体的 83.8%[EB/OL].(2024-3-27)[2024-4-18]. https://www.askci.com/news/chanye/20240327/085757271150107730571834.shtml.

[4]张晓楠,范厚明,李剑锋. B2C 物流配送网络双目标模糊选址模型与算法[J]. 系统工程理论与实践, 2015, 35(5):1202-1213.

[5]SALEH K. E-commerce product return rate - Statistics and trends[EB/OL].(2016-4-5)[2019-10-12]. https://www.invespcro.com/blog/ecommerce-product-return-rate-statistics.

[6]ZHAO S,WU F,JIA T,et al. The impact of product returns on price and delivery time competition in online retailing[J]. Computers & Industrial Engineering,2018,125: 658-667.

[7]ZHEN L,SUN Q,WANG K,et al. Facility location and scale optimisation in closed-loop supply chain[J]. International Journal of Production Research,2019,57(24): 7567-7585.

[8]DASKIN M S,COULLARD C R,SHEN Z J M. An inventory-location model: Formulation,solution algorithm and computational results[J]. Annals of Operations Research,2002,110(1-4): 83-106.

[9]FERGUSON M,GUIDE V D R,SOUZA G C. Supply chain coordination for false failure returns[J]. Manufacturing & Service Operations Management,2005,8(4):376-393.

[10]GUIDE V D R,SOUZA G C,WASSENHOVE L N V,et al. Time value of commercial product returns[J]. Management Science,

2006,52(8):1200-1214.

[11]SHEN Z J M. Integrated supply chain design models: A survey and future research directions[J]. Journal of Industrial and Management Optimization,2007,3(1): 1-27.

[12]FARAHANI R Z,RASHIDI BAJGAN H,FAHIMNIA B,et al. Location-inventory problem in supply chains: A modelling review[J]. International Journal of Production Research,2015,53(12): 3769-3788.

[13]EPPEN G D. Note—effects of centralization on expected costs in a multi-location newsboy problem[J]. Management Science,1979,25(5): 498-501.

[14]ERLEBACHER S J,MELLER R D. The interaction of location and inventory in designing distribution systems[J]. IIE Transactions, 2000,32(2): 155-166.

[15]TEO C P,OU J,GOH M. Impact on inventory costs with consolidation of distribution centers[J]. IIE Transactions, 2001, 33(2): 99-110.

[16]SHEN Z J M,COULLARD C,DASKIN M S. A joint location-inventory model[J]. Transportation Science,2003,37(1): 40-55.

[17]SHU J,TEO C P,SHEN Z J M. Stochastic transportation-inventory network design problem[J]. Operations Research,2005,53(1): 48-60.

[18]MIRANDA P A,GARRIDO R A. Incorporating inventory control decisions into a strategic distribution network design model with stochastic demand[J]. Transportation Research Part E: Logistics and Transportation Review,2004,40(3): 183-207.

[19]MIRANDA P A,GARRIDO R A. A simultaneous inventory control and facility location model with stochastic capacity constraints [J]. Networks and Spatial Economics,2006,6(1): 39-53.

[20]OZSEN L,COULLARD C R,DASKIN M S. Capacitated warehouse location model with risk pooling [J]. Naval Research Logistics, 2008,55(4):295-312.

[21]OZSEN L,DASKIN M S,COULLARD C R. Facility location modeling and inventory management with multisourcing [J]. Transpor-

tation Science,2009,43(4):455-472.

[22]ATAMTÜRK A,BERENGUER G,SHEN Z J M. A conic integer programming approach to stochastic joint location-inventory problems[J]. Operations Research,2012,60(2): 366-381.

[23]MOUSAVI S M,ALIKAR N,NIAKI S T A,et al. Optimizing a location allocation-inventory problem in a two-echelon supply chain network: A modified fruit fly optimization algorithm[J]. Computers & Industrial Engineering,2015,87: 543-560.

[24]MOUSAVI S M,BAHREININEJAD A,MUSA S N,et al. A modified particle swarm optimization for solving the integrated location and inventory control problems in a two-echelon supply chain network [J]. Journal of Intelligent Manufacturing,2017,28(1): 191-206.

[25]MOUSAVI S M,PARDALOS P M,NIAKI S T A,et al. Solving a continuous periodic review inventory-location allocation problem in vendor-buyer supply chain under uncertainty[J]. Computers & Industrial Engineering,2019,128: 541-552.

[26]LIAO S H,HSIEH C L,LIN Y S. A multi-objective evolutionary optimization approach for an integrated location-inventory distribution network problem under vendor-managed inventory systems[J]. Annals of Operations Research,2011,186(1): 213-229.

[27]DAI Z,AQLAN F,ZHENG X,et al. A location-inventory supply chain network model using two heuristic algorithms for perishable products with fuzzy constraints[J]. Computers & Industrial Engineering,2018,119: 338-352.

[28]YAO Z,LEE L H,JARUPHONGSA W,et al. Multi-source facility location-allocation and inventory problem[J]. European Journal of Operational Research,2010,207(2): 750-762.

[29]JHA A,SOMANI K,TIWARI M K,et al. Minimizing transportation cost of a joint inventory location model using modified adaptive differential evolution algorithm[J]. The International Journal of Advanced Manufacturing Technology,2012,60(1-4): 329-341.

[30] PUNYIM P, KAROONSOONTAWONG A, UNNIKRISHNAN A,et al. Tabu search heuristic for joint location-inventory problem

with stochastic inventory capacity and practicality constraints[J]. Networks and Spatial Economics,2018,18(1):51-84.

[31]狄卫民,王然. 考虑多级设施中断的供应链选址-库存决策模型及优化算法[J]. 计算机集成制造系统,2021,27(1):270-283.

[32]唐凯,杨超,杨珺. 随机多阶段分销网络设计模型[J]. 中国管理科学,2007,15(6):98-104.

[33]秦进,史峰,缪立新,等. 考虑随机需求和库存决策的多商品物流网络设计的优化模型与算法[J]. 系统工程理论与实践,2009,29(4):176-183.

[34]SHU J,MA Q,LI S. Integrated location and two-echelon inventory network design under uncertainty[J]. Annals of Operations Research,2010,181(1):233-247.

[35]SHAVANDI H,BOZORGI B. Developing a location-inventory model under fuzzy environment[J]. The International Journal of Advanced Manufacturing Technology,2012,63(1-4):191-200.

[36]DIABAT A,DEHGHANI E,JABBARZADEH A. Incorporating location and inventory decisions into a supply chain design problem with uncertain demands and lead times[J]. Journal of Manufacturing Systems,2017,43:139-149.

[37]VAHDANI B,SOLTANI M,YAZDANI M,et al. A three level joint location-inventory problem with correlated demand,shortages and periodic review system:Robust meta-heuristics[J]. Computers & Industrial Engineering,2017,109:113-129.

[38]AMIRI-AREF M,KLIBI W,BABAI M Z. The multi-sourcing location inventory problem with stochastic demand[J]. European Journal of Operational Research,2018,266(1):72-87.

[39]REZAEI A,SHAHEDI T,AGHSAMI A,et al. Optimizing a bi-objective location-allocation-inventory problem in a dual-channel supply chain network with stochastic demands[J]. RAIRO-Operations Research,2021,55(5):3245-3279.

[40]NAYERI S,TAVAKOLI M,TANHAEEAN M,et al. A robust fuzzy stochastic model for the responsive-resilient inventory-location problem:Comparison of metaheuristic algorithms[J]. Annals of

Operations Research,2022,315: 1895-1935.

[41]吴江,王旻轲,谭涛,等.非平稳需求下考虑碳配额的供应链选址-库存模型与算法研究[J].中国管理科学,2020,28(3): 162-173.

[42]WANG M,WU J,KAFA N,et al. Carbon emission-compliance green location-inventory problem with demand and carbon price uncertainties[J]. Transportation Research Part E: Logistics and Transportation Review,2020,142: 102038.

[43]LIU Y,DEHGHANI E,JABALAMELI M S,et al. A coordinated location-inventory problem with supply disruptions: A two-phase queuing theory-optimization model approach[J]. Computers & Industrial Engineering,2020,142: 106326.

[44]REZAEI A,SHAHEDI T,AGHSAMI A,et al. Optimizing a bi-objective location-allocation-inventory problem in a dual-channel supply chain network with stochastic demands[J]. RAIRO-Operations Research,2021,55(5): 3245-3279.

[45]BERMAN O,KRASS D,TAJBAKHSH M M. A coordinated location-inventory model[J]. European Journal of Operational Research,2012,217(3): 500-508.

[46]DIABAT A,RICHARD J P,CODRINGTON C W. A Lagrangian relaxation approach to simultaneous strategic and tactical planning in supply chain design[J]. Annals of Operations Research,2013,203(1): 55-80.

[47]DIABAT A,BATTAÏA O,NAZZAL D. An improved Lagrangian relaxation-based heuristic for a joint location-inventory problem[J]. Computers & Operations Research,2015,61: 170-178.

[48]SILVA F,GAO L. A joint replenishment inventory-location model[J]. Networks and Spatial Economics,2013,13(1): 107-122.

[49]QU H,WANG L,LIU R. A contrastive study of the stochastic location-inventory problem with joint replenishment and independent replenishment[J]. Expert Systems with Applications,2015,42(4): 2061-2072.

[50]ARAYA-SASSI C,PAREDES-BELMAR G,GUTIÉRREZ-JARPA G. Multi-commodity inventory-location problem with two dif-

ferent review inventory control policies and modular stochastic capacity constraints [J]. Computers & Industrial Engineering, 2020, 143: 106410.

[51]郝书池,王国庆.允许部分跨级存储的多级供应链库存配置与选址决策模型[J].系统管理学报,2019,28(1): 201-206.

[52]王林,郑贵莲,曾宇容.考虑资源约束和数量折扣的联合补货-选址库存协同优化研究[J].运筹与管理,2019,28(1): 17-26.

[53]王林,冯俊翔,张金隆.联合补货策略下基于改进蛙跳算法的选址:库存集成优化研究[J].管理工程学报,2019,33(2): 180-187.

[54]FATHI M,KHAKIFIROOZ M,DIABAT A,et al. An integrated queuing-stochastic optimization hybrid Genetic Algorithm for a location-inventory supply chain network[J]. International Journal of Production Economics,2021,237: 108139.

[55]李凤月,齐小刚,宋卫星,等.基于混合果蝇优化算法的选址-库存联合优化策略[J].控制与决策,2022,37(9):2343-2352.

[56]熊浩,鄢慧丽.考虑多种安全库存策略的选址-库存问题研究[J].中国管理科学,2021,29(1): 72-81.

[57]曾宇容,王林,王思睿.基于混合果蝇优化算法的选址-库存-配送集成优化研究[J].运筹与管理,2022,31(3): 24-30.

[58]唐凯,杨超,杨珺.带市场选择的联合库存选址模型[J].工业工程与管理,2007(5): 5-10.

[59]唐凯,杨超,杨君.通货膨胀下的联合库存选址模型研究[J].管理学报,2009,6(1): 24-30.

[60]王非,贾涛,胡信步.基于可变建设成本的风险共担选址-库存模型研究[J].运筹与管理,2010,19(4): 31-37.

[61]王非,孙浩杰,贾涛.考虑下游配送次数的配送中心选址-库存问题研究[J].预测,2011,30(4):42-47.

[62]BERMAN O,KRASS D,MENEZES M B C. Directed assignment vs. customer choice in location inventory models[J]. International Journal of Production Economics,2016,179: 179-191.

[63]DIABAT A,Al-SALEM M. An integrated supply chain problem with environmental considerations[J]. International Journal of Production Economics,2015,164: 330-338.

[64]孙姣,屈挺,聂笃宪,等. 双渠道多级分销网络选址—库存问题[J]. 计算机集成制造系统,2021,27(11):3305-3317.

[65]CANDAS M F,KUTANOGLU E. Integrated location and inventory planning in service parts logistics with customer-based service levels[J]. European Journal of Operational Research,2020,285(1):279-295.

[66]LI Y,LIN Y,SHU J. Location and two-echelon inventory network design with economies and diseconomies of scale in facility operating costs[J]. Computers & Operations Research,2021,133:105347.

[67]LI Y,SHU J,WANG L,et al. Joint location-inventory problem with economies and diseconomies of scale: A general model and an efficient column generation algorithm[J]. Computers & Industrial Engineering,2023,183:109537.

[68]DELIVAND A A,MOGHADAM S S,JOLAI S,et al. A meta heuristic approach for reliable capacitated facility joint inventory-location problem with round-trip transportation under imperfect information of disruption in a Fuzzy environment[J]. RAIRO-Operations Research,2022,56(5):3311-3339.

[69]WANG H,FANG S C,HUANG M,et al. A joint model of location,inventory and third-party logistics provider in supply chain network design [J]. Computers & Industrial Engineering, 2022,174:108809.

[70]FARAHANI M,SHAVANDI H,RAHMANI D. A location-inventory model considering a strategy to mitigate disruption risk in supply chain by substitutable products[J]. Computers & Industrial Engineering,2017,108:213-224.

[71]CHEN Q,LI X,OUYANG Y. Joint inventory-location problem under the risk of probabilistic facility disruptions[J]. Transportation Research Part B: Methodological,2011,45(7):991-1003.

[72]李志,周愉峰. 考虑中断风险与库存成本的分销网络设计模型[J]. 运筹与管理,2014,23(6):136-143.

[73]周愉峰,李志,郑斌. 考虑失灵风险的随机多目标定位-库存问题及其优化算法[J]. 计算机工程,2015,41(6):247-253.

[74]马祖军,周愉峰.考虑设施中断风险和防御的分销网络选址-库存问题[J].系统工程,2015,33(12):48-54.

[75]李志,李政祥,周愉峰,等.考虑中断情景与防御的应急物资储备库 LIP 模型[J].中国安全科学学报,2018,28(3):90-95.

[76]周愉峰,李志,刘思峰.基于随机 p-鲁棒优化的国家血液战略储备库选址-库存模型[J].中国管理科学,2018,26(10):52-63.

[77]马祖军,周愉峰.国家血液战略储备库选址-库存问题[J].管理科学学报,2018,21(3):54-68.

[78]SAHA A K,PAUL A,AZEEM A,et al. Mitigating partial-disruption risk: A joint facility location and inventory model considering customers' preferences and the role of substitute products and backorder offers[J]. Computers & Operations Research,2020,117:104884.

[79]GHOLAMI-ZANJANI S M,JABALAMELI M S,KLIBI W,et al. A robust location-inventory model for food supply chains operating under disruptions with ripple effects[J]. International Journal of Production Research,2021,59(1):301-324.

[80]ABDALLAH T,DIABAT A,SIMCHI-LEVI D. Sustainable supply chain design: A closed-loop formulation and sensitivity analysis [J]. Production Planning & Control,2012,23(2-3):120-133.

[81]DIABAT A,ABDALLAH T,HENSCHEL A. A closed-loop location-inventory problem with spare parts consideration[J]. Computers & Operations Research,2015,54:245-256.

[82]ASL-NAJAFI J,ZAHIRI B,BOZORGI-AMIRI A,et al. A dynamic closed-loop location-inventory problem under disruption risk[J]. Computers & Industrial Engineering,2015,90:414-428.

[83]ZHANG Z H,UNNIKRISHNAN A. A coordinated location-inventory problem in closed-loop supply chain[J]. Transportation Research Part B: Methodological,2016,89:127-148.

[84]KAYA O,UREK B. A mixed integer nonlinear programming model and heuristic solutions for location,inventory and pricing decisions in a closed loop supply chain[J]. Computers & Operations Research,2016,65:93-103.

[85]ROSS A,KHAJEHNEZHAD M,OTIENO W,et al. Integrated

location-inventory modelling under forward and reverse product flows in the used merchandise retail sector: A multi-echelon formulation[J]. European Journal of Operational Research,2017,259(2):664-676.

[86]ZHANG Y,ZHANG Z H. Impact of the cannibalization effect between new and remanufactured products on supply chain design and operations[J]. IISE Transactions,2019,51(1):22-40.

[87]GUO H,ZHANG Y,ZHANG C,et al. Location-inventory decisions for closed-loop supply chain management in the presence of the secondary market[J]. Annals of Operations Research,2020,291(1):361-386.

[88]GUO H,ZHANG Y,ZHANG C,et al. A multi-commodity location-inventory problem in a closed-loop supply chain with commercial product returns[J]. International Journal of Production Research,2020,58(22):6899-6916.

[89]GUO H,LIU G,ZHANG Y,et al. A hybrid differential evolution algorithm for a location-inventory problem in a closed-loop supply chain with product recovery[J]. Complex & Intelligent Systems,2023,9(4):4123-4145.

[90]BECERRA P,MULA J,SANCHIS R. Optimising location,inventory and transportation in a sustainable closed-loop supply chain[J]. International Journal of Production Research,2024,62(5):1609-1632.

[91]张群,卫李蓉.逆向物流网络设计研究进展[J].中国管理科学,2016,24(9):165-176.

[92]周根贵,曹振宇.遗传算法在逆向物流网络选址问题中的应用研究[J].中国管理科学,2005,13(1):43-48.

[93]何波,杨超,张华.废弃物回收的多层逆向物流网络优化设计问题研究[J].中国管理科学,2007,15(3):61-67.

[94]何波,杨超.基于成本/服务权衡的逆向物流网络设计问题研究[J].中国管理科学,2008,16(4):90-95.

[95]谢家平,黄雪琪,陈荣秋.闭环供应链物流网络选址优化模型[J].系统管理学报,2008,17(3):248-255.

[96]杨玉香,周根贵.闭环供应链网络设施竞争选址模型研究[J].中国管理科学,2011,19(5):50-57.

[97]杨玉香，周根贵．随机需求下闭环供应链网络设施竞争选址模型研究[J]．控制与决策，2011，26(10)：1553-1561.

[98]马祖军，代颖．产品回收逆向物流网络优化设计模型[J]．管理工程学报，2005，19(4)：114-117.

[99]狄卫民，马祖军．制造/再制造集成物流网络模糊优化设计方法[J]．计算机集成制造系统，2008，14(8)：1472-1480.

[100]代颖，马祖军，朱道立．回收商管理库存下逆向物流多周期LRIP[J]．工业工程与管理，2010，15(5)：1-8.

[101]唐艳，马祖军，赵娟娟．基于 CMI 的废旧轮胎回收系统多周期LRIP[J]．计算机集成制造系统，2011，17(2)：397-403.

[102]张晓楠，范厚明，李剑锋．B2C 物流配送网络双目标模糊选址模型与算法[J]．系统工程理论与实践，2015，35(5)：1202-1213.

[103]李延晖，吴建林，郭昊．电子商务环境下考虑退货的选址库存问题模型与算法[J]．运筹与管理，2018，27(1)：63-73.

[104]张震，李延晖，张琦．考虑退货的多商品多来源闭环选址库存问题模型与算法[J]．工业工程与管理，2018，23(6)：133-142.

[105]STORN R，PRICE K. Differential evolution-a simple and efficient heuristic for global optimization over continuous spaces[J]. Journal of Global Optimization，1997，11(4)：341-359.

[106]WANG L，ZENG Y，CHEN T. Back propagation neural network with adaptive differential evolution algorithm for time series forecasting[J]. Expert Systems with Applications，2015，42(2)：855-863.

[107]LI Y，GUO H，ZHANG Y. An integrated location-inventory problem in a closed-loop supply chain with third-party logistics[J]. International Journal of Production Research，2018，56(10)：3462-3481.

[108]BASETTI V，CHANDEL A K. Hybrid power system state estimation using Taguchi differential evolution algorithm[J]. IET Science，Measurement & Technology，2015，9(4)：449-466.

[109]HUAN T T，VAN KIEN C，ANH H P H，et al. Adaptive gait generation for humanoid robot using evolutionary neural model optimized with modified differential evolution technique[J]. Neurocomputing，2018，320：112-120.

[110]BREST J，MAUČEC M S. Population size reduction for the

differential evolution algorithm[J]. Applied Intelligence, 2008, 29(3): 228-247.

[111]POLÁKOVÁR, TVRDÍK J, BUJOK P. Differential evolution with adaptive mechanism of population size according to current population diversity [J]. Swarm and Evolutionary Computation, 2019, 50: 100519.

[112]ZHU W, TANG Y, FANG J A, et al. Adaptive population tuning scheme for differential evolution[J]. Information Sciences, 2013, 223: 164-191.

[113]BREST J, GREINER S, BOSKOVIC B, et al. Self-adapting control parameters in differential evolution: A comparative study on numerical benchmark problems[J]. IEEE Transactions on Evolutionary Computation, 2006, 10(6): 646-657.

[114]QIN A K, HUANG V L, SUGANTHAN P N. Differential evolution algorithm with strategy adaptation for global numerical optimization[J]. IEEE Transactions on Evolutionary Computation, 2008, 13(2): 398-417.

[115]ZHANG J, SANDERSON A C. JADE: Adaptive differential evolution with optional external archive[J]. IEEE Transactions on Evolutionary Computation, 2009, 13(5): 945-958.

[116]TANABE R, FUKUNAGA A. Success-history based parameter adaptation for differential evolution[C]//2013 IEEE Congress on Evolutionary Computation (CEC). Cancun, IEEE, 2013: 71-78.

[117]TANABE R, FUKUNAGA A S. Improving the search performance of SHADE using linear population size reduction[C]//2014 can cun, IEEE Congress on Evolutionary Computation (CEC). Beijing, IEEE, 2014: 1658-1665.

[118]BREST J, MAUČEC M S, BOŠKOVİĆ B. iL-SHADE: Improved L-SHADE algorithm for single objective real-parameter optimization[C]//2016 IEEE Congress on Evolutionary Computation (CEC). Vancouver, IEEE, 2016: 1188-1195.

[119]YI W, ZHOU Y, GAO L, et al. An improved adaptive differential evolution algorithm for continuous optimization[J]. Expert Sys-

tems with Applications,2016,44: 1-12.

[120]MENG Z,PAN J S,TSENG K K. PaDE: An enhanced differential evolution algorithm with novel control parameter adaptation schemes for numerical optimization [J]. Knowledge-Based Systems, 2019,168: 80-99.

[121]YI W,CHEN Y,PEI Z,et al. Adaptive differential evolution with ensembling operators for continuous optimization problems[J]. Swarm and Evolutionary Computation,2022,69: 100994.

[122]ZHANG X,YUEN S Y. A directional mutation operator for differential evolution algorithms[J]. Applied Soft Computing,2015,30: 529-548.

[123]彭虎,吴志健,周新宇,等. 基于三角的骨架差分进化算法[J]. 计算机研究与发展,2015,52(12): 2776-2788.

[124]ALI M Z,AWAD N H,SUGANTHAN P N. Multi-population differential evolution with balanced ensemble of mutation strategies for large-scale global optimization[J]. Applied Soft Computing,2015, 33: 304-327.

[125]WANG Y,CAI Z,ZHANG Q. Enhancing the search ability of differential evolution through orthogonal crossover[J]. Information Sciences,2012,185(1): 153-177.

[126]GUO S M,YANG C C. Enhancing differential evolution utilizing eigenvector-based crossover operator[J]. IEEE Transactions on Evolutionary Computation,2014,19(1): 31-49.

[127]CAI Y,WANG J. Differential evolution with hybrid linkage crossover[J]. Information Sciences,2015,320: 244-287.

[128]STORN R. Differential evolution research-trends and open questions[M]//Advances in differential evolution. Heidelberg: Springer,2008: 1-31.

[129]TIAN M,GAO X,DAI C. Differential evolution with improved individual-based parameter setting and selection strategy[J]. Applied Soft Computing,2017,56: 286-297.

[130]RAHNAMAYAN S,TIZHOOSH H R,SALAMA M M A. Opposition-based differential evolution[J]. IEEE Transactions on Evo-

lutionary Computation,2008,12(1): 64-79.

[131]张斌,李延晖,郭昊.基于反向学习的跨种群差分进化算法[J].计算机应用,2017,37(4): 1093-1099.

[132]WU G,MALLIPEDDI R,SUGANTHAN P N,et al. Differential evolution with multi-population based ensemble of mutation strategies[J]. Information Sciences,2016,329: 329-345.

[133]张大斌,杨添柔,潘玉辰,等.基于精英协同的混洗差分进化算法及其应用[J].运筹与管理,2013,22(5): 17-23.

[134]蔡万刚,蔡志伟,郑建国.基于精英区域学习的多种群自适应的差分进化算法[J].运筹与管理,2017,26(8):27-33.

[135]LI C,DENG L,QIAO L,et al. An efficient differential evolution algorithm based on orthogonal learning and elites local search mechanisms for numerical optimization[J]. Knowledge-Based Systems,2022,235: 107636.

[136]NWANKWOR E,NAGAR A K,REID D C. Hybrid differential evolution and particle swarm optimization for optimal well placement[J]. Computational Geosciences,2013,17(2): 249-268.

[137]LIN W Y. A GA-DE hybrid evolutionary algorithm for path synthesis of four-bar linkage[J]. Mechanism and Machine Theory,2010,45(8): 1096-1107.

[138]王林,顿彩霞,张金隆.基于混合差分进化算法的联合补货-配送优化模型[J].中国管理科学,2012,20(3): 86-93.

[139] ZHANG G. Quantum-inspired evolutionary algorithms: A survey and empirical study[J]. Journal of Heuristics, 2011, 17(3): 303-351.

[140]CHIOU J P,CHANG C F,SU C T. Ant direction hybrid differential evolution for solving large capacitor placement problems[J]. IEEE Transactions on Power Systems,2004,19(4): 1794-1800.

[141]ZHENG Y J,XU X L,LING H F,et al. A hybrid fireworks optimization method with differential evolution operators[J]. Neurocomputing,2015,148: 75-82.

[142]JADON S S,TIWARI R,SHARMA H,et al. Hybrid artificial bee colony algorithm with differential evolution[J]. Applied Soft Com-

puting,2017,58：11-24.

[143]曾宇容,张金隆,彭璐,等.基于模拟退火的混合差分进化算法及其在联合补货-配送集成优化中的应用[J].计算机应用研究,2018,35(4)：1037-1041.

[144]GUO H,LI C,ZHANG Y,et al. A location-inventory problem in a closed-loop supply chain with secondary market consideration[J]. Sustainability,2018,10(6)：1891.

[145]吴亮红,王耀南,袁小芳,等.基于快速自适应差分进化算法的电力系统经济负荷分配[J].控制与决策,2013,28(4)：557-562.

[146]WANG L,WANG T,WU J,et al. Multi-objective differential evolution optimization based on uniform decomposition for wind turbine blade design[J]. Energy,2017,120：346-361.

[147]JOKARZADEH M,ABEDINI M,SEIFI A. Improving power system damping using a combination of optimal control theory and differential evolution algorithm[J]. ISA Transactions,2019,90：169-177.

[148]PENG L,LIU S,LIU R,et al. Effective long short-term memory with differential evolution algorithm for electricity price prediction[J]. Energy,2018,162：1301-1314.

[149]WANG F K,MAMO T. A hybrid model based on support vector regression and differential evolution for remaining useful lifetime prediction of lithium-ion batteries[J]. Journal of Power Sources,2018,401：49-54.

[150]GUO W,XU T,LU Z. An integrated chaotic time series prediction model based on efficient extreme learning machine and differential evolution[J]. Neural Computing and Applications,2016,27(4)：883-898.

[151]PIEREZAN J,FREIRE R Z,WEIHMANN L,et al. Static force capability optimization of humanoids robots based on modified self-adaptive differential evolution[J]. Computers & Operations Research,2017,84：205-215.

[152]吴秀丽,袁琦.差分进化算法求解带批处理机的机器人制造单元调度问题研究[J].控制与决策,2018,35(1)：74-82.

[153]MARTINEZ-SOLTERO E G,HERNANDEZ-BARRAGAN

J. Robot navigation based on differential evolution[J]. IFAC-PapersOn-Line,2018,51(13): 350-354.

[154]GUO Q,TANG L. Modelling and discrete differential evolution algorithm for order rescheduling problem in steel industry[J]. Computers & Industrial Engineering,2019,130: 586-596.

[155]KHAN A,JAFFAR M A,SHAO L. A modified adaptive differential evolution algorithm for color image segmentation[J]. Knowledge and Information Systems,2015,43(3): 583-597.

[156]杜轩,潘志成. 聚类差分进化算法求解多目标工艺规划与调度集成问题[J]. 计算机集成制造系统,2019,25(7):1729-1738.

[157]TARKHANEH O,SHEN H. An adaptive differential evolution algorithm to optimal multi-level thresholding for MRI brain image segmentation[J]. Expert Systems with Applications,2019,138: 112820.

[158]LI H,WANG X,PENG J. A hybrid differential evolution algorithm for flexible job shop scheduling with outsourcing operations and job priority constraints[J]. Expert Systems with Applications, 2022, 201: 117182.

[159]WEBER A. Theory of the Location of Industries[M]. Chicago: University of Chicago Press,1909.

[160]HOPP W,SPEARMAN M L. Factory Physics: Foundations of Manufacturing Management[M]. Irwin:Wawe Land Press,1996.

[161]AXSÄTER S. Using the deterministic EOQ formula in stochastic inventory control [J]. Management Science, 1996, 42 (6): 830-834.

[162]ZHENG Y S. On properties of stochastic inventory systems [J]. Management Science,1992,38(1):87-103.

[163]NAHMIAS S. Production and operations analysis[M]. 3rd edition. New York:McGraw-Hill,1997.

[164]LAWTON C. The war on returns[J]. Wall Street Journal, 2008,8(1): 1-15.

[165]XU L,LI Y,GOVINDAN K,et al. Consumer returns policies with endogenous deadline and supply chain coordination[J]. European Journal of Operational Research,2015,242(1): 88-99.

[166]靳生玺. 飞利浦控制退货率的秘诀[J]. 知识经济，2004(12)：65-67.

[167]VLACHOS D，DEKKER R. Return handling options and order quantities for single period products[J]. European Journal of Operational Research，2003，151(1)：38-52.

[168]PISHVAEE M S，JOLAI F，RAZMI J. A stochastic optimization model for integrated forward/reverse logistics network design[J]. Journal of Manufacturing Systems，2009，28(4)：107-114.

[169]HATEFI S M，JOLAI F. Robust and reliable forward-reverse logistics network design under demand uncertainty and facility disruptions[J]. Applied Mathematical Modelling，2014，38(9-10)：2630-2647.

[170]CHU W，GERSTNER E，HESS J D. Managing dissatisfaction：How to decrease customer opportunism by partial refunds[J]. Journal of Service Research，1998，1(2)：140-155.

[171]YAN R，CAO Z. Product returns，asymmetric information，and firm performance[J]. International Journal of Production Economics，2017，185：211-222.

[172]GOVINDAN K，JHA P C，GARG K. Product recovery optimization in closed-loop supply chain to improve sustainability in manufacturing[J]. International Journal of Production Research，2016，54(5)：1463-1486.

[173]JIAO Z，RAN L，ZHANG Y，et al. Data-driven approaches to integrated closed-loop sustainable supply chain design under multi-uncertainties[J]. Journal of Cleaner Production，2018，185：105-127.

[174]WANG Z，WANG Y，LIU Z，et al. Strategic management of product recovery and its environmental impact[J]. International Journal of Production Research，2021，59(20)：6104-6124.

[175]FATTAHI M，GOVINDAN K. Integrated forward/reverse logistics network design under uncertainty with pricing for collection of used products[J]. Annals of Operations Research，2017，253：193-225.

[176]RAO S，RABINOVICH E，RAJU D. The role of physical distribution services as determinants of product returns in internet retailing[J]. Journal of Operations Management，2014，32(6)：295-312.

[177]MÜHLENBEIN H, SCHLIERKAMP-VOOSEND. Predictive models for the breeder genetic algorithm I. continuous parameter optimization[J]. Evolutionary Computation, 1993, 1(1), 25-49.

[178]LIU H, LEI M, HUANG T, et al. Refurbishing authorization strategy in the secondary market for electrical and electronic products [J]. International Journal of Production Economics, 2018, 195: 198-209.

[179]BUSINESSWIRE. Consumers choosing refurbished products to be environmentally responsible, according to Liquidity Services' survey [EB/OL]. (2014-4-24) [2019-10-12]. http://www.businesswire.com/news/home/20140424005308/en/Consumers-Choosing-Refurbished-ProductsEnvironmentally-Responsible-Liquidity.

[180]ANGELUS A. A multiechelon inventory problem with secondary market sales[J]. Management Science, 2011, 57(12): 2145-2162.